스페인 문화예술의 산책

마상영

한국외국어대학교 서반아어과(학사) 및 동 대학원 졸업(석사). 마드리드국립대학교 졸업(박사). 사법고시 스페인어 출제위원, '중학교 생활스페인어' 및 '고등학교 스페인어청해' 집필위원, 교육부 에스빠냐어 교육과정 심의위원, 한국스페인어문학회 총무 등 역임. 서울대, 고려대, 한국외국어대 등 강사 역임. 현재 단국대학교 스페인어전공 교수, 한국스페인어문학회 부회장.

청동거울 문화점검 ⑩

스페인 문화예술의 산책

2000년 2월 25일 1판 1쇄 발행
2006년 3월 7일 2판 1쇄 발행 / 2015년 9월 15일 2판 3쇄 발행

지은이 마상영 / 펴낸이 임은주
펴낸곳 도서출판 청동거울 / 출판등록 1998년 5월 14일 제406-2011-000051호
주소 (10881) 경기도 파주시 문발로 115 (파주출판도시) 세종출판벤처타운 103호
전화 031)955-1816~7 / 팩스 031)955-1819
전자우편 cheong1998@hanmail.net / 네이버블로그 청동거울출판사

값 15,000원

잘못된 책은 바꾸어 드립니다.
지은이와의 협의에 의해 인지를 붙이지 않습니다.
무단 전재 및 무단 복제를 금합니다.
ⓒ 2006 마상영

Copyright ⓒ 2006 Ma, Sang Young.
All right reserved.
First published in Korea in 2006 by CHEONGDONGKEOWOOL Publishing Co.
Printed in Korea.

ISBN 89-5749-073-6

청동거울 문화점검 ❿

스페인 문화예술의 산책

마상영 지음

투우 · 축제 · 정열 · 낭만이 가득한 꿈의 나라 스페인!

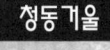

청동거울

이 책을 읽는 분들에게

우리는 스페인에 대해 머나먼 이국적인 느낌을 어렴풋이 지니고 있다. 투우, 플라멩꼬, 수많은 축제 등 많은 흥미 있는 문화 활동이 연중 끊임없이 이어지고 그래서 뭇 사람들의 관심을 끄는 나라가 스페인이다.

또한 스페인은 긴 역사를 지닌 국가로, 중세시대에는 많은 왕국들이 존재하였으며, 이러한 왕국들의 특성이 각 지역에 아직도 남아 있어 다양한 지역문화로 승화되었다. 종교적 갈등은 쉽게 해결될 수 있는 성질의 것이 아님에도, 중세 스페인에서는 기독교문화와 이슬람문화가 조화를 이루어 스페인만의 특이한 문화를 만들어내는 데 성공하였다. 동양과 서양 문화 사이에서 연결고리 역할을 하고 있던 스페인에서 기독교인들, 아랍인들 그리고 유태인들은 서로 협력하여 위대한 문화를 일으켰다.

1492년 페르난도와 이사벨 카톨릭 국왕부처는 아랍인을 반도에서 몰아내 통일국가를 달성하고 콜롬부스로 하여금 신대륙을 발견하게 하여, 소위 말하는 해가 지지 않는 대(大)스페인제국의 발판을 마련하였다. 이후 16세기에 스페인은 사상 초유의 근대적인 국가를 형성하게 되었다.

이베리아반도는 지정학적으로 항상 외침에 노출되어 있어, 다양한 종족과 민족이 자신들의 문화와 더불어 등장하였다가 사라졌으며, 그 결과 수많은 혼혈이 일어났다.

이러한 인종적 다양성은 오늘날까지 이어지고 있으며, 스페인의 문화예술을 유럽의 여타 지역의 그것과는 매우 상이하게 만들었다. 결론적으로, 그리스—로마 문화를 주축으로 발전하여 온 스페인은 유럽에서는 보기 드물게 유럽적인 요소들과 아랍적인 요소들을 동시에 지니고 있으며, 나아가 독창적인 요소들도 풍성하게 지닌 문화의 보고(寶庫)이다.

이 책을 통하여 독자 여러분들이 산책하는 기분으로 스페인의 전반적인 문화예술을 살펴보고 그 대략적인 내용을 이해하는 데 미력이나마 도움이 되고자 한다. 인명, 지명 등에서 원어 발음에 충실하였으며 시각적인 자료를 활용하였다. 열심히 정성껏 쓰려고 노력하였으나 미비한 점이나 빠진 부분이 많으리라 생각된다. 독자 여러분께서 널리 이해하시고 도움이 되는 긍정적인 부문만 취하시기를 바란다.

끝으로 어려운 여건임에도 본서 출판을 위해 도와주신 모든 분들과 그동안 잘 참고 견뎌준 가족 그리고 편집과정에서 많은 도움을 준 김송국 군에게 깊이 감사드리는 바이다.

2006년 2월 22일
마상영

차례

이 책을 읽는 분들에게 ■ 4

제1장 유럽문화의 흐름 ■ 16

1. 그리스문화 ■ 17
2. 헬레니즘문화 ■ 17
3. 로마문화 ■ 18
4. 중세시대문화 ■ 20
   1) 로마네스크양식   2) 고딕양식
5. 르네상스 ■ 26
6. 바로크양식 ■ 30
7. 로코코양식 ■ 31
8. 낭만주의 ■ 33
9. 사실주의 ■ 34
10. 모더니즘 ■ 35
11. 포스트모더니즘 ■ 36

제2장 스페인은 어떤 나라인가? ■ 38

1. 스페인의 지리적 특징 ■ 38
2. 스페인의 지역별 특징 ■ 41

3. 스페인의 자치지역들 ■ 47
  1) 까딸루냐지역 2) 바스크지역 3) 갈리시아지역
4. 스페인의 전반적인 특징 ■ 54

제3장 로마시대 이전의 문화예술 ■ 58

1. 선사시대 ■ 59
2. 이베리아인 ■ 60
3. 켈트인 ■ 62
4. 페니키아인 ■ 63
5. 그리스인 ■ 64
6. 카르타고인 ■ 65

제4장 로마시대의 문화예술 ■ 68

1. 이베리아반도의 로마화 ■ 68
2. 로마의 이베리아반도 통치 ■ 70
3. 반도에서의 로마의 몰락 ■ 72
4. 스페인, 문명국가로 향하다 ■ 73
5. 로마가 스페인에 남긴 유산 ■ 74
6. 로마제국의 몰락과 서고트왕국의 출현 ■ 76

제5장 아랍인 치하의 문화예술 ■ 80

1. 이슬람 세력하의 스페인 ■ 80
2. 아랍인들의 침입과 서고트왕국의 몰락 ■ 81
3. 반도 내의 회교왕국들 ■ 82
   1) 에미르(회교 왕족)시대 2) 칼리프(회교국 왕)시대
   3) 타이프(소회교왕국)시대
4. 반도 내 아랍인들의 문화활동 ■ 85
5. 반도 내 이슬람세계의 사회구조 ■ 86
6. 아랍인들이 남긴 문화예술품 ■ 87

제6장 중세 스페인의 문화예술 ■ 92

1. 재정복전쟁과 '스페인'의 탄생 ■ 94
   1) 당시의 시대 상황 2) 재정복전쟁의 전개
   3) 초기 왕국들의 탄생 4) '스페인'의 탄생과 재정복전쟁 완결
   5) 재정복전쟁의 승인(勝因) 6) 재정복전쟁 후의 스페인사회
2. 중세 스페인문학 ■ 99
   1) 스페인문학의 태동 2) 〈시드의 시〉
   3) 〈루까노르 백작〉 4) 성모 마리아에 대한 찬가들
   5) 〈연서〉 6) 띠랑트 로 블랑
   7) 〈셀레스띠나〉 8) 로망스시가(詩歌)들
3. 중세 스페인 문화예술 ■ 109
   1) 로마네스크양식 2) 고딕양식
   3) 무데하르식 건축 4) 중세 스페인의 성(城)들

제7장 황금세기 문화예술 I ■ 116

1. 절대주의 왕정의 성립 ■ 118
2. 스페인어의 번영 ■ 121
3. 종교재판과 유태인들의 추방 ■ 123
4. 콜롬부스의 신대륙발견 ■ 125
5. 스페인제국의 탄생 ■ 131
6. 아스떼까제국(멕시코)의 정복 ■ 133
7. 잉카제국(페루)의 정복 ■ 137
8. 스페인제국에 의한 탐험 ■ 139
9. 펠리뻬 2세 시대 ■ 141
10. 레빤또(Lepanto)해전 ■ 143
11. 무적함대(無敵艦隊) ■ 144
12. 스페인제국의 사회체제 및 경제 ■ 146
13. 스페인제국의 몰락 ■ 148

제8장 황금세기 문화예술 II ■ 150

1. 르네상스 ■ 151
   1) 가르실라소 데 라 베가
2. 악자소설 ■ 153
3. 바로크 ■ 155
4. 신비주의문학 ■ 155
   1) 산따 떼레사 데 헤수스   2) 산 환 델 라 끄루스

5. 황금세기의 연극 ■ 158
   1) 로뻬 데 루에다   2) 로뻬 데 베가
   3) 뻬드로 깔데론 데 라 바르까   4) 띠르소 데 몰리나

6. 황금세기의 시인들 ■ 164
   1) 루이스 데 공고라   2) 프란시스꼬 데 께베도

7. 황금세기의 소설 ■ 167
   1) 미겔 데 세르반테스   2) 〈동끼호떼〉
   3) 세르반테스의 〈모범소설들〉   4) 마리아 데 사야스

제9장 황금세기 문화예술 Ⅲ ■ 180

1. 황금세기의 건축 ■ 181
   1) 쁘라떼레스꼬양식   2) 르네상스양식164   3) 바로크양식

2. 황금세기의 조각 ■ 184

3. 황금세기의 화가들 ■ 186
   1) 엘 그레꼬   2) 디에고 벨라스께스   3) 황금세기의 여타 화가들

4. 황금세기의 음악 ■ 198

제10장 18세기와 19세기의 문화예술 Ⅰ ■ 200

1. 펠리뻬 5세의 통치기 ■ 202

2. 계몽전제주의 ■ 204

3. 나폴레옹의 스페인 침공 및 지배 ■ 206

4. 나폴레옹의 지배에 대한 독립전쟁 ■ 207

5. 스페인계 아메리카의 독립 ■ 210
  1) 남미의 독립 2) 멕시코의 독립
6. 이사벨 2세 시대 ■ 214
7. 제1공화국 ■ 215
8. 알폰소 12세와 그 이후 ■ 217

제11장 18세기와 19세기의 문화예술 II ■ 218

1. 18세기의 스페인 문학 ■ 219
  1) 레안드로 페르난데스 데 모라띤 2) 라몬 데 라 끄루스
2. 19세기 전반의 낭만주의 ■ 220
  1) 앙헬 데 사아베드라 2) 호세 데 에스쁘론세다 3) 호세 소리야
  4) 구스따보 아돌포 베께르 5) 헤루뚜르디스 고메스 데 아베야네다
  6) 로살리아 데 까스뜨로 7) 까딸루냐의 낭만주의
3. 19세기 후반의 사실주의 ■ 227
  1) 환 발레라 2) 뻬드로 안또니오 데 알라르꼰 3) 베니또 뻬레스 갈도스
  4) 에밀리아 빠르도 바산 5) 비센떼 블라스꼬 이바녜스
4. 위대한 화가 프란시스꼬 데 고야 ■ 234
5. 18세기와 19세기의 음악 ■ 242
  1) 사르수엘라 2) 이삭 알베니스 3) 엔릭 그라나도스

제12장 20세기의 문화예술 I ■ 248

1. 20세기의 역사적 흐름 ■ 249
  1) 알폰소 13세 시대 2) 노조들의 투쟁과 사회적 갈등

    3) 미겔 쁘리모 데 리베라 장군의 독재 4) 제2공화국과 사회적 갈등
    5) 아스뚜리아스의 혁명 6) 내란

2. 20세기의 스페인문학: 98세대 ■ 262
    1) 미겔 데 우나무노 2) 삐오 바로하
    3) 라몬 마리아 델 바이예—잉끌란 4) 아소린
    5) 안또니오 마차도

3. 20세기의 스페인문학: 여타 작가들 ■ 271
    1) 환 라몬 히메네스 2) 페데리꼬 가르시아 로르까

4. 내전과 내전 후의 문학 ■ 275
    1) 내전 중의 문학 2) 내전 후의 문학 3) 까밀로 호세 셀라
    4) 루이스 마르띤—산또스 5) 까르멘 마르띤 가이떼 6) 환 고이띠솔로

제13장 20세기의 문화예술 II ■ 282

1. 20세기의 화가들 ■ 283
2. 빠블로 삐까소 ■ 284
    1) 삐까소: 청색 시기 2) 삐까소: 장미빛 시기 3) 삐까소: 입체주의 시기
3. 초현실주의 화가들: 달리와 미로 ■ 293
4. 안또니 가우디 ■ 295
5. 20세기의 스페인 음악가들 ■ 296
    1) 마누엘 데 파야 2) 호아낀 로드리고 3) 안드레스 세고비아 4) 빠우 까살스

제14장 현대 스페인의 문화예술 I ■ 300

1. 20세기의 중반 이후의 역사적 흐름 ■ 302

2. '관광붐' 정책 ■ 304

3. 스페인 — 민주국가로 향하다 ■ 306
   1) 민주화 과정 2) 쿠데타 기도와 좌절

4. 스페인이 해결해야 할 당면 과제 ■ 311
   1) 분리독립투쟁과 테러단체 ETA 2) 지방자치단체들의 자치권

5. 스페인과 유럽 ■ 315
   1) 유럽경제연합 가입 2) 북대서양조약기구 가입 3) 바르셀로나 올림픽

6. 현재의 스페인 사회 ■ 318

제15장 현대 스페인의 문화예술 II ■ 322

1. 성주간 ■ 324

2. 세비야의 축제시장 ■ 326

3. 플라멩꼬 ■ 328

4. 투우 ■ 329
   1) 투우의 기원과 발전 2) 투우술 3) 투우의 진행 4) 투우축제의 종류 5) 투우 조직

5. 산 페르민 축제 ■ 341

6. 파야스 축제 ■ 344

7. 하이 알라이 ■ 347

8. 현재의 대중문화 ■ 350
   1) 영화 2) 음악 3) 텔레비전 4) 동아리 모임 5) 스포츠와 복권의 나라

9. 스페인 사람들의 의식주 ■ 360

참고문헌 ■ 365　　　찾아보기 ■ 366

스페인 문화예술의 산책

제1장
유럽문화의 흐름

| 스페인과 유럽문화 |

　스페인은 유럽에서는 보기 드문 다양한 문화적 유산을 지닌 국가로, 유럽적인 요소들과 아랍적인 요소들을 동시에 지니고 있으며, 나아가 독창적인 요소들도 풍성하게 지닌 문화의 보고(寶庫)이다. 그렇지만 스페인은 그리스―로마문화를 축으로 발전되어 내려온 유럽문화를 토대로 한 국가임에는 틀림이 없다. 따라서, 유럽의 시대별 문화를 대별해 보고 그 주된 내용들을 간략하게 파악해 보는 것이 스페인 문화를 이해하는 데 도움이 될 것이다. 고전 그리스문화―헬레니즘문화―로마시대문화―중세시대문화(로마네스크양식, 고딕양식 포함)―르네상스시대문화―바로크양식―로코코양식―낭만주의(19세기)―사실주의(19세기)―모더니즘(20세기초)―포스트모더니즘(1960년대)으로 이어지는 문화의 흐름을 간략하게 소개하겠다.

1. 그리스문화

그리스시대는 기원전 약 11세기에서 기원전 323년까지를 일컬으며, 이 시대에는 개성이 중시되어 개인주의가 모든 문화 활동에 스며 있으며, 예술, 철학, 문학, 의학, 천문학, 지리학 등 여러 학문 분야가 매우 발달하였다. 그리스 예술작품에는 팽팽하고 유연한 힘이 넘치는 남성의 육체와 나부끼는 듯한 우아한 옷을 입은 여성의 모습이 동시에 나

그리스의 아테네에 있는 파르테논 신전

타난다. 또 그리스문화에는 항아리에서 건축까지 순수함, 아름다움, 기능미가 표현되어 있고, 화폐도 금이나 은에 양각의 훌륭한 조각으로 장식되어 있으며, 신전에 장식되는 조각품은 기품과 존엄성을 표현하고 있다. 그리스문화의 전반적인 특징으로 모든 예술활동에 있어 고전적이라고 부르는 균형미와 완성미를 들 수 있다. 알렉산드로스 대왕이 병사한 기원전 323년까지를 그리스시대로 본다.

2. 헬레니즘문화

헬레니즘문화는 고전 그리스 다음의 문화시대인 기원전 330년에서

기원전 30년까지를 뜻하나, 때론 고전 그리스문화까지도 포함하는 것으로 해석되는 경우도 있다. 그러나 통설적으로 고전 그리스문화와 오리엔트문화 사이의 상호영향으로 새로 태어난 문화로 보며, 기원전 330년 알렉산드로스 대왕의 페르시아제국 정복에서 기원전 30년 로마가 이집트를 병합하기까지의 300년간이 헬레니즘시대로 여겨진다. 공간적으로는, 마케도니아, 그리스에서부터 인더스 유역, 박트리아, 메소포타미아, 소아시아, 이집트 등 대왕의 정복지 전지역이 포함된다.

그리스문화는 오리엔트 지방에까지 확산되었으며, 헬레니즘시대에서는 간소화된 그리스어가 혼용어로서 사용되었다. 알렉산드로스 대왕은 동양적인 전제군주 풍의 의관을 사용하고, 페르시아 왕녀와의 결혼, 페르시아 귀족을 친위대로 채용하는 등 이민족 통치의 수단으로서 그리스문화와 오리엔트문화의 결합을 시도하였으며, 결국 이전 시대와 상이한 헬레니즘문화가 출현하였다. 헬레니즘시대에는 세계시민주의와 개인주의가 지배하게 되었으며, 조각은 사실적이고 육감적으로 되었고, 육체의 운동과 정신의 격동 등이 표현되었다. 문헌학과 자연과학 등이 발달되었으며, 고전 그리스문화의 창조성은 쇠퇴되었다.

3. 로마문화

로마시대는 기원전 5세기경에서 기원 후 5세기까지를 일컫는다. 로마제국은 로마시 지역으로부터 발흥하여 이탈리아반도 및 지중해 전체를 지배하였던 고대 서양 최대의 제국이었다. 로마는 기원전 8세기 무렵부터 전설적 왕정기, 기원전 510년부터 공화정기, 옥 타비아누스

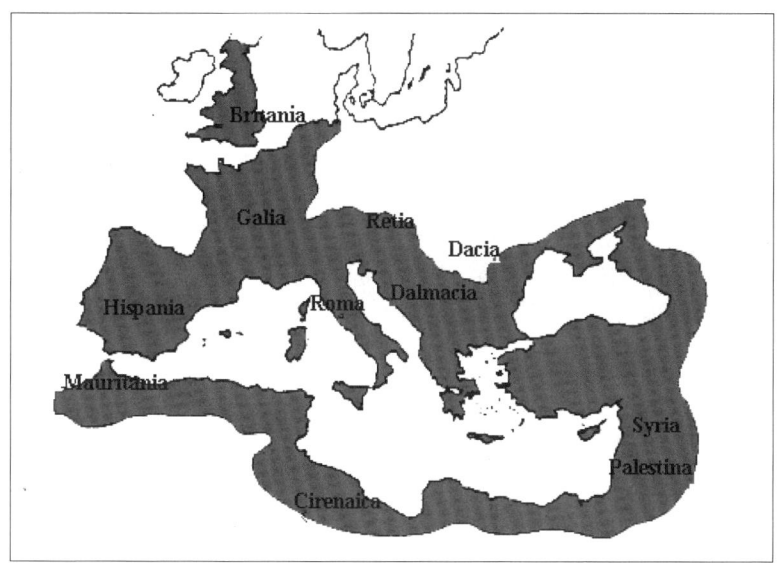

로마제국의 영토

(기원전 27년) 이후는 제정기(帝政期)로 대별된다. 그러나 기원 후 395년 제국은 동서로 분열되어, 서로마제국은 476년, 동로마(비잔틴)제국은 1453년에 멸망하였다.

로마의 예술은 이탈리아반도의 에트루리아인의 예술과 그리스 예술을 융합, 발전시킨 것이다. 로마 예술은 그리스 예술에 근거하여, 에트루리아적인 실용성과 현실성을 가미하였다. 공화정 말기에는 헬레니즘 세계와 접촉함으로써 그리스의 영향이 심화되어 그레코로만 시대가 출현하게 되었다. 실용성을 중시한 로마 건축은 외관미에 치중한 그리스 건축과는 달리, 거주성에 의거한 내부 공간에 초점을 맞추었다. 기둥, 들보로 이루어진 그리스 건축과 에트루리아의 분묘 및 성문에 사용된 아치형식을 채택, 많은 기념비적 건축물을 건조하였다. 건축에 분말형태의 일종의 시멘트를 사용함으로써 거대한 건물을 축

로마의 콜로세움

조할 수 있었다.

　로마의 초상조각은, 입상, 흉상, 기마상, 묘비상 등이 있으며, 단순한 용모 모방이 아니라, 인물의 성격까지 나타날 수 있도록 세밀하게 묘사하였다. 거대한 개선문이나 기념주에는 전쟁에서 승리한 역사적 사건을 주제로 한 부조가 장식되었다. 미술부문에서는 헬레니즘시대의 영향을 받아 프레스코와 모자이크로 감각적, 신비적, 일상적인 주제를 사실적 기법으로 표현하였으며, 풍경화 및 정물화, 유리공예와 금속공예도 발달하였다.

4. 중세시대문화

　중세는 보통 5세기의 게르만 민족의 대이동 이후 15세기 말 동로마제국의 멸망까지로 그전의 그리스—로마의 고대 이후에서 근대까지의 시대를 일컫는다. 르네상스시대의 인문주의자들과 이후의 근대주의자들에 의해 중세는 암흑시대라고 비판되었으나, 최근에는 근대 문화 및 사회의 자체 모순이 노출되어 중세를 재평가하게 되었다.
　중세전기(5세기~10세기)는 원시적 게르만 사회가 로마의 영향으로 봉건사회로 이행하는 과도기였으며, 수도원을 중심으로 고대 라틴문화가 유지되었을 뿐 일반 사회는 문화적으로 암흑에 휩싸여 있었다.

중세 후기, 특히 11세기 이후, 지중해를 중심으로 한 상업의 부흥, 농업 생산의 증대, 인구 증가 등 여러 요인으로 도시가 발생하여 번창하게 되었으며, 대학 등 문화시설이 등장하였다. 농촌의 경제구조도 변하여, 장원제도와 봉건제도가 발전하였으며, 십자군운동으로 봉건기사 계급이 성장하여 고도 봉건사회에 이르게 되었다.

14세기 흑사병의 유행(1347~51), 백년전쟁(1337~1453), 농민 반란(1388) 등으로 중세사회의 붕괴 조짐이 일기 시작하였다. 이탈리아의 발달된 상업도시에서 르네상스운동이 일면서 유럽 전역에 이데올로기의 위기가 나타났고, 지리상의 발견으로 세계관에 혼란이 일어 전통적인 카톨릭사상을 부정하기에 이르렀다. 이러한 위기에 대응하기 위해 절대왕정 체제가 형성되었으나, 결국 영국, 프랑스 등에서 시민혁명이 발발하게 되고, 독일 및 여러 국가에서 근대개혁이 단행되어 중세시대는 막을 내리게 되었다.

문학부문은 12세기 이전의 중세 라틴어문학과 12세기 프랑스문학의 융성 이후의 속어문학으로 구분할 수 있다. 게르만 민족 침입이후 로마 문명의 전통을 고수한 베네딕투스회 수도원 덕분에, 성자전, 역사 작품, 찬가 등이 쓰여졌다. 중세 문학작품은 독창적이지 않고 교과서적이며, 금욕적이고 현세 부정적 경향을 띠고 있었다. 속어작품으로 7세기 말경 영국의 이교적 성향의 〈베어울프〉 등이 나타났으나, 본격적인 속어문학의 등장은 12세기, 프랑스의 무훈시 〈롤랑의 노래〉 등과 더불어 이루어졌다. 당시 남프랑스에서는 음유시인들이 나타나 귀부인을 찬미하고 관능적이며 신비한 사랑을 노래하였다. 반면, 스페인에서는 아랍인들의 침입과 재정복전쟁으로 독특한 문화를 낳았다. 1140년경의 서사시 〈미오시드의 노래〉는 영웅적

미오 시드

이고 전설적인 면보다는 역사적 그리고 정치적 상황이 강하게 반영된 사실적 작품이다. 13세기 후반 서양 중세 최대의 시인이며 철학자인 이탈리아의 단테는 작품 속에 중세의 모든 사상이나 신학, 인간감정을 포함시켰다. 14세기 말경 영국에서는 초서가 중세문학 최고의 걸작인 〈캔터베리 이야기〉를 썼다.

중세연극은 종교극과 세속극으로 구분되나, 전반적으로 극의 종류와 형식이 자유롭고 다양하였다. 로마 연극이 사라진 후 약 10세기 동안 유랑극단에 의한 잡다한 공연물이 교회의 규제를 피해 겨우 연극으로서의 명맥을 유지하고 있었다. 9세기 부활절과 성탄절 의식에서 시작된 합창이 10~11세기 연기, 의상 그리고 약간의 무대장치를 동반한 극 형식의 의식으로 발전되었다. 이러한 초기 종교극이 점차 발전되어, 라틴어―속어 혼용단계를 거쳐 마침내 속어로 제작되고 무대도 제단에서 교회 앞마당으로 바뀌게 되었다. 12세기의 라틴어로 된 성자 기적극에서 13~14세기에 속어 기적극이 나타났고, 연극은 교회에서 민중에게 넘어갔다. 14세기 민중의 취향에 따라 수난극이 유행되기 시작하였고, 수난극은 종교극 전성기인 15~16세기에 그리스도의 일대기를 포함하여 천지창조에서 최후심판에 이르는 성서의 모든 내용을 다루게 되었다. 따라서 일명 성사극인 이런 종교극을 상연하려면 며칠씩 소요되었다. 세속극도 마찬가지로 15~16세기 번창하였으며, 이는 일상 생활 풍속 속에서 익살을 추구하는 소극

(笑劇), 저속한 풍자로 특징지어지는 프랑스의 소티(sotie), 의인화된 미덕 또는 악행을 등장시켜 민중을 교화하는 도덕극으로 대별된다.

중세 유럽의 종교음악은 성악을 주체로 하여, 가사의 내용 표현에 중점을 두었다. 반면에, 세속음악은 현세적인 인간 감정을 솔직하게 표현하고, 악기를 사용하였다.

협의의 중세철학은 스콜라 철학과 동일시되나, 광의의 중세철학은 그리스도교 신학과 결부된 모든 철학을 포함하므로 교부시대를 거슬러 올라가 원시 그리스도교 시대까지를 포함한다. 중세철학은 그리스도교와 그 모태가 된 유대교의 종교적 세계관에 뿌리를 두고 있다. 이 세계관은 유일한 절대자인 신이 세계와 그 안의 만물을 무(無)에서 창조하였으며 인간에게 자신의 모습을 부여함으로써 특별한 지위를 누리도록 하였다는 것이다. 13세기경 많은 그리스철학 문헌들을 연구한 아라비아문화권 학자들의 영향으로 스콜라철학은 아리스토텔레스의 전통적인 신학적 형이상학에 사변철학을 가미하게 되었으며, 토머스 아퀴나스는 이러한 경향을 발전시키고, 당시까지의 학문적 성과를 집대성하여 중세철학 체계를 완성하였다.

중세의 건축양식으로는 로마네스크양식과 고딕양식을 들 수 있는데, 이들 모두 종교적 건축양식으로 신앙심을 표현하는 데 초점을 맞추고 있다.

1) 로마네스크양식

중세 유럽 건축의 한축을 이루는 로마네스크양식은 로마건축양식 기법을 이어받은 것으로 대체로 950~1200년경에 이탈리아와 프랑스에서 발생하여 유럽 전역으로 확산되어 지역마다 다양하게 발전하였다.

로마네스크 건축은 11세기 초엽까지 목조였던 본당 천장을 석조 돔으로 바꾸었다. 석조의 사용으로 신(神)의 집으로서의 항구성과 석재 공간으로서의 통일성 및 음향적인 효과를 얻을 수 있었다. 로마네스크건축은 석조돔의 절단면, 창문이나 입구기둥의 들보 사이나 처마 밑 부분 등도 반원 아치로 하였으며, 곡선부분은 부채꼴로 자른 바위로 조립되어 있어 압력이 상하가 아니고 경사의 방향으로 작용하게 되었다. 이러한 힘의 작용을 해결할 가장 단순한 방법은 옆벽을 두껍게 만들어서 압력을 버티게 하는 것이었으나, 벽이 견고하려면 창문을 작게 해야 하므로 채광을 희생시켜야만 하였다. 또 한편으로는 경사진 횡압력의 방향을 낮추거나 돔의 중량을 옆벽의 한 부분에 집중시키고 그 부분에 부벽(副壁)을 대어 외부에서 보강함으로써 안전도를 높이고 창문도 상대적으로 크게 만들 수 있는 방법을 고안해냈다. 참고로, 돔이나 아치는 로마시대에도 이미 존재하였으나, 강력한 시멘트를 사용하였으므로, 로마네스크 건축에서 나타나는 무게 및 압력에 대한 세밀한 배려는 필요가 없었다.

결론적으로, 로마네스크양식은 벽면이 크고 창문이 작으며 중량감이 있다. 외관은 대체적으로 단순하고 소박하며, 내부는 줄 기둥이나 줄 기둥 위의 아치들 등의 건축적 효과로 어두컴컴한 공간에 신비로운 분위기를

로마네스크양식의 성서닌성당

발산한다.

건축조각은 건축과 완벽한 조화를 이루게 하였다. 일정한 평면 공간에는 건축의 기하학적 형태에 맞추어 구성하였고, 인간이나 동물 등의 형태도 건축의 기하학적 형태에 따라 변형시켰다. 즉, 몸의 형태를 변형시켜 생생하고 역동적인 생명감을 표현하였다.

2) 고딕양식

고딕이란 용어는 르네상스시대에 이탈리아인이 중세건축을 야만족인 고트인의 것이라고 비하한 데서 유래하였다. 고딕양식은 로마네스크양식에 이어 12세기 중기에 나타나 13세기에 프랑스와 영국에서 확립되었다. 고딕양식은 성당 등 건축에서 이루어졌지만, 건축과 연관된 조각, 회화, 공예에 대해서도 총체적으로 사용되었다.

고딕양식 성당건축의 특징은 일반적으로 3요소, 즉 여러 개의 기능으로 된 돔, 부벽, 첨탑이며, 이것들의 유기적인 작용으로 형태에 있어서는 앙고성(仰高性) 또는 상승감을 강조하고, 구조적으로는 경사압력을 크게 낮출 수 있었다. 이 3가지 요소는 동방에서 유래한 것으로 이미 로마네스크 건축에도 있었다.

고딕 건축에 있어서 가장 중요한 내용은 벽을 얇게 하고 창의 면적을 확대한 것으로, 이렇게 하기 위하여 약화된 벽을 역학적으로 보호하기 위한 아치형 구조를 사용하고, 돔의 무게가 여러 개의 기둥에 의해 받침대에 집중되게 함으로써 벽은 중량의 일부만을 지지하게 하였다. 또한 외벽에는 벽을 따라 부벽을 만들어서, 받침대에 걸리는 경사압력에 대처하였다. 또 돔, 입구, 창 등에서 로마네스크에서는 반원형

전형적인 고딕양식의 건축물인 아순시온의 성모마리아 성당

아치를 사용하였지만, 고딕에서는 첨두 아치를 사용하여, 첨두의 각을 넓게 하거나 좁게 하여 넓이와 높이를 자유롭게 조절함으로써 성당 내부의 공간 구성을 시각적으로 강조할 수 있게 되었다.

5. 르네상스

14세기 말 또는 15세기 초에서 16세기까지 성행한 문화운동으로, 중세와 근세 사이의 시대를 지칭하기도 한다. 르네상스는 학문 또는 예술의 부활(불어 renaissance)을 의미한다. 고대의 그리스와 로마 문화를 이상적이라 여겨 부흥시킴으로써 사상, 문학, 미술, 건축 등 다방면에서 새로운 문화를 창출하려는 운동이었다. 중세를 야만시대, 인간성이 무시된 시대로 파악하고, 고대문화의 부흥을 통해, 이 야만시대를 극복하려는 르네상스 운동은 이탈리아에서 시작된 뒤, 기타 유럽 지역으로 전파되어 각기 특징적인 문화를 형성하였고, 근대 유럽문화 태동의 기반을 형성하였다. 이러한 르네상스 시대에 고전에 대한 심취에서 비롯되어 나타난 사조를 고전주의라고 부르며, 이것은 조화와 완성미를 추구하는 고대 그리스 및 로마의 예술사조를 뜻하고, 당시 사람들의 이성을 존중하는 경향과 부합하였다.

르네상스는 미술부문에서 시작되었다. 고대미술이 게르만족의 침입과 중세의 우상파괴운동으로 소멸된 뒤, 투박한 고트인에 의한 고딕양식이나 딱딱한 비잔틴양식이 풍미한 뒤에, 훌륭한 고대미술의 전통을 부활시키려는 이탈리아 미술가들의 역사적 자각과 의욕에 의해 르

르네상스양식의 건축물인 이탈리아의 성로렌조성당

제1장 유럽문화의 흐름 27

네상스가 시작된 것이다. 르네상스 미술은 15~16세기 유럽 전역으로 확산되었고, 16세기 중반 주지주의적 주관주의 양식인 마니에리스모가 출현하는 시기까지 지속되었다. 르네상스 미술은 사실주의와 고대 연구를 기반으로, 매우 이지적이고 논리적인 면을 강조하였다.

건축에서는 미와 힘을 융합하여 조화와 율동의 공간질서를 추구하였다. 고딕건축의 수직적 상승성을 배제하고 조화를 이루면서도 장중한 공간미를 살렸다. 조각에서는 건축의 부속적 지위에서 해방시키고 고딕양식으로 회화화한 조각을 올바로 되돌려, 고전정신과 사실주의를 융합, 고전적 품위와 사실주의에 따른 입체감을 제대로 표현하였다.

회화에서는 르네상스가 막 시작된 15세기 초기임에도 벌써 국제적으로 지배적인 고딕양식을 타파하고, 공기, 빛, 색채에 의한 엄격한 조형성을 바탕으로 주제의 본질을 추구하였다. 이 당시 르네상스 미술은 원근법, 인체균형론 등을 중시하였다.

르네상스 예술을 대표하는 예술가로 건축에 알베르티, 조각에 미켈란젤로, 그리고 회화에 레오나르도 다 빈치를 꼽을 수 있다. 레오나르

레오나르도 다 빈치의
〈최후의 만찬〉

도 다 빈치는 15세기 말 객관주의와 사실주의를 심화하여 주관적인 영적 내용과의 합일을 추구한 〈최후의 만찬〉과 여타 작품에서 이상주의적 고전양식을 완성시켰다. 이후 미술가들은 레오나르도 다 빈치의 업적을 계승하고 고대미술의 내용을 승화시켜, 16세기 초에 고전양식의 전성기를 이룩하였다. 그 대표적 인물이 미켈란젤로, 라파엘로, 티치아노, 코레조 등이다. 그러나, 르네상스 미술은 16세기 중엽주지주의적 주관주의 양식인 마니에리스모와 동적인 바로크양식이 출현하면서 실질적으로 사라졌다.

연극에서는 중세연극에서 탈피하려는 경향이 있었으며, 나라마다 큰 차이를 보였다. 궁정과 귀족이 주요 관객이었던 이탈리아나 프랑스에서는 고대극 부흥 경향이 일었으나, 서민층 관객이 많았던 스페인과 영국에서는 중세연극의 형태가 남아 있었다. 스페인의 황금세기(16세기 중엽~17세기)는 고대극과는 거리가 멀었으며, 카톨릭 세력이 강하여 중세 종교극에 길들여진 민중들로 말미암아, 희비극 상연에도 성찬신비극(聖餐神秘劇), 막간희극(幕間喜劇) 등이 동반되는 등 중세의 특징을 유지하고 있었다. 당시 스페인에는 로뻬 데 베가(Lope de Vega)의 많은 훌륭한 연극 작품과 여타 많은 연극 작가들이 있었으며, 띠르소 데 몰리나(Tirso de Molina)의 '세비야의 바람둥이'(Burlador de Sevilla) 등 종교극도 있었다.

르네상스운동의 결과 추구하게 된 고전주의는 이후 17세기에 문학분야에서도 일어나, 18세기 중엽 이후 음악, 회화, 조각 분야에서도 통일성, 이론성을 주장하게 되었다. 그러나 예술을 미의 법칙으로 규제하고, 그 이탈을 엄격히 불허한 결과 이에 대한 반동으로 19세기 이후 보다 자유롭고 정서적인 낭만주의가 출현하였다.

6. 바로크양식

16~17세기 유럽에 격정적이고 역동적이며, 반(反)고전적인 경향의 바로크 문학이 등장하였으며, 미술에도 도입되어 17~18세기에 유행하였다. 바로크양식은 각국 특유의 국민문화가 언어권별로 형성되던 시대의 개념이다. 바로크문학은 스페인에서 가장 일찍 개화하여, 공고라(Góngora)와 깔데론 데 라 바르까(Calderón de la Barca) 등에 의해 발전하였다.

바로크양식으로 된
깔다스 데 베야사(Caldas de Beyasa)성모성당

"바로크"는 포르투갈어로 '비뚤어진 모양을 한 기묘한 진주'를 의미하는 barroco라는 단어에서 유래한 것으로 추측되며, 16세기 유럽을 지배한 고전주의 르네상스 뒤에 나타난 양식을 비하하여 사용하였으나, 19세기 중엽 독일 미술사가들에 의해 부정적 평가는 제거되었다. 바로크는 크기, 광채, 움직임을 중시하여, 건축에서는 장대한 양식, 곡선 활용, 자유롭고 유연한 접합부분, 조각에서는 비상하는 동적인 모습과 다양한 복장 표현, 회화에서는 대각선적인 구도, 원근법, 단축법, 눈속임 효과의 활용 등의 특징들을

보여준다. 18세기에도 바로크는 로코코양식 속에서 명맥을 유지하였다.

스페인에서는 바로크가 전통적인 추리게레스꼬(churrigueresco)양식(곡선, 회화, 조각 등을 많이 사용한 과잉장식의 건축양식)과 결합하여 마드리드의 성페르난도수도원, 그라나다의 샤르트르회성당 등에 나타나며, 멕시코, 브라질, 콜롬비아, 페루 등 식민지에서 독자적인 장식양식을 탄생시키게 되었다.

미술에서 유래한 바로크음악도 16세기 말에서 18세기 중엽 사이에 성행하였다. 바로크예술이 지닌 빛―그림자 효과나 대비성은 음악에서도 나타나, 서로 다른 음향체를 협주양식으로 어울리게 하였다.

7. 로코코양식

로코코미술은 17세기의 바로크 미술과 18세기 후반의 신고전주의 미술 사이에 유행하였다. 로코코는 조개 껍데기 세공이나 조개 모양을 의미하는 프랑스어 로카유(rocaille)에서 유래하였으며, 장식 양식 또는 공예품에 대하여 사용된 용어였다. 로코코는 창조적이며 자율적인 가치를 지닌 미술양식으로 바로크 미술의 부정형(不定形)이나 유동적인 조형요소를 계승하였으므로 바로크의 변형으로 볼 수도 있다. 바로크가 충만한 생동감, 장중한 위압감 등 남성적, 의지적 특징을 지닌 반면, 로코코는 세련미나 화려한 유희적 정조 등 여성적, 감각적 내용을 표현하였다.

로코코는 실내장식이나 가구류 등의 장식미술에 나타나며, 실내의

로코코양식으로 된
독일의 조안 발따사르 성당 내부

각 부분 또는 가구의 형태에 조개 모양 등 곡선무늬를 활용한다. 건축에서는, 살롱 문화를 배경으로, 곡선을 활용, 실내공간을 원형적인 형태로 처리하고, 벽과 벽, 벽과 천장 사이 연결부분의 분절을 보이지 않게 하였다. 또한 부드러운 곡선의 자유로운 교차, 벽이나 천장의 담백하고 우아한 색조, 경쾌하고 화려하며, 회화적이고 평면적인 특징을 지녔다. 로코코양식은 프랑스에서 나타나 프랑스의 번영과 더불어 전 유럽에 확산되었다.

■ 신고전주의 미술

18세기 중엽에서 19세기 중엽에 걸쳐 유럽에서 형성되었으며, 르네상스시대의 고전주의와 구별하기 위해, 신고전주의 미술(新古典主義美術)이라고 부른다. 신고전주의란, 18세기 중엽 폼페이 등의 고대건축 발굴로 생겨났다. 신고전주의 미술은 형식의 정연한 통일과 조화, 명확한 표현, 형식과 내용의 균형 등을 추구했으며, 특히 조형미술에서는 엄격하고 균형 잡힌 구도와 명확한 윤곽, 형상의 입체성 등을 강조하였다.

8. 낭만주의

낭만주의(浪漫主義)는 18세기 말에서 19세기 중엽까지 유럽 전역과 남북 아메리카에 전파되었다. 18세기의 유럽국가들은 17세기에 프랑스에서 확립된 고전주의와 이성에 의거한 계몽주의의 지배를 받았으나, 1789년의 프랑스혁명은 이성에 의한 비합리적인 정치체제의 타파를 주장하는 계몽주의를 되돌아보게 하는 계기를 마련하였고 결국 이성적 원리가 파괴되자 모든 것에 대한 불신감을 품게 되었다. 따라서 정신적 황폐화에서 탈피, 자아에 대한 확인과 그 내부에로의 침잠을 추구하는 낭만주의에 몰입하게 되었다.

낭만주의문학은 감성의 해방, 무한에 대한 동경과 불안, 질서와 논리에의 반항을 표현하였다. 낭만주의는 자아의 해방, 전통에의 복귀, 자연에 대한 사랑, 명상적 신비주의, 이국정서 등을 통해 상상력의 폭을 넓혔고, 현실에의 관심을 부각시켜 상징주의와 사실주의로 유도하는 역할을 하였다.

낭만주의미술은 19세기 전반에 유럽 각국에서 회화, 조각 등에 나타났으며, 주관, 감정, 상상, 개성에 기초하여, 자아를 해석하고, 격정적이고 정서적인 자유를 추구하였다. 낭만주의 예술가들은 신고전주의의 규범에 반발, 중세와 민족적 과거, 고딕양식을 추구하고, 동방의 양식을 수용, 승화시켰고, 상상력과 조국애, 인간과 자연과의 합일감 등의 감정 표현을 자유분방하게 하였다.

낭만주의회화는 그림의 본질적인 내용보다는 주관적인 표현방법에 주안점을 두고, 부드럽고 생생하며, 역동적이고 속도감 있는 움직임과 분출하는 힘 등을 그려냈다. 강렬한 색채를 중시하며, 아름다운 것

뿐 아니라 추한 것까지도 그림으로 표현하였다. 대표적 낭만주의 화가들로 밀레, 고야 등이 있다.

9. 사실주의

19세기 유행하였던 사실주의(realismo)는 객관적 사물을 있는 그대로 정확하게 표현하려는 문예사조로 미술에서는 원근법을 중시하고, 실물처럼 그릴 수 있는 방법 창안에 역점을 두었다. 문학에서도 저자가 객체를 그대로 묘사할 수 있다는 믿음으로 스토리가 인물을 조정하여 원근법과 같은 효과를 나타내었다.

사실주의는 추상예술, 고전주의, 낭만주의와 대립하는 개념이다. 미술부문과 문학에서의 사실주의는 꽁트의 실증주의의 영향에다가 이상주의적 계몽주의와 환상적 낭만주의에 대한 반발로 19세기 중엽에 나타났으며, 미술부문에서 가장 먼저 시작되었다. 프랑스의 쿠르베(Courbet)가 〈돌 깨는 사람〉, 〈세느강변의 처녀들〉 등 지극히 현실적인 그림을 그려 사실주의를

쿠르베의 〈세느강변의 처녀들〉

창시하였으며, 그의 벗 샹플뢰리가 문학부문에 도입하였다.

사실주의는 19세기 후반 번창하였으며, 과학중시 사상과 당시 중산계층의 상식이나 실증정신에 의해 지지를 받고 있었다. 문학에서는 사회관찰소설이 발달하였으며, 그 대표적 인물들이 발자크, 스탕달, 플로베르 등이다.

10. 모더니즘

근대적 감각을 지닌 예술상의 여러 경향을 지칭하며, 광의로는 교회의 권위 또는 봉건성에 반대하는, 과학이나 합리성을 존중하고 근대화를 지향하는 사조를 의미하지만, 협의로는 기계문명과 도시적 감각을 중시하고 현대풍을 추구하는 사조를 뜻한다. 예술 면에서 모더니즘(Modernismo)은 20세기 초, 특히 1920년대에 일어난 표현주의, 미래주의, 다다이즘, 형식주의 등의 감각적, 추상적, 초현실적인 경향의 여러 운동을 지칭한다.

모더니즘은 혁신인 동시에 보수성을 지닌 역설적인 면을 지니고 있었다. 개성 대신에 신화와 전통 등 보편성을 중시하였고, 삐까소(Picasso), 프루스트, 포크너, 조이스 등 거장을 배출하였으나 난해하고 추상적인 기법은 대중의 이해를 힘들게 하였다.

11. 포스트모더니즘

1960년대 일어난 문화운동으로 정치, 경제, 사회의 모든 분야와 연관된 개념이다. 미국과 프랑스를 중심으로 학생운동, 여성운동, 흑인민권운동, 제3세계운동 등의 사회운동과 전위예술, 그리고 해체 혹은 후기 구조주의 사상으로 시작되어, 70년대 중반 점검 및 반성의 기간을 거친 뒤 오늘날에 이른다. 역사적으로, 19세기의 사실주의에 대한 반발로 1920년대 모더니즘이 나타났으며, 다시이에 대한 반발로 포스트모더니즘(Postmodernismo)이 등장하였다. 즉, 개성을 되찾고, 대중과의 친근성을 도모하며, 모더니즘의 특징들을 거부하는 다양성의 실험들이 포스트모더니즘이다.

미술에서는 추상성 대신 대중성을 추구하고, 다시 구상을 등장시켰다. 영화와 연극 역시 사실주의의 패러디로서 환상적 기법, 자의식적 기법을 활용하게 되었으며, 무용에서는 토슈즈를 신었던 19세기 발레에서, 맨발로 자유로움과 기법을 표현한 모더니즘 시대를 거쳐, 다시 운동화를 신는 포스트모던 댄스로 발전되어 대중성과 개성을 중시하게 되었다. 산문, 기호학 등 비평이론의 경계가 무너지고, 공연예술에서 탈장르가 나타나게 되었다. 포스트모던 건축은 기능주의적 중앙집권적 건축에서 탈피하여 장식과 열린 공간을 중요시하고 분산적이며, 옛 것에 현대적인 감각을 접합시킨 패러디가 유행하게 하였다.

포스트모더니즘은 개성, 자율성, 다양성, 대중성을 중시하고 절대이념을 배척함으로써 정치적 탈이념을 초래하기도 하였다. 산업사회가 발전되어 분업과 대량생산이 이루어져 수요에 의해 공급이 결정되고, 최근에는 컴퓨터, 서비스산업 등 정보화시대로 공급이 수요를 초과하고 있어 인위적인 소비형태가 이루어지게 되었다. 요약하면, 탈이념, 광고와 패션에 의한 소비문화, 여성운동, 제3세계운동 등이 포스트모던시대의 특징들이라고 볼 수 있다.

제2장
스페인은 어떤 나라인가?

1. 스페인의 지리적 특징

　스페인은 지리적으로 그리고 문화적으로 매우 다양한 면을 지닌 국가이다. 유럽의 남서쪽에 위치한 국가로 포르투갈과 함께 이베리아반도를 형성하고 있다. 스페인의 산들은 해발 9,000피트(약 2520m)가 넘으며, 동시에 황갈색으로 이루어진 산이 많은 광활한 고원들을 지니고 있다. 몇몇 지역은 매우 추우나, 또 다른 지역들은 매우 덥다. 북서쪽은 강우량이 많은 지역이지만, 안달루시아를 중심으로 한 남부지역은 비가 거의 오지 않는다. 남부지방과 북부지방 사이에 역사적, 지리적, 문화적 그리고 사회적으로 커다란 차이점들이 있으며, 심지어 같은 지역들 내 지역간에도 매우 커다란 대비를 이루고 있다. 스페인어(일명 까스띠아어)는 유일한 국가 공용어이나, 오늘날 까딸루냐 지역에서는 까딸루냐어, 갈리시아 지방에서는 갈리시아어, 바스크 지방에서

▲ 스페인 국기
▶ 스페인

는 바스크어가 스페인어와 함께 지방 공용어로 사용되고 있다.

스페인은 유럽에서 스위스를 제외하곤 가장 산이 많은 국가이다. 그러나 동시에 반도의 중앙지역은 해발 약 2000피트가 넘는 고원지대로, 높은 산맥들을 제외하면, 손바닥처럼 평평한 평원지대이다. 스페인의 지리는 매우 다양하여, 만년설로 덮여 있는 산들이 있는가 하면 끝없는 넓은 평원들이 또한 존재한다.

피레네산맥은 스페인을 여타 유럽과 분리하는 거대한 장벽이라고 할 수 있다. 아프리카는 피레네산맥과 더불어 시작된다고 경멸적으로 얘기하는 유럽인들도 있으나, 몇몇 스페인 사람들은 이러한 단절이 스페인에 유럽의 일반적인 특징들과는 다른 이국적인 특징을 부여해 주고 풍요롭고 훌륭한 아랍문화 등, 문화적인 면에서 다양성을 지니도록 기여하였다고 주장하기도 한다.

스페인과 프랑스 사이의 가장 중요한 교통로는 피레네산맥의 동쪽과 서쪽 끝에 있는 두 개의 좁은 통로이다. 주요 국경도시로는 지중해 해안에 위치한 뽀흐트 보오(Port Bou)와 까따브리아 해안의 이룬

세비야의 〈황금의 탑〉

(Irún)이 있다. 스페인의 중앙부, 마드리드의 약간 북쪽에 있는 그레도스산맥과 구아다라마산맥이 까스띠야(Castilla)의 평원들을 가로지르고 있다. 반도의 남쪽 그라나다지역에 시에라 네바다(Sierra Nevada*)가 있으며, 이 산맥은 알함브라궁전이 있는 그라나다시가 주변의 다른 시들보다 훨씬 서늘한 기후를 갖게 한다.

　어느 나라이건 그 나라의 동맥인 강은 매우 중요한 지리적 성격을 보여준다. 비록 스페인의 주요 강들이 아메리카반도의 강들처럼 넓고 크지는 않지만, 에브로(Ebro)강은 북부지방을, 구아달끼빌(Guadalquivir)강은 남부지방을 대표하고 있다. 에브로강은 가장 길며, 북부의 깐따브리아 해안지역에서 발원하여, 까딸루냐 남쪽의 지중해로 흘러든다. 아랍어로 '큰 강'을 의미하는 구아달끼빌강은 스페인에서 가장 물동량이 많은 강으로, 시에르라 모레나(Sierra Morena)산맥의 산들에서 출발, 대서양 연안까지, 모든 안달루시아(Andalucía)지역을 통과한다. 구아달끼빌강은 그 강의 가장 중요한 항구인 아름다운 도시 세비야(Sevilla)를 감싸돌고 있으며, 강과 강변의 유명한 황금의 탑(Torre del Oro)은 도시의 아름다움을 배가시키고 있다.

　그 외에도 몇몇 강들이 있으나, 이들 대부분은 수량이 적어 배가 다

＊ 눈 덮힌 산맥을 의미한다.

닐 수 없다. 똘레도(Toledo)시를 통과하는 따호(Tajo)강은 황금빛 모래를 지닌 까스띠야지역의 강으로, 스페인에서 발원하나 강물은 이웃나라인 포르투갈을 통과하여, 그 나라의 수도인 리스본 항구로 흘러든다. 오늘날 까스띠야—레온(Castilla-León)이라고 불리는, 옛 레온왕국을 통해, 두에로(Duero)강이 흐르고 있으며, 이 강도 포르투갈의 대서양 연안으로 흘러든다.

2. 스페인의 지역별 특징

스페인의 각 지역은 언어학적으로, 역사적으로 그리고 지리적으로 각각 상이한 모습들을 지니고 있다. 오늘날까지 유효한 1978년의 헌법은 각 지역에 어느 정도의 정치적 자치를 허용하고 있다. 전체적으로 17개 자치주들이 있으며, 그 경계는 다양한 지리적 그리고 문화적 모습에 근거하여 나뉘어져 있다. 북쪽에는 아라곤(Aragón), 나바라(Navarra), 바스크지방(País Vasco 또는 Euskadi), 깐따브리아(Cantabria), 아스뚜리아스(Asturias) 그리고 갈리시아(Galicia)의 자치주들이 위치하고 있다. 중앙고원지대인 까스띠야(Castilla)는 두 개의 자치지역인 북쪽의 까스띠야—레온(Castilla-León)과 남쪽의 까스띠야—라 만차(Castilla-La Mancha)로 나뉘어 진다. 심지어는 마드리드와 그 주변 그리고 바스크지방 남쪽의 포도주로 유명한 지역인 라 리오하(La Rioja)도 자치주들로 바뀌었다. 이베리아반도의 동부지역에는 까딸루냐(Cataluña)와 발렌시아(Valencia)가 있으며, 포르투갈 가까운 서부지역에는 에스뜨레마두라(Extremadura)가 위치하고 있다. 남부

스페인

지역에는 무르시아(Murcia)와 광대한 지역인 안달루시아(Andalucía)가 위치하고 있다. 이베리아반도의 밖에는 섬으로 이루어진 두 개의 자치주들인 지중해의 발레아레스군도(Islas Baleares)와 아프리카 연안의 대서양에 있는 까나리아스군도(Islas Canarias)가 있다. 지중해에 있는 발레아레스군도는 마요르까(Mallorca), 메노르까(Menorca), 이비사(Ibiza), 포르멘떼라(Formentera)로 이루어져 있다. 까나리아군도는 대서양의 아프리카 연안에 위치해 있으며, 그란 까나리아(Gran Canaria), 떼네리페(Tenerife), 라 빨마(La Palma), 푸에르떼벤뚜라(Fuerteventura), 란사로떼(Lanzarote) 등의 섬들로 이루어져 있으며, 대부분 화산지형의 산악지대인 이 군도에는 바나나 등 열대 식물들과 다양한 고산식물들이 존재한다. 또한 지브롤터해협의 아프리카 북단 지중해 연안에는 두 개의 스페인령 도시, 세우따(Ceuta)와 멜리야

(Melilla)가 있다.

문화적으로 그리고 지리적으로 매우 다양한 스페인을 잘 이해하기 위해서는 각 지역별로 돌아볼 필요가 있을 것이다. 피레네산맥과 꼬스따 브라바(Costa Brava)해안이 있는 까딸루냐지역에서부터 시작해 보자. 이 지역의 해변은 지중해의 유리같이 맑은 바닷물로 유명하다. 꼬스따 브라바해안에서는 늘 푸르고 투명한 하늘 아래 항상 잔잔한 바다를 감상할 수 있고, 그곳의 바닷물은 미지근하고 부드러워 관광객들을 매료시키고 있다.

까딸루냐(Cataluña)지역은 한 나라 안의 또 다른 나라 같으며, 그곳에서는 언어학적으로 스페인어와는 별개의 언어로 간주되는 로망스어의 하나인 까딸루냐어가 사용되고 있다. 까딸루냐인들은 경제적으로 여타 지역보다 부유하며, 그 지역 제1의 도시로 1992년 올림픽을 개최한 도시인 바르셀로나는 이베리아반도의 은행업의 중심지 중 하나이며, 예술과 건축면에서 세계적으로 발전된 도시들 중의 하나이다. 까딸루냐지역은, 바스크지역(País Vasco) 지방을 제외하곤, 여타 지방보다 더 번창하였으며, 이런 번영은 그 지역의 농업, 산업, 상업면에서의 풍요로움에 기인하고 있다. 이 지역의 까딸루냐인들은 중앙정부가 자신들의 문화와 역사를 인정해 주기를 항상 원하고

바르셀로나의 대성당 '성가(聖家)'의 일부

있다.

까딸루냐지역에서 남쪽으로 지중해 연안의 옛 발렌시아왕국 쪽으로 향하면, 까스떼욘(Castellón), 발렌시아(Valencia)와 알리깐떼(Alicante) 지역들로 들어가게 되며, 이 지역들에서는 까딸루냐어의 방언인 발렌시아어(valenciano)가 사용되고 있다. 이 지역은 스페인에서 가장 비옥한 땅으로, 이 지역 과수원에서 생산되는 오렌지는 세계의 여러 지역으로 수출되고 있으며, 그 향기로운 맛으로 유명하다. 나아가 발렌시아에서는 아랍문화의 영향으로 이국적인 정취를 느낄 수 있다.

발렌시아지역을 뒤로하고 남쪽으로 무르시아(Murcia)로 들어가면, 안달루시아의 그림 같은 지역이 시작된다. 반도의 남쪽에 위치한 이 지역은 아랍의 영향이 많이 나타나는 지역으로, 그 영향은 건축과 사람들의 성격과 외모에 나타나 있다. 맛있는 헤레스(Jérez)산 포도주 외에도, 안달루시아는 많은 시인, 투우사, 음악가 그리고 예술가를 배출해 오고 있다. 안달루시아 사람들은 매우 특이하고 기발한 그리고 자발적인 방법으로, 여하한 상황에서도 재치 있는 얘기를 하곤 한다.

안달루시아의 겨울과 봄은 따뜻하나, 여름에는, 산악지대만 제외하고는 화로처럼 무덥다. 안달루시아의 가장 큰 도시들 중의 하나인 세비야에서는 여름에는 너무 무더워 아무도 거리로 나올 수 없으며, 더위에 익숙한 안달루시아 사람들만이 이마에 땀방울을 맺은 채 미소

안달루시아의 '태양의 해변'

지으며 다닐 수 있다고 한다.

남쪽에서 북으로 방향을 바꾸어 중부지역으로 향하면, 까스띠야(Castilla)지역으로 들어가게 된다. 까스띠야지역은 지리적으로나 정치적으로, 스페인의 중심지역으로, 이러한 지리적 정치적 우월성은, 여타 지역 사람들, 특히 까딸루냐인들과 바스크인들로부터 반감을 야기하여 왔다. 1939년부터 1975년까지 프랑꼬(Franco)정권의 중앙정부 중심 통치는 까스띠야와 스페인의 수도인 마드리드(Madrid) 이외의 지역에서 정치적, 경제적 그리고 문화적 활동들이 이루어지는 것이 어렵도록 만들었다.

까스띠야지방은 기후가 건조하며, 눈이 많이 오지는 않으나, 겨울의 추위와 잦은 바람으로 인해 그곳의 주민들은 진지하고, 인내심이 많고 그리고 금욕적인 사람들이 되었다. 반면에, 까스띠야의 태양은 겨울에도 빛나며, 여름에는 햇볕이 뜨거우나 공기가 건조하여 그늘에서는 금방 서늘함을 느낄 수 있게 해준다. 자주 회자되는 속담에 마드리드에서는 6개월의 겨울과 6개월의 지옥 같은 더위가 교차된다고 얘기하고 있다.

높은 산에서 내려다보면, 까스띠야의 광활한 고원은 매우 아름답고 장엄하다. 이러한 평원들은 가끔 몇몇 포플러와 소나무가 있을 뿐, 거의 나무가 없는 건조한 지대이다. 광대한 평원들과 치솟은 산들로 대표되는 이 지역은 방랑기사 동끼호떼가

동끼호떼와 산쵸 빤사

떠돈 지역으로 스페인적인 특징을 대변해 주고 있다.

중앙의 까스띠야지역에서 북으로 계속 가면, 깐따브리아(Cantábria) 해안, 바스크지역(País Vasco), 아스뚜리아스(Asturias)와 갈리시아 (Galicia)에 도착하게 된다. 지중해의 평화로운 분위기와는 사뭇 다른 대조를 이루며, 이곳 깐따브리아의 바다는 험하고 차가우며 항상 풍랑이 일고 있다. 이곳의 모든 해안을 따라, 산과 바위가 하늘을 향해 치솟아 있다. 이곳 북쪽지역들은 바다, 하늘 그리고 산과 더불어 현란한 풍광으로 감정이 넘치게 하며, 이러한 자연의 풍요로움은 바스크지방에서부터 서북부의 갈리시아지방까지 이어진다.

바스크지방은 정치적으로나 문화적으로 매우 이질적인 특징을 지니고 있다. 바스크의 언어와 인종은 그 기원이 알려져 있지 않으며, 바스크인들은 독립심이 강하고 비타협적인 사람들이다. 그들은 열심히 먹고, 마시고 그리고 일한다. 이웃지역인 나바라(Navarra)에 위치한 도시 빰쁠로나(Pamplona)는 산 페르민(San Fermín) 축제로 유명하다. 나바라의 이러한 범시민적인 축제에서, 빰쁠로나 시민들은, 다른 용감한 방문객들과 함께, 사나운 소들에 쫓기면서 거리를 용감하게 달려간다.

바스크지방에서, 까스띠야지방의 일부로 바다 쪽으로 나아갈 수 있는 산딴데르지역을 통과하면, 산악지대로 역사적으로 감동적인 전투지역인 아스뚜리아스(Asturias)에 도달하게 된다. 아스뚜리아스는 탄광들로 매우 유명하며, 광부들의 파업이 많았으며, 그 결과 많은 아스뚜리아스 노동자들이 다른 나라로 일자리를 찾아 떠나게 되었다. 산악지대의 많은 아스뚜리아스인들은 라틴어와 까스띠야어에서 유래한 방언인 바블레(bable)어를 사용한다.

마지막으로 스페인의 북서쪽, 갈리시아로 가면, 이 지역은 강우량이 매우 많아, 항상 녹색으로 뒤덮여 있다. 목장과 목축이 풍부하며, 이곳에서는 포르투갈어와 유사한 갈리시아어가 사용되는데, 까딸루냐어나 바스크어와 마찬가지로, 자체의 문법적인 구조와 규칙들을 지니고 있다. 갈리시아인들은 우울하고 신비스러운 면이 있으며, 이 지역은 또한 마법으로 유명하여 그러한 내용들이 작가들이나 화가들에게 예술적인 영감으로 작용하여 왔다. 또한 갈리시아인은 춤과 노래를 매우 좋아하고, 음식 문화도 발달되어 있으며, 패류(貝類)와 갈리시아 항아리로 유명하다.

3. 스페인의 자치지역들

스페인은 현재 자치주들로 이루어져 있으며, 각 자치주의 지역별 지리, 언어, 문화적 다양성은 이베리아반도의 역사상 격렬한 정치적 문제들과 관련되어 있다. 특히 까딸루냐와 바스크지방에서 심하나 갈리시아, 안달루시아, 까나리아스군도, 세우따(Ceuta) 그리고 멜리야(Melilla)에서도 지방분권에 관한 논쟁들이 계속되고 있다. 오늘날 이러한 문제가 해결되지 못하여 야기되는 폭력은, 특히 바스크지방에서는, 거의 매일 일어나는 현실적 사건이 되고 있다. 분리주의자와 중앙정부주의자 사이의 대립들은 스페인 전체에서 커다란 반향을 불러일으키고 있다.

최근에 스페인의 국가적 조직개편에 근거하여 그러한 문제들을 해결하려고 노력하여 왔으며, 1978년의 헌법은 정치적으로나 경제적으로 어느 정도의 자치를 허용하였다. 예전의 '지역들'을 지금은 공식적으로 '자치지역들'이라고 부르며, 자체의 통치자들과 의회를 허용하고, 선거도 치르도록 하여, 미국의 주들과 어느 정도 비교될 수 있을 정도가 되었다.

  그럼에도 불구하고, 1979년 이후 스페인의 국가 재조직화는 가장 근본적이고 중대한 문제들은 해결해 오지 못하고 있다. 지방분권주의와 문화적 다양성에 동조하는 사람들은, 정부가 주창하는 "자치주들의 국가"라는 개념이 문제를 해결해 보려고 부르는 의도된 명칭에 불과하기 때문에, 계속 불만을 토로하고 있다. 까딸루냐인들, 바스크인들 그리고 갈리시아인들이 불만을 가장 많이 표출하고 있다. 스페인의 중앙정부가 지역간에 존재하는 역사적, 문화적 그리고 언어학적 차이들의 정도를 고려하지 않았다고 비판하며, 자체의 언어를 지니고 있는 까딸루냐, 바스크 그리고 갈리시아에 다른 지역보다 더 많은 자치를 허용해야 한다고 주장한다. 에스뜨레마두라와 안달루시아와 같은 지방은, 여타 스페인 지역들과 다른 그 지역 자체의 특징과 경제적인 구조를 지니고 있지만, 스페인어를 사용하고 있어, 문화적으로 차이가 적다는 주장이다. 그리고 비록 전(全) 스페인지역에서 까스띠야어(스페인어)가 사용되고 있음에도 불구하고, 까딸루냐, 발렌시아, 알리깐떼(Alicante), 발레아레스군도, 바스크 그리고 갈리시아에서는 두 개의 언어 즉, 그 자치지역의 언어와 까스띠야어가 병행되어 사용되고 있는 것이다. 소수의 문화와 다수의 문화 사이에 존재하는 영원한 긴장을 이해하기 위해서, 이들 문제 지역들의 역사, 문화 그리고 언어에 대해 간략하게 살펴보기로 하자.

1) 까딸루냐지역

북동부지역에 있는 까딸루냐지방(Cataluña)에서는 까딸루냐어(catalán)가 사용되는데, 이 언어는 여타 로망스 언어들인 이탈리아어, 프랑스어, 포르투갈어, 갈리시아어, 그리고 까스띠야어(일명, 스페인어)와 매우 유사한 역사를 지니고 있다. 로마제국의 공식 언어는 라틴어, 다시 말해 교양 라틴어

언어별 사용지역

였으나, 제국의 다양한 식민지의 주민들은 자신들이 사용하기에 쉽도록 진화된 통속라틴어를 사용하다가, 이들 통속라틴어가 지역에 따라 발전된 로망스어를 사용하게 되었다. 이러한 로망스어들 중의 하나가 까딸루냐어로, 오늘날의 까딸루냐, 발렌시아, 발레아레스군도, 알리깐떼, 안도라 그리고 심지어는 세르데냐(Cerdeña)섬의 작은 마을인 알게르(Alguer)에서 사용되었으며, 아직도 사용되고 있다. 전체적으로 7백만 명이 매일 까딸루냐어를 사용하고 있는 것으로 추정된다.

까딸루냐인들은 역사적으로 자체의 정치적, 사회적 발전을 이룩하였다. 중세 시기에 까딸루냐와 아라곤은 바르셀로나백작령왕국(Reino de los Condes de Barcelona)을 형성하고 있었다. 이러한 지역들은 가끔 반도의 여타 왕국들에 대항하여 투쟁하기도 하였으며, 또 때론 심지어 회교 왕국들과도 공존하였다. 중세에 까딸루냐는 까스띠야와는 완전히 독립되어 있었으며, 까딸루냐의 정부였던 헤네랄리탑

(Generalitat)에 의해 설정된 자체의 통치법을 지니고 있었다. 12세기 초부터 15세기까지 까딸루냐는 영토를 지중해의 섬들과 프랑스의 남부지역인 프로방스지역으로까지 확대하였다. 까딸루냐인의 지배지역은 광대한 영토를 형성하여, 이베리아반도의 3분의 1과 발레아레스군도, 그리고 코르시카섬, 세르데냐섬, 시칠리아섬을 포함하던 나폴리왕국(reino de Napoles), 나아가 그리스 일부 지역까지 포함하였다. 그들은 왕의 신하에 대한 의무와 권리 그리고 그 반대의 의무와 권리를 규정한 '엘스 우사뜨헤스'(Els usatges)라 불리는 민법을 제정하였고, 이 법은 영국 왕들의 대헌장(Magna Carta)과 유사하였다.

비록 까딸루냐지역의 세력이 1492년 스페인의 통일 이후 약화되었으나, 까딸루냐는 예나 지금이나 자치를 위해 투쟁해 오고 있다. 18세기초 왕위계승전쟁(Guerra de Sucesión) 동안에, 까딸루냐인들은, 그들의 영토가 까스띠야의 중앙집권주의 하에 예속될까 두려워, 스페인왕의 적들과 제휴하였다. 12세기초 독립왕국에서 현재의 주권국가로 발전한 포르투갈의 정치사와 비교해 보면, 똑같은 현상이 까딸루냐에서도 일어날 수 있다는 가능성을 엿볼 수 있다.

1931년 제2공화정 동안에 헤네랄리땃(Generalitat)이 다시 구성되었다. 그 당시 까딸루냐는 자체의 통치자, 의회, 경찰 그리고 민법을 지닌 거의 독립적인 국가였다. 심지어 스페인의 가장 오래된 대학 중 하나인 바르셀로나대학도 마드리드의 교육부 관할 하에 있지 않았다. 그러나 공화정이 몰락한 이후 까딸루냐인들은 억압의 시련을 겪어야 하였다. 프란시스꼬 프랑꼬(Francisco Franco)의 긴 독재기간 동안에 헤네랄리땃과 학교에서 까딸루냐어를 사용하여 공부할 자유를 포함해서, 그때까지 획득한 모든 권리들이 폐지되었다. 헤네랄리땃이 새로운 헌법 하에 다시 형성되자, 이러한 권리들은 복구되었다. 비록 현재의 상황이 예전보다는 호전되었지만, 많은 까딸루냐인들은 1978년의 개혁들과 헌법에 동의하고 있지 않다. 더욱이 무장단체인 떼라 리우레(Terra Lliure, 자유로운 땅)가 조직되어 자신들의 자치적 또는 독립적 갈망을 주장하기 위하여 불법행위를 야기하곤 한다.

2) 바스크지역

바스크지역은 에우스까디(Euskadi) 또는 빠이스 바스꼬(País Vasco)라고 불리며, 스페인어와 바스크어(euskera)를 공용어로 사용한다. 바스크어는 지구상에서 가장 오래된 언어 중 하나이며, 그 기원은 잘 알려져 있지 않다. 바스크어는 청동기시대에 오늘날 바스크지역에 해당하였던 지역 주민들의 언어였다고 여겨진다. 바스크어는 현재 유럽에서 사용되는 언어 중 하나이지만, 인도유럽어계에 속하지는 않는다. 바스크어에 관한 첫 번째 문법은 1745년 마누엘 라라멘디(Manuel Larramendi)에 의해 쓰여졌다.

바스크민족은 그 기원이 잘 알려져 있지 않으며, 혹자는 아프리카 또는 코카서스(Caucasia)*에서 유래하였다고 주장한다. 이베리아반도 역사상 바스크인들은 늘 자부심과 독립심으로 무장되어 있으며, 분류하기 어려운 언어를 사용하는 외에도, 다수가 Rh-(마이너스)형 혈액을 지닌 특이한 민족이다.

바스크지역에 많은 영향을 남기고 이베리아반도의 문화에 지대한

---

* 흑해와 카스피해 사이의 유라시아지역.

영향을 끼친 로마인들도, 그 후의 서고트인들도 그리고 아랍인들도 바스크지방을 제대로 통제하지 못하였다. 이 지역의 오래된 왕국인 나바라왕국(reino de Navarra)은 중세에 반도에서 가장 강력한 왕국 중 하나였다. 까스띠야왕국의 왕은 옛 법전인 푸에로 후스고(fuero juzgo)라는 법률체제를 만들어 정복된 민족들의 관습과 권리를 보호하였다. 나바라지역이 까스띠야왕국의 통제하에 있을 때에도 그 지역의 주민들은 까스띠야 왕의 어떠한 간섭도 받지 않고 자신들의 관습들을 행할 수 있었다.

이 지역의 지리적 특성들, 언어, 법률의 역사적 요인들, 그리고 이 지역 사람들의 독립적인 성품 때문에, 바스크지방은 자체의 문화적 정체성을 유지할 수 있었다. 바스크인은 지역주의적이며 독립주의적인 단체와 사상을 보호·육성해 왔으며, 오늘날에도 그들의 자부심은 줄어들지 않고 오히려 증대되었다. 스페인이라는 국가로부터 독립하기를 원하는 바스크인들이 많으며, 지금 그들이 누리고 있는 자치보다 더 높은 수준의 자치를 원하는 사람들은 더욱 많다.

자치에 대한 이러한 강렬한 욕구는 반도 전체에서 많은 폭력을 야기하고 있으며, 일부 과격한 바스크인들은 독립을 위한 유일한 방법이 무장투쟁이라고 주장한다. 바스크지역 독립을 위한 무장단체인 ETA(Euzkadi Ta Azkatasuna)*는 자신들의 목표를 달성하기 위해 많은 격렬한 테러를 저질러 왔다. 그러나, 또한 정부측으로부터의 억압도 상존해 왔으며, 이러한 사실은 그 지역의 문화적 정체성에 대한 애착을 강화시키게 되었다.

---

* '바스크 그리고 자유'를 의미한다.

3) 갈리시아지역

갈리시아(Galicia)는 이베리아반도의 북서쪽 모퉁이, 포르투갈의 바로 위쪽에 위치해 있다. 갈리시아에서는 포르투갈어와 매우 유사한 로망스어인 갈리시아어(gallego)가 사용된다. 지리적 그리고 정치적인 요인들에서뿐만 아니라 문학적·언어학적 요인들에 의해 갈리시아와 포르투갈 사이에는 항상 밀접한 관계가 유지되어 오고 있다. 학자들은 갈리시아어가 반도 내에 현재 사용되고 있는 지역보다 훨씬 더 넓은 지역에서 사용되었다고 믿는다. 반도에서 발견되는 서정시의 초기 작품들은 항상 갈리시아어—포르투갈어로 되어 있다. 심지어는 스페인어(까스띠야어)가 중세 초기 동안에는 소수의 언어였으며, 이후 여타 지역으로 그 영역을 확대하게 되었다는 주장도 있다.

갈리시아는 또한 반도의 여타 지역과는 상이한 자체의 역사적 발전과정을 겪었으며, 종교는 이러한 발전과정에서 매우 중요한 요인으로 작용하였다. 서고트족 치하에서 반도가 기독교화 되자, 갈리시아는 다른 지역들에 영향력을 행사할 수 있게 되었다. 즉 갈리시아의 주요 도시인 산띠아고 데 꼼뽀스뗄라(Santiago de Compostela)는 사도 산띠아고의 무덤이 발견된 장소로 기독교세계에서 매우 중요한 장소가 되었는데 그곳은 프랑스남부에서 시작되어 반도의 북쪽지역을 통해 이어지는 유명한 종교순례 여정의 목적지였던 것이다.

또한 중세 동안에 갈리시아는 독립을 향유하였으나, 때론 까스띠야의 왕들에 대항해 투쟁하여야만 하였다. 1492년 스페인의 통일과 더불어 합스부르그가(los Hapsburgos)* 왕조의 중앙집권적 정책 때문에 독립운동은 억압을 받게 되었다.

그러나 갈리시아에는 자체의 정체성 의식이 항상 존재해 왔으며, 19세기에 낭만주의 운동과 더불어 독립에 대한 열망이 분출하였다. 나폴레옹이 1808년 스페인을 침략하였을 때, 독립을 위한 투쟁이 여타 지역들의 협력이 거의 없는 상황에서 갈리시아에서 독자적으로 이루어졌다. 일부 갈리시아 작가들은 정치적인 요인들과 문학적인 요인들의 결합이 갈리시아인의 독립에 대한 열망을 불러일으켰다고 주장한다. 그럼에도 불구하고 1846년 이후, 갈리시아의 독립을 위한 무장 운동은 실패하게 되고, 자체의 문화적 정체성의 열망도 바스크지역에서처럼 뚜렷한 결과들을 얻지 못하였다.

오늘날 갈리시아주의적 정서는 특히 대학 내와 젊은이들 사이에서 매우 강하다. 또한 갈리시아어를 표준화하기 위한 새로운 노력이 시작되어, 두 개의 언어, 즉, 갈리시아어와 스페인어로 글을 쓰는 알바로 꾼께이로(Álvaro Cunqueiro)와 마리나 마요랄(Marina Mayoral)과 같은 여러 중요한 갈리시아작가들이 나타났다. 그러나 이러한 언어학적 지역주의를 의식하는 작가들에게는 스페인어로 쓰지 않을 경우 독자의 수가 감소하고, 그 결과 책의 판매 부수가 현저히 줄어드는 문제가 남는다.

4. 스페인의 전반적인 특징

스페인의 일상적인 삶과 국민의 기질을 살펴보면, 다른 나라에서와

---

* 1279년부터 1918년까지 오스트리아를 지배했으며, 1440년부터 1806년까지 제국을 형성하였고, 1516년부터 1700년까지 스페인제국을 통치하였다.

마찬가지로, 지리적 상황과 매우 밀접하게 연관되어 있음을 알 수 있다. 스페인 사람들은 낙천적이지만 비가 부족하고 땅을 경작하기가 어려워 천성적으로 체념적이고 금욕적이다라고 일반적으로 얘기하나, 스페인의 전반적인 특징에 관하여 확실한 결론을 내리기는 쉽지 않다.

그럼에도 불구하고, 정치적 통일성이 결여된 나라에서조차도 지배적인 몇몇 특징들이 항상 존재해 왔음을 감안할 때, 스페인 사람의 기질과 행동 그리고 일상생활에서 나타나는 몇 가지 특징들을 우리는 부정할 수 없다.

스페인 사람은 매우 개인주의적이어서 혹자는 무정부주의적이다라고까지 얘기한다. 스페인적인 개인주의(individualismo)는 인간주의(personalismo)라 볼 수 있으며, 스페인 사람들은 개인적 혹은 사업상 문제까지도 인간적 접촉을 통해 해결하려고 한다. 그들은 관료적인 혹은 정치적인 사안에서조차도 친구들과 함께 대처하기를 선호한다. 이러한 유형의 인간주의는 선동을 선호하게 하거나 가끔 카리스마가 있고 격렬한 사람들이 공인으로서 성공하게 한다.

스페인 사람들은 사교성이 많으며, 대화와 사회생활을 즐긴다. 일부 스페인 사람에게 오락은 친구와 활발히 대화하거나, 산책하거나, 지나가는 사람들을 보면서 외부 베란다에 앉아 있는 즐거움으로 주로 이루어지기도 한다.

스페인 사람들은 엄숙하지 않고, 극단적으로 표현하기를 좋아하는 사람들이다. 원활한 일상생활을 위해서라도, 그들은 자신들의 내부 감정과 열정을, 계산하거나 자제하지 않고, 자발적으로 표현할 필요성을 느낀다. 자신의 의견과 다를 때 침묵하는 것은 예의바른 행동이 아니며, 바로 그러한 침묵이 상대를 기분 상하게 할 수도 있다. 반면에 풍부한 표현을 담은 인사나 우정어린 포옹은 스페인에서 매우 보편화되어 있다.

스페인의 시골 마을은 조용하고 평온하나, 대도시는 활기가 넘치고 분주하다. 일반적으로 근무시간은 오전 9시부터 오후 7시까지이고, 오후 2시부터 한 시간 가량 점심 식사를 하며, 밤 10시 전후에 저녁 식사를 하나, 이러한 시간은 중요하지 않다. 스페인 사람들은 시간에 얽매이지 않으며, 집보다는 밖에서 더 많은 시간을 보내곤 한다. 야간에 대도시 사람들은 연극, 콘서트, 영화 등을 보거나, 새벽까지 베란다에서 담소하기도 한다.

스페인 사람은 조국을 열정적으로 사랑하지만, 자신의 애국심을 매우 특이하게 표현한다. 그들은 스페인의 포도주나, 작가나, 사이클 선수, 등등이 다른 나라의 그것들보다 우수하다고 자랑하지 않으며, 오히려 조국의 약점들과 결함들을 공공연히 인정하곤 한다. 예를 들어, 한 스페인 작가인 페르난도 디아스 쁠라하(Fernando Díaz Plaja)는 그러한 내용을 다음과 같이 표현하고 있다.

어떤 사람이 얘기하는 것을 들으면,
그가 어디서 태어났는지를 알아 맞추기는 쉽다;
만약 어떤 이가 그대들에게 영국을 찬양하면, 영국인일 것이다;
만약 그대들에게 프러시아*에
대해 나쁘게 말하면,

---

* 독일북부의 옛 국가.

그는 프랑스인일 것이다;

그리고 만약 스페인에 대해 나쁘게 말하면, 그는 스페인 사람이다.

즉, 스페인 사람들이 사랑하는 것은 스페인이 아니고, 공식적으로 스페인이라는 국가 내에 위치한, 각자의 고향이다. 그들은 자신들이 스페인 사람이라고 여기지 않기 때문에 스페인에 대해 나쁘게 얘기하는 것 같다. 그 이유는 스페인이 정확히 정의될 수 없기 때문이다. 즉 조그마한 지역, 이웃, 단체, 가족 그리고 친구 등 항상 구체적인 것들을 선호하는 스페인 사람에게 스페인이라는 국가는 너무나 모호한 개념으로 느껴지고 있는 것이다.

제3장
로마시대 이전의 문화예술

| '스페인'과 '이베리아'의 어원 |

　스페인(España)이라는 단어의 어원은 매우 논란이 되어 왔다. Spania라는 이름을 처음으로 사용한 사람들은 그리스인이었으며, 후에 로마인에 의해 Hispania로 바뀌었다. 이 단어는 켈트어 span에서 유래하였다고 믿어진다. 이 단어는 영어의 span(한 뼘)과 같은 어원을 지니며, 이유는 스페인이 지중해의 입구이어서거나 아니면 손바닥 모양의 평탄한 중심지역의 고원 때문이라고 추정된다. 또 다른 주장으로는 Hispania는 '토끼들의 땅'이라는 의미를 지닌 페니키아어로, 카르타고인이 이베리아반도를 지칭하기 위해 채택하였다는 주장도 있다. 이베리아(Iberia)는 '이베리아인들의 국가'를 의미하며, '강'을 의미하는 어근 ib에서 유래한다. 그 때문에 이베리아반도의 가장 큰 강에 Ebro(에브로)라는 이름을 부여하였다. 자 이제, 시대별 그리고 지역별로 이베리아반도에 들어온 민족들과 그 특징들을 살펴보자.

1. 선사시대

이베리아반도에서 구석기시대의 인종으로 지금까지 확인되고 있는 가장 오래된 인종은 크로마뇽인으로, 그들의 문화를 특징지어 주는 동굴벽화가 많이 남아 있다. 산딴데르(Santander)의 서쪽에 있는 유명한 알따미라(Altamira) 동굴벽화는 기원전 1만 5000년경의 것이다. 신석기시대는 늦어도 기원전 3000년경에 시작되었으나, 신석기 문화를 이룩한 인종은 분명하지 않으며, 같은 시기(기원전 3000년경)에 아프리카로부터 이주하여 동부·남동부에 정착한 이베리아족(iberos)이라는 주장이 있다. 기원전 2000년경에는 안달루시아(Andalucía)에 따르떼소스족이 이룩한 것으로 믿어지는 청동기문화가 출현했으며, 훗날 청동기 제조도 이곳에서 시작되었다. 기원전 1000년경 이후, 수세기에 걸쳐 철기문화를 지닌 라인강과 다뉴브강 사이에서 유래한 켈트족(celtas)이 이베리아반도로 이주해 와서 이베리아족과 혼혈하였으며, 갈색 피부와 검은 머리를 지닌 켈트이베리아족(celtíberos)이 형성되어 스페인 민족의 뿌리를 이루게 되었다.

세계적으로 가장 오래된 선사시대의 예술품 중 하나가 스페인 북부

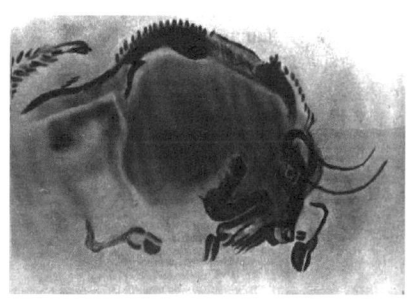
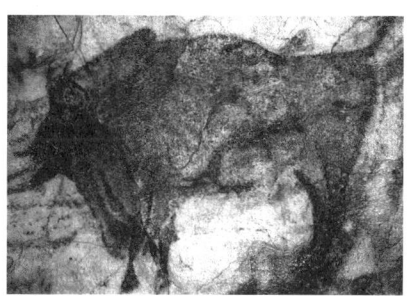

알따미라 동굴의 들소

지방인 산딴데르(Santander)에 있는 알따미라(Altamira) 동굴들의 벽화로, 이 유명한 그림들은 바위 위에 그려져 있다. 놀라우리 만큼 정확히 그려진 150개 이상의 동물 그림으로, 들소, 황소 그리고 사슴이 그려져 있다. 이 그림들은 20000년 전 선사시대 인간들이 살던 동굴의 암반 위에 그려졌으며, 오늘날까지 잘 보존되어 있다.

2. 이베리아인

역사시대 시작 무렵 이베리아반도의 상황에 대해 명확하게 밝혀진 것은 없으나 그리스인에 의하면, 당시 반도에 거주하던 민족이 이베리아족으로 이들은 지중해연안의 아프리카에서 기원전 3000년경인 신석기시대에 반도로 건너온 농경민족으로, '알메리아(Almería)문화'를 구축하였으며, 반도의 동부 및 남부지역 그리고 프랑스남부 일부 지방에도 거주하였다.

그러나, 이들 이베리아인이 스페인에 들어오기 전부터 이미 반도에는 여러 민족이 살고 있었으며, 그 중 따르떼소스족은 선사시대부터 이미 자원이 풍부한 반도의 남부지역에 살고 있었으며, 문화적으로도 가장 앞서 있었고 문자를 사용하였다. 따르떼소스족은 일찍부터 페니키아인과 상거래를 하여 부유한 생활을 하였다. 구약성서에도 이들에 대한 기록이 있다. 이들은 기원전 2000년경 안달루시아지역에 청동기 문화를 꽃피웠으며, 훗날 청동기 제조도 이 지역에서 시작되었다.

그럼에도 이베리아반도의 전체적인 관점에서 최초의 거주자들은 이베리아인이라고 볼 수 있으며, 이들은 이미 기원전 6세기에 반도에 거주하고 있었다고 믿어지나, 위에서 살펴보았듯, 훨씬 이전부터 이베리아반도에 살고 있었다는 증거가 있다. 이베리아인들은 개인주의적이고 전투적인 민족으로, 키가 작은 갈색 인종으로, 영국, 아일랜드, 프랑스 그리고 유럽의 여타 지역에도 살고 있었다.

이베리아인은 어디서 유래하였을까? 현재의 바스크인의 선조였을까? 가장 현대적인 과학적 조사들은 현재의 바스크민족과 선사시대의 이베리아인 사이에 어떤 관련이 있음을 보여주고 있다. 이러한 견해는 바스크어와 이베리아인이 사용하던 언어 사이의 일부 연관성에 기초하고 있다. 그러나 앞에서 보았듯이 이베리아인은 아프리카북부에서 유래하였고, 신석기시대에 스페인으로 건너왔다고 알려져 있다. 이베리아(Iberia)라는 이름은 이베리아인에게서 유래하였다. 이베리아어에서 유래한 단어인, 접미사 -rro를 사용한 단어, barro(진흙), perro(개), cerro(언덕) 등과 Elvira*, izquierda(왼쪽, 바스크어 ezquerra와 유사) 등의 명사들이 아직도 존재하고 있다.

이베리아반도의 최초 거주자인 이베리아인은 우아한 예술미를 표현하였으나, 그들이 남긴 작품은 많지않다. 대표적인 작품이 〈엘체의 귀부인〉(Dama de Elche)으로, 이것은 아주 진지하고 고전적인 미를 지닌 이베리아

〈엘체의 귀부인〉

---

* Iliberis에서 유래하였으며, '새로운 도시'를 의미함.

인 여성의 흉상으로 실물 크기의 조각상이며, 기원전 4세기 작품이다.

3. 켈트인

켈트인은 금발의 민족으로 철기시대에 이미 유럽 서부와 해안지방에 거주했으며, 기원전 8세기경 이베리아반도로 이주하기 시작, 기원전 6세기에는 피레네산맥의 서쪽을 통과하여 까스띠야(Castilla) 고원지대와 서쪽의 갈리시아(Galicia) 지방 및 포르투갈에 정착하였으며, 남쪽으로는 따르떼소스족, 그리고 동쪽으로는 이베리아족과 경계를 이루고 있었다. 켈트―이베리아족(celtíbero)은 켈트족이 까스띠야고원지대를 점령하여 그곳의 이베리아족과 혼혈하면서 생겨났다.

켈트이베리아족은 비조직적이고 호전적인 종족으로, 전쟁에서 용감

로마시대 이전의 민족들

하였으며 죽음을 두려워하지 않았다.

아직까지도 스페인에는 켈트족의 영향이 나타나는데, 특히 갈리시아지역에서 주로 나타난다. 갈리시아인(gallegos)은 몇몇 신체적인 특징에서 또한 켈트족에서 유래한 아일랜드인과 유사하다. 이들은 또한 문화적으로 몇 가지를 공유하고 있는데, 그 하나가 악기인 가죽피리(gaita)이다.

4. 페니키아인

지중해연안 민족인, 페니키아인(fenicios)과 그리스인(griegos)이 이베리아반도에 이주하여 식민도시들을 건설하였다. 페니키아인은 기원전 12세기경 크레타문명의 지중해 패권이 소멸되자, 해양민족으로서 교역활동을 하였으며 소아시아(Asia Menor)에서 이동하여 지중해 동부 섬과 해안에 거주하였으며, 계속해서 아프리카해안을 따라 이주하다가 기원전 11세기경 이베리아반도에 도착하여 상업에 종사한 최초의 사람들이었다. 페니키아인은 셈족(semitas)으로 선원들이었으며 상인들이었다. 그들은 스페인에서 가장 오래된 도시인 안달루시아의 남쪽 항구도시 까디스(Cádiz)를 건설하여 무역거점으로 삼았으며, 기원전 5세기 이후 말라가(Málaga), 아드라(Adra), 알헤시라스(Algeciras)를 건설하여 풍부한 산물들을 거래하였다. 이들은 대서양 연안의 안달루시아(Andalucía)지방 및 알가르베(Algarbe)에도 거주하였으며, 지중해의 여타 항구에도 식민지를 건설하였다.

페니키아인은 선천적으로 평화로운 사람들이었으며, 켈트이베리아인과 여하한 전쟁도 하지 않았다. 그들은 단지 무역에만 전념하였으며, 스페인 사람(켈트이베리아인)에게 화폐의 사용, 알파벳 그리고 금속도구를 제작하고 의복을 직조하는 기술을 알려 주었다. 앞에서 언급했다시피, 스페인의 옛 명칭인 히스파니아(Hispania)가 페니키아어에서 유래하였다는 주장이 있으며, 그 외에도 까디스(Cádiz), 말라가(Málaga), 이비사(Ibiza) 등의 지명이 바로 페니키아어에서 유래하였다.

5. 그리스인

그리스인(griegos)은 스페인 남부의 따르떼소스족과의 교역활동에 종사하고 있었으나, 기원전 654년 페니키아인이 이비사(Ibiza)를 점령하고, 스페인의 남부지방에 진출하여, 그곳의 그리스인과 식민도시

로마시대 이전의
반도에 건설된
식민도시들

마이나께(Mainake)를 무너뜨린 뒤, 따르떼소스제국도 멸망시켰다. 그리하여 페니키아인에게 주도권을 뺏긴 뒤 그리스인은 남부지방에서는 쫓겨났으나, 동부 해안지방에 알리깐떼(Alicante), 데니아(Denia), 로사스(Rosas), 암뿌리아스(Ampurias) 등 식민도시들을 건설하여, 상업활동에 전념하였다. 이들은 스페인의 예술발전에 커다란 영향을 주었으며, 섬세한 조각품들을 남겼다. 또한 그리스인은 포도와 올리브 생산을 증대시켰으며 학교와 학원을 건설하였다. 그리스인은 알리깐떼, 로사스, 암뿌리아스 등의 지명을 남겼다.

6. 카르타고인

카르타고인(cartagineses)은 페니키아인의 계승자로, 페니키아인이 기원전 814년 아프리카북부 지중해 연안에 식민도시 카르타고(Cartago)를 세운 뒤, 점차 세력을 확대하였다. 이렇게 페니키아인에 의해 건설된 식민도시 카르타고는 곧 거대한 상업과 산업 도시로 변모하였으며, 100만 명 이상의 주민을 거느리게 되었다.

기원전 6세기에 페니키아인이 켈트이베리아인에게서 공격을 받자, 카르타고인에게 도움을 청하게 되었다. 그러나 이들은 이베리아반도에 도착하자 반도를 장악하였고, 이베리아반도 남부 해안지방을 독차지하여 지중해의 패권을 장악하였다. 카르타고인은 카르타헤나(Cartagena), 알리깐떼(Alicante), 바르셀로나(Barcelona) 등 식민도시를 건설하였으나, 기원전 3세기 이후 3차례에 걸친 포에니전쟁으로 로마에게 그 패권을 넘겨 주게 되었다.

즉, 강성해진 카르타고는 지중해의 패권을 두고 로마와 1세기가 넘는 기간을 두고 3차례에 걸친 포에니전쟁(guerras púnicas)을 치루게 되며, 그 내용은 다음과 같다.

제1차 포에니전쟁 (기원전 264~241)	카르타고인이 시칠리아섬을 점령함으로써 야기되었다. 카르타고인이 수 차례 승리한 이후 로마가 마침내 승리하게 된다. 카르타고는 시칠리아를 포기하고, 동시에 커다란 전쟁 배상금을 물기로 약속하였다.
제2차 포에니전쟁 (기원전 218~201)	기원전 219년 한니발(Anibal)이 사군또(Sagunto)를 점령하면서 스페인에서 전쟁이 시작되었다. 한니발은 까딸루냐해안의 주민들을 굴복시킨 후 로다노(Ródano)계곡으로 향하였으며, 알프스산맥을 넘어 로마로 진격하여 여러 도시들을 점령하였다. 그러나 아스드루발이 죽고, 스키피온이 아프리카 해안에 상륙하자, 한니발은 카르타고로 철수해야 했다. 한니발은 사마(Zama)에서 기원전 202년 스키피온에게 패하였다. 카르타고는 완전한 무장해제를 강요하는 협정서에 조인하며 로마에 굴복하였다.
제3차 포에니전쟁 (기원전 129~146)	카르타고인이마시니사(Masinisa)를 공격함으로써 전쟁이 발발되었다. 이것은 로마와의 협정을 위배한 것이었고, 로마는 아프리카로 4개 군단을 파견하였다. 기원전 146년 소(小)스키피온은 카르타고시를 점령하고, 파괴해 버렸다.

요약하면, 기원전 3세기 동안에 이베리아반도는 카르타고인과 또한

반도에서 지배력을 확보하고자 하는 로마인 사이의 각축장으로 바뀌었다. 기원전 3세기에 강력한 카르타고의 군대가 스페인을 결정적으로 지배하기 위하여 이베리아반도에 상륙하였으며, 곧 나라 전체를 점령하였다. 한니발(Anibal)은 카르타고의 대장이었으며, 그는 13세 이후 스페인에서 살았었다. 한니발은 로마인을 영원히 증오하겠다고 맹세하였으며, 카르타고인과 켈트이베리아인으로 구성된 군인과 엄청난 코끼리군단을 거느리고 피레네산맥과 알프스산맥을 넘어 로마 정벌에 나섰다. 그러나 로마를 점령하기 일보직전에 실패하고, 기원전 146년 카르타고의 본거지는 마침내 로마 군대에 의해 함락되고 불태워졌다.

 지금까지 살펴본, 스페인을 침략했던 모든 민족들과 인종들은 그들의 예술 작품들을 남겼다. 오늘날 스페인에 존재하는 많은 예술건조물에서 스페인 문명에 기여한 민족들의 특이한 양식들이 함께 집약되어 있는 것을 볼 수 있다. 까스띠야(Castilla)지방의 똘레도(Toledo), 갈리시아(Galicia)지방의 산띠아고 데 꼼뽀스뗄라(Santiago de Compostela), 까딸루냐지방의 헤로나(Gerona) 등 여러 지역에 선사시대 예술품이 많이 나타난다.

제4장
로마시대의 문화예술

1. 이베리아반도의 로마화

한니발이 이탈리아에서 싸우고 있는 동안에, 로마는 이베리아반도 내 카르타고의 근거지를 분쇄하기 위하여 대군을 파견하였고, 이들은 기원전 218년 선박으로 암뿌리아스(Ampurias)에 도착하였다. 따라서 기원전 218년이 스페인 역사상 로마화의 기점이 되었다.

로마의 동맹시(同盟市) 사군또(발렌시아지방)가 한니발이 거느린 카르타고군(軍)의 공격을 받으면서, 지중해 무역권을 다투는 제2차 포에니 전쟁(기원전 218~201년)이 일어났다. 스키피온이 이끄는 로마대군은 해안을 따라 진군하여 따라고나(Tarragona)를 점령한 뒤 에브로(Ebro)강을 건너, 점령지를 확대하였다. 소(小)스키피온의 지휘하에 마침내 카르타고 세력의 본거지인 까르따헤나(Cartagena)를 기원전 210년에 점령했으며, 마지막 근거지인 까디스(Cádiz)마저 기원전 206

년에 점령하여 반도 내 로마화의 기초를 마련하였다. 로마인이 스페인을 침략하여 카르타고인을 몰아내는 데 12년이 걸렸으며, 이후 로마는 5세기 초 게르만족의 유입이 이루어질 때까지 약 6세기 동안 반도를 지배하였다.

가장 먼저 로마화된 지역은 옛부터 이민족의 왕래가 잦았고 문화적으로 앞섰던 남부지역인 베띠까(Bética)와 동부지역인 레반떼(Levante)지역이었으며, 루시따니아(Lusitania)의 해안지방도 로마의 영향을 받아들였다. 안달루시아지방에는 이미 기원전 206년에 로마 식민기지가 건설되었고, 기원전 171년에는 까르떼이야(Carteya) 자유식민시가 건설되어 스페인 여인들과 결혼한 로마 병사들이 거주하였고, 기원전 169년에는 꼬르도바(Córdoba)가 식민지로 선포되었다.

그러나 강력한 로마 군대가 용감한 켈트이베리아족을 완전히 굴복시키는 데는 200년이 소요되었다. 로마군의 점령에 대한 강력한 저항이 내륙지방, 특히, 북부 산간지방에서 나타나, 로마화는 오랜 시간이 걸리게 되었다. 유명한 원주민의 저항으로는 기원전 180년 일어난 셈쁘로니오 그라꼬(Sempronio Graco)의 봉기와, 기원전 147년과 139년 사이 지속된 "원지(遠地)스페인"의 목동 비리아또(Viriato)가 일으켰던 봉기가 있다. 기원전 122년에는 반도 중북부의 도시인 소리아(Soria) 근처에 위치한 해발 1087m의 도시 누만시아(Numancia)의 켈트이베리아족 주민 4,000명이 60,000명의 강력한 로마대군에 항거하여 사력을 다해 투쟁하였다. 로마 장군 스키피온(Escipión)이 마침내 그 도시에 들어갔을 때, 도시는 불타고 있었으며, 누만시아인 생존자는 단 한 사람도 발견하지 못하였다. 그들은 도시가 함락되자 모두 자살을 하였던 것이다. 누만시아시는 켈트이베리아인의 불멸의 저항정신을 상징하게 되었으며, 〈동끼호떼〉의 작가 미겔 데 세르반떼스(Miguel de Cervantes)는 누만시아의 몰락에 대해 유명한 비극을 쓰기도 했다.

이베리아족과 켈트족의 혼혈족인 켈트이베리아인은 다시 침략자인 로마인과 혼혈을 하게 되었다. 로마의 지배와 도시 생활의 도입으로 부족국가로서의 오랜 정치 및 사회제도는 해체되었다. 로마의 언어, 법률 그리고 관습은 부분적으로 이베리아반도에서 채택되었다. 언어는 이베리아어(語) 대신 라틴어가 공용어로 사용되어 오늘날의 스페인어로 발전하게 되었다.

2. 로마의 이베리아반도 통치

로마는 이베리아반도를 통치하기 위해 기원전 206년부터 두 명의 총독을 두어 통치하였으며, 기원전 197년부터는 반도를 두 개의 커다

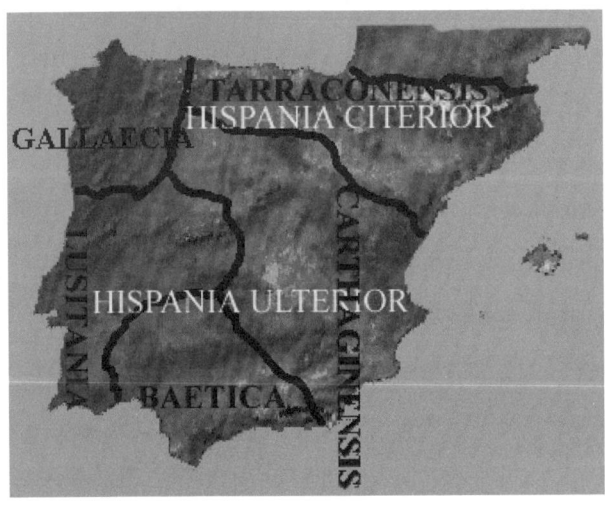

로마의 분할 통치

알라바(Alava)에 있는 로마 다리

란 행정구역인 '근지(近地) 스페인'(Hispania Citerior)과 '원지(遠地) 스페인'(Hispania Ulterior)으로 나누었다. 당시 내륙 산간지방이 아직 로마군에 의해 정복되지 않은 때였으므로, 로마군이 진군했던 두 방향, 즉 에브로(Ebro)강 방향과 동쪽 해안 방향이 두 행정구역으로 나누어진 것이다. '근지 스페인'은 에브로강 유역 및 북부지방이었으며, '원지 스페인'은 반도의 남부지방이었다. 그 후 기원전 27년, 반도는 다시 분할되어, 타라코넨시스(Tarraconensis), 루시타니아(Lusitania), 베티카(Bética)지방으로 나뉘어졌다. 기원 후 216년 타라코넨시스지방의 북서부가 독립 분할되어 갈레키아(Gallaecia)로 불렸다. 기원 후 293년에는 타라코넨시스지방에서 카르타히넨시스(Cartaginensis)지방이 분리되었다.

실질적 측면을 중시하는 로마는 각종 공공 경기장과 신전 그리고 도로, 항만, 다리 등을 건축하였으며, 행정조직과 법률에 있어서도 고도의 발전을 가져다 주었다. 정신적 측면, 즉 학문과 예술은 발달하지 않았으나, 헬레니즘문화를 받아들여 식민지에 보급하였다. 이베리아반도도 로마에 예속됨에 따라 생활 전반에 큰 변화를 겪었다. 농업과 산업 기술의 발달, 풍습과 의복의 변화, 법률의 정비와 군 조직 체계화 등이 이루어졌으며, 정복자의 수호신 등 각종 잡다한 종교의식이 들어와 원주민의 종교와 섞이게 되었다.

3. 반도에서의 로마의 몰락

고대에 로마인이 건설한 전무후무한 대제국인 로마도 3세기 이후 점차 쇠퇴하게 되었다. 군인이 황제를 선출하였으며, 농노들에 대한 공물징수가 점차 늘어나자, 이들은 소유지를 팔아 보다 더 강력한 권력가에게 보호를 요청하기에 이르렀고, 따라서 로마제국에는 대토지 사유제와 동시에 토지 소유자와 농노 사이의 주종관계가 등장하게 되었다.

종교적으로는 그리스도교의 포교가 이루어졌고, 박해에도 불구하고 2, 3세기에는 신도조직체가 구성되었다. 게르만족의 대이동으로 로마제국의 광활한 변방지역의 국경이 붕괴되기 시작하였고, 곧 이베리아반도에도 영향을 미치기 시작하였다. 게르만족이 409년 이베리아반도에 1차로 침입한 데 이어, 곧 서(西)고트족이 414년 다시 침략하여 5세기 중엽 로마군과 먼저 온 게르만족을 격파하고 서고트왕국을 건설하였으며 6세기에 전성기를 맞이하였다.

4. 스페인, 문명국가로 향하다

이베리아반도가 로마화되면서 스페인은 명실공히 유럽세계의 일원으로 등장하게 되었다고 볼 수 있다. 정치, 경제, 사회적으로 획기적인 발전을 이룩하게 되었으며, 로마의 속국으로서의 위치보다는 로마제국의 일부로서 스페인은 문명세계에 발을 내딛게 되었던 것이다.

요약하면, 이베리아반도의 로마화는 식민지화라기보다는 스페인이 문명세계인

세네카

로마의 완전한 일부가 되었음을 의미하고, 이를 자랑스럽게 여기게 되었다. 스페인지역 거주민은 하인이 아니었으며, 통치권 고유의 모든 권리를 향유할 수 있는 로마 시민이었다. 4명의 스페인 사람이 로마제국의 황제가 되었으며, 이들은 트라하누스(Trajano), 아드리아누스(Adriano), 마르쿠스 아우렐리우스(Marco Aurelio), 그리고 대(大)테오도시우스(Teodosio el Grande)이다. 이중 트라하누스는 로마의 영토를 가장 광대하게 확장한 황제이다. 위대한 스토아학파 철학자인 세네카(Séneca, 기원전 54~기원후 39)와 여타 로마문화의 유명한 인물들이 스페인 출신이었다. 그렇게 스페인은 로마의 일부로서 라틴국가로 바뀌었다.

5. 로마가 스페인에 남긴 유산

로마가 스페인을 지배했던 6세기 동안에, 로마식 건축과 예술은 큰 발전을 이룩하였다. 그리스인으로부터 많은 지식, 학문, 기술 그리고 예술을 전승한 로마인은 특히 공공시설물의 건설에서 두각을 나타냈는데 스페인에는 원형경기장, 극장, 다리, 사원 그리고 개선문 등 로마의 유적이 많이 남아 있다. 특히 에스뜨레마두라(Extremadura)에 있는 메리다(Mérida)지방의 도시들과 까딸루냐(Cataluña)지방에 있는 따라고나(Tarragona)시, 안달루시아(Andalucía)지방에 있는 세비야(Sevilla)시에서 로마의 유적들을 발견할 수 있다.

마드리드의 북서쪽으로 그리 멀지 않는 세고비아(Segovia)시에는 유명한 로마 유적이 있는데, 그것은 바로 로마 수로로 고대 세계의 가장 감명 깊은 예술 작품 중의 하나이다. 그것은 회반죽을 사용하지 않고 화강암으로 축조된 거대한 구조물이다. 물은 이웃에 있는 구아다라마(Guadarrama)산맥으로부터 오며, 이 수로는 간결하고 우아하며 그리고 장대한 모습을 하고 있다. 까스띠야의 세고비아시는 2000년 동안 시간의 혹독함을 견뎌낸 이러한 화강암 군(群)에 의해 지배되고 있는 것 같다. 세고비아에 위치한 로마 수로는 세계 도처에서 발견되는 수많은 로마 수로들 중 가장 감명 깊고 보존이 잘 된 것이다. 20세기 동안 세고비아시에 물을 공급해 온 지금에도 그 원형은 훼손되지 않고 있으며, 오늘날까지도 현대적인 관으로 교체된 채 사용되고 있다.

에스뜨레마두리(Extremadura)지방에 있는 메리다(Mérida)시의 원형극장도 비교적 보존이 잘 되어 있으며, 오늘날까지도 음악회와 여타 흥행물들이 상영된다. 이 극장은 5000명까지 관객을 수용할 수 있는 규모이며 스페인 출신 로마황제인 트라하누스와 아드리아누스는 이 원형극장의 일부를 건설하도록 하였다. 메리다시에는 이외에도 사원, 제단, 수로들이 있으며, 다리도 하나가 보존되어 있는데, 모두 로마인에 의해 건설되었다.

세고비아시의 로마 수로

메리다에 있는 로마시대의 극장

6. 로마제국의 몰락과 서고트왕국의 출현

로마제국이 쇠퇴하게 되고 용맹스러운 게르만족이 로마사회에 점차 진출하게 됨에 따라 로마제국은 서서히 붕괴하게 되었다. 게르만족의 유입은 전쟁에 의한 것만이 아니다. 1세기 이후 게르만인은 로마군대에 입대하기 시작했으며, 농노나 공물납세자로서 로마제국 내에 정착하고 있었다.

스페인은, 로마의 지배하에서 4세기 동안 평화롭게 지내다가, 5세기 초 북쪽에서부터 남하하기 시작한 게르만족에 의해 침략을 당하였다. 게르만족은 로마제국의 쇠퇴를 틈타 비옥한 남쪽의 평야를 침략하기 시작하였다. 이 민족은 전쟁을 하는데 전념하고, 단지 밀림의 야수처럼 약육강식의 원리만을 추종하는 여러 게르만족들로 구성되어 있었다. 이들이 바로 고트족과 서고트족으로, 번갈아 스페인을 침략하였다.

409년, 게르만족인 스칸디나비아지역의 반달족(vándalos), 독일지역의 수에비아족(suevos), 그리고 이란지역의 알라노(alanos)족이 무리를 이루어 피레네산맥을 넘어 이베리아반도를 침략하였다. 이들은 전혀 로마화되어 있지 않았고 약탈을 일삼으며 유목생활을 하는 종족이었다. 그들은 국토를 황폐화시켰으며, 지금의 프랑스지역과 이탈리아 북부지방인 갈리아(Galia)지방을 유린하였다. 이들 고트족들은 로마제국과 이베리아반도에 정착할 수 있는 협정을 체결할 때까지 약탈 행위에 전념하였다.

그후 415년 서고트족의 소규모 집단이 들어와 따라꼬넨세지방에 정착하였다. 418년 이 민족은, 로마제국과의 협정을 통해, 그들의 정착을 정당화하였다. 서고트인의 점진적인 유입은 반도의 다른 게르만족에게 타격을 주었다. 알라노족은 멸종되었고 반달족은 곧 북부아프리카로 갔으며, 수에비아족은 갈리시아(Galicia)에 유폐되었다.

서고트인(visigodos)은 흑해 부근의 드니에뻬(Dniéper)강 서안에서 유래한 민족으로 로마와 동맹을 맺고 있었다. 그들은 흑해와 지중해 사이에 있는 그리스와 인접한 터키의 국경도시인 아드리아노폴리스(Adrianópolis)에서 이탈리아로 건너왔으며, 잠시 프로방스(Provenza)와 프랑스 남부에 정착했다가 스페인으로 이주하였다. 이들은 이베리아반도 내에서 정착하게 되었으나, 제한된 숫자로 말미암아, 인구, 경제, 정치적인 면에서 커다란 영향을 남기지는 못하였다. 그 당시 스페인에는 약 400만의 주민이 거주하였던데 반해 서고트인은 약 10만 명 정도만이 들어온 것으로 추정된다. 이런 현실적인 인구의 한계로 서고트족은 현재의 세고비아(Segovia)지역을 중심으로 한, 매우 한정된 지역에 거주하였고, 기타 중요한 각 지방 도시에는 단지 군대와 관리들만 주둔시켰다.

정복이 끝나자 또다시 새로운 혼혈이 이번에는 스페인계—로마인들과 서고트인들 사이에서 이루어졌다. 스페인은, 로마적인 요소와 로마시대 이전의 민족들이 남긴 요소들, 그리고 게르만적인 요소를 모두 함께 지니게 되었다. 처음으로 어느 정도 정치적인 그리고 종교적인 통일이 이루어졌으며, 귀족적인 서고트족 군주제가 나타나게 되었다. 6세기에, 서고트인들은 그리스도교로 개종하였다.

서고트족은 이베리아반도를 정복할 때 국가통치에 그 지역 귀족을 중용하고 고트족과 반도 내 주민들의 사회, 경제적 조건을 평등하게 함으로써 초기에 인종적·사회적 차별을 해소하였다. 또 로마의 소유제도가 사라질 즈음, 사회의 진보적 봉건화를 추진하여 이전의 공공재산을 분산 또는 사유화하였다. 봉건제도는 서고트인에 의해 스페인에 도입되었으나, 유럽의 다른 민족들에서처럼 광범위하게 발전하지는 못하였다. 서고트왕국의 봉건화는 귀족사회화의 결과로 볼 수 있으며, 국가의 발전 과정에서 모든 결정은 다수가 배제되고, 실제 독립된 영토를 다스리는 귀족사회 중심부의 소수 귀족에 의해 이루어졌다. 전반적으로, 서고트인들은 새로운 문명을 창조하지는 못하였으며, 단지 로마의 제도들을 그들의 필요에 맞게 채택하는 것으로 만족하였다.

507년과 585년 사이에 서고트인은, 로마 지배하의 예전의 스페인국경과 동일한 국가를 건설하여, 반도의 대부분을 점령하게 되었다. 국가의 통일을 이루기 위해서는, 갈리시아에 거주하던 수에비아인들(suevos), 국경분쟁을 야기하고자 자연적 요소에 의한 국경을 고집하고 있던 바스크인들, 그리고 반도의 남서부에 자리잡은 비잔틴인들(bizantinos)*을 소탕하여야 하였다. 수에비아인들이 정복되고 비잔틴인들이 추방되자 깐따브리아인들(cántabros)과 바스크인들은 요새로 이루어진 국경을 구축하고 산 속에 은거하며 계속 항거하였다.

710년 서고트왕국의 국왕 비띠사(Vitiza, 702~710년까지 재임)가 죽자, 그의 아들 아킬라(Akhila)가 귀족의 추대로 왕이 되었으나, 귀족의 왕위 희망자인 로드리고(Rodrigo)가 그를 축출하고 왕위에 올랐다. 로드리고는 왕이 되자마자 아랍인들의 침략에 대항해야 했으나, 내부

---

* 흑해와 지중해 사이의 요충지인 콘스탄티노플 출신 사람들을 일컫는다.

갈등으로 굳건한 결속을 유지할 수 없게 되었고, 711년 마침내 서고트 왕국은 붕괴되었다.

제5장
아랍인 치하의 문화예술

1. 이슬람 세력하의 스페인

무하마드(영어식, 마호메트)는 570년(또는 580년) 아라비아반도의 메카(Meca)에서 태어나 632년 메디나(Medina)에서 사망하였다. 그는 7세기에 이슬람교를 창시하여 우상을 믿고 있던 아라비아반도의 여러 부족들을 통일하였으며, 척박한 아랍지역의 민족적 단결을 달성하기 위해, 적극적이고 전투적인 유일 신앙을 도입하였다. 유일신 알라(Alá)와 유일 선지자 무하마드에 기초한 이슬람세력은 아라비아반도를 종교적으로 통일하였다.

이윽고, 유목민들이었던 이 부족들은, 북부 및 중부 아프리카로 진출하였으며, 마침내 이베리아반도와 프랑스 남부에까지 진출함으로써, 그 당시의 문명 세계에서 가장 강대한 민족을 형성하게 되었다. 이슬람 세력은 피레네산맥을 넘어 프랑크왕국도 노렸으나, 732년의 푸아티에 싸움에서 패배, 반도로 물러났다. 이슬람교의 상징인 초승달 모양의 창(Media Luna)은 그리스도교의 상징인 십자가의 가장 큰 라이벌이었다. 아랍의 영토는 유럽에까지 확장되었으며, 10세기에 아랍치하의 스페인은 유럽문화의 선두에 위치하게 되었다.

2. 아랍인들의 침입과 서고트왕국의 몰락

역사는 반복된다고 했던가? 로마제국이 그 말년에 약화되어 북쪽의 야만인들인 고트족들에게 멸망하였듯이, 이들 야만인들이 이베리아 반도에 건설한 서고트왕국도 아랍인 전사들의 첫 공격에 무너지고 말았다.

더욱이, 서고트왕국은 왕위세습제가 확립되어 있지 않아 귀족 사이에 선출제도로 운영되었다. 따라서 왕위 계승이 이루어질 때마다 거의 항상 유혈 권력투쟁이 뒤따랐고 왕위 희망자들은 서로를 죽여야만 하였다. 스페인에서 통치한 32명의 서고트족 왕들 중에서 10명은 왕위 희망자들에 의해 암살되었다. 이렇게, 반도의 서고트왕국은 봉건제 확립의 과도기에 종교 및 왕위계승 문제로 야기된 혼란을 극복하지 못한 채, 711년 이슬람 옴미아드 왕조의 침입으로 붕괴되었다.

오래된 연대기 자료에서 왕국의 몰락을 야기하게 된 서고트왕국 최후의 왕이었던 로드리고(Rodrigo) 경에 대한 전설을 찾아볼 수 있다. 아름다운 규수인 플로린다 라 까바(Florinda la Cava)가 수도였던 똘레도의 따호(Tajo) 강가에서 목욕을 하고 있었을 때, 왕궁에서 창문을 통해 그녀를 보게 된 로드리고는 금방 사랑에 빠졌으며, 그녀를 연인으로 만들었다. 그러나 이러한 행위는 신중하지 못한 처신으로, 지브롤터해협에 있는 세우따(Ceuta)의 총독으로 강력한 힘을 지녔던 백작인 그녀의 아버지, 훌리안(Julián) 경의 허락을 청하지 않는 실수를 저질렀던 것이다. 훌리안 경이 이러한 불경스러운 관계를 알게 되자 자신의 명예가 훼손되었다고 느꼈으며 복수하기로 맹세하게 된다. 아랍인들이 스페인으로 침략하는 지리적 요충지를 책임지고 있던 훌리안 경은 회교도들에게 이베리아반도를 침략하도록 그 출입구들을 열어 주었다.

3. 반도 내의 회교왕국들

1) 에미르(회교 왕족)시대

아랍인들이 이베리아반도를 지배하였던 711~1492년까지의 기간은 또한 반도에서 회교도들을 격퇴하기 위한 재정복전쟁(Reconquista)의 기간이기도 하다. 당시 스페인은 인도에서 대서양에 달하는 거대한 이슬람제국(수도 : 다마스코)의 한 지역이었다. 초기에 회교세력하의 이베리아반도 내의 정치체제는 독립적이지 않았으며, 칼리프(회교국의 왕)의 관할 하에 있는 에미르(회교 왕족)들에 의해 이루어졌다. 옴미아드왕조의 칼리프들은 먼 스페인에 총독 또는 왕족을 보냈으며, 이들은 꼬르도바(Córdoba)에 거주하였다.

2) 칼리프(회교국 왕)시대

옴미아드 왕조가 압바씨데스(Abbassides)가의 반란에 의해 붕괴된 뒤, 살아남은 한 옴미아드 왕족이 스페인으로 갔다. 그는 이슬람 세계의 최고 신분인 무하마드의 후예라는 사실을 이용, 756년 독립 이슬람국가를 선포하였다. 자신을 압데라만(Abderramán) 1세라 칭하고, 국호를 '알—안달루스'(Al-Andalus), 수도는 꼬르도바로 정하였다. 꼬르도바의 칼리프들인 압데라만 2세(Abderramán II)와 압데라만 3세(Abderramán III) 치하에서 스페인에서는 문화적으로 가장 번창한 기간이 시작되었으며 756년부터 961년까지 지속되었다.

스페인의 회교세력은 지중해에서 가장 강력한 함대를 지니고 있었다. 알—안달루스국의 수도인 꼬르도바는 유럽에서 가장 문명화되고 번영된 거대 도시가 되었다. 궁전과 정원들로 가득하였던 꼬르도바는

메디나-아사하라의 응접실

회교문화의 중심지로서 풍요롭고 화려하였으며, 압데라만 3세 치하에서 가장 번창하였다. 912년 그는 다마스코에 이어 이슬람 세계의 수도가 된 바그다드의 왕과 대등한 칭호인 칼리프란 칭호를 사용하였다.

꼬르도바는 '천일야화'(Las mil y una noches)에 나타나는 모든 풍요로움을 지니고 있었다. 연대기들에 의하면, 그 도시 가까이에 압데라만 3세가 자신이 사랑하는 애첩을 위해 메디나—아사하라(Medina-Azahara)라는 환상적인 도시궁궐을 건설하였다 하는데, 그곳에는 6,300명의 여인들, 400채의 집들, 300개의 욕실들 그리고 15,000명의 내시와 하인들을 갖춘 하렘(회교국의 규방)이 존재하였다. 그리스도인과 아랍인 장인들은 금과 투명한 대리석으로 뒤덮힌 벽들을 건설하였고, 지붕의 기와들은 금과 은으로 되어 있었다. 1010년 북아프리카의 사나운 베르베르족들이 이 회교왕국을 침략하여, 왕궁들을 파괴하고, 그 주인들을 살해하였다. 오늘날은 메디나—아사하라의 풍요로움을 간직한 유적들은 거의 남아 있지 않다. 그러나, 그라나다에 있는 또 다른 유명한 아랍 왕궁인 알람브라(La Alhambra)궁전은 잘 보전된 채 남아 있다.

알람브라궁전 내의 도금양마당

유명한 회교왕들로는 할하껨

(Alhaquem) 2세와 힉셈(Hixem) 2세가 있다. 전자는 문화를 잘 보호했으며, 후자는 명장 알만소르(Almansor)로 하여금 북동쪽으로는 바르셀로나, 북서쪽으로는 산띠아고 데 꼼뽀스뗄라(Santiago de Compostela)를 점령케 하여, 반도 내에서 가장 광대한 영토를 지배했었다.

3) 타이프(소회교왕국)시대

이베리아반도에서 회교국(califato)의 번영되고 찬란한 시기가 막을 내린 후, 아랍치하의 스페인은 조그마하고 분열된 왕국들, 즉 소위 말하는 타이프[taifa, 소(小)회교국]들로 분열되었다. 그라나다는 회교세력의 마지막 왕국으로, 1492년 카톨릭 국왕부처에 의해 정복되었다.

4. 반도 내 아랍인들의 문화활동

아랍인들과 유태인들은 함께 협력하여 의학, 식물학, 수학 그리고 여타 학문들의 분야에서 중요한 탐구를 하였다. 아랍인들은 서방세계에 당시의 유럽을 능가하는 이슬람의 문화 및 기술, 그리고 고대 그리스의 철학과 문화를 전달하였다. 만약 스페인에 거주하였던 아랍인들이 없었더라면, 아마도 아리스토텔레스의 철학은 결코 세상에 알려질 수 없었을 것이다.

이슬람 지배 기간 동안 산업 발전, 농업 관개시설 건설, 공동체수리법(共同體水利法) 도입 등이 이루어졌으며, 목화, 복숭아, 사탕수수 등

새 작물이 도입되었다. 수공업에서는 똘레도, 그라나다, 알메리아 및 꼬르도바가, 시장과 수출항으로서는 꼬르도바와 세비야가 번창하였다. 이미 10세기에 꼬르도바의 도서관에 60만 권의 서적이 있었고, 그리스철학이 연구되고 있었으며, 11세기에는 제지(製紙)가 시작되었다.

  스페인에서 아랍인들이 지배한 8세기의 역사는 그 주민들 사이에 존재하였던 모범적인 관용(寬容)의 시기로 특징지어진다. 종교적으로나 문화적으로 엄청난 차이가 있음에도 불구하고, 그리스도인들, 아랍인들 그리고 유태인들은 함께 협력하였다.

5. 반도 내 이슬람세계의 사회구조

  서고트족의 스페인 지배와 마찬가지로, 아랍인들의 지배도 서고트족이 패주하고 난 뒤 남은 대중을 군사적으로 우위에 있던 새로운 소수의 지배층이 다시 지배한 것이다. 반도를 침략한 아라비아인들, 시리아인들 그리고 베르베르인(북아프리카인)들은 여자를 데려오지 않았으며, 고트계—스페인 여자들과 결혼하였다.

  당시 스페인 사회에서는 아라비아인들이 최고 귀족층을, 농업개발체제를 선사한 시리아인들이 두 번째 귀족층을 형성하였다. 아프리카의 베르베르인들은 전투부대를 구성했으며, 까스띠야(Castilla)에 정착하여 목축에 종사하였다. 공납, 부역, 인두세 징수와 이를 위한 군(軍)조직 유지에 역점을 두고, 피정복민족 고유의 사회, 정치, 종교 체제를 강제로 파괴 또는 재편을 하지 않았다.

  그리스도교도에 의해 배교자라 불리던 회교로 개종한 뮬라디

(muladí)들은 자유민 신분을 얻고 조세도 경감되었기 때문에 서고트족 시대에 시골지역의 열악한 환경에서 살았던 사람들이나 노예들이 많이 개종하였다. 그리스도교도는 모사라베라고 불렸으며, 살던 지역에 잔류하여 공조(貢租) 등 부담을 대가로, 토지지배권, 종교, 문화, 언어 및 풍속들을 유지하였으나, 회교 영토 내에 고립된 채 매우 어려운 생활을 하였다.

아랍어와 함께 로만스어도 사용되었으며, 사람들은 고트왕국의 종말과 훌륭한 모사라베인들에 대한 서사적 얘기들을 전파시켰으며, 로만스화된 성탄절의 민요적 찬송가 비얀시꼬(villancico)와 반도 거주 아랍인의 운율 있는 서정적 노래인 제헬(zéjel) 등을 불렀다.

6. 아랍인들이 남긴 문화예술품

이미 보았다시피, 스페인은 711년부터 1492년 사이 약 8세기에 걸쳐 아랍인들의 치하에 있었으며, 이 시기는 스페인 예술에, 특히 건축에 있어, 여타 유럽 국가들의 표현양식과는 다른 특이한 표현양식을 부여하였다. 아랍의 예술은, 코란(Corán)의 교리에 충실하여, 결코 인간의 형상을 표현하지 않는다. 그 지배적인 특징은, 섬세한 세공의 복잡한 기하학적 동기들에 기초한, 곡선과 풍부한 장식이다. 아랍예술은 스페인 남부에서 압도적으로 편재되어 있다.

꼬르도바의 회교사원(Mezquita)은, 오늘날 기독교 성당으로 바뀌어 있는데, 감명 깊은 유적이다. 압데라만(Abderramán) 1세가 서고트족의 교회 위에 꼬르도바의 거대한 회교사원을 세웠고, 이 사원은 다른

꼬르도바의 회교사원

칼리프(회교국의 왕)들에 의해 확장되고 예쁘게 치장되었다. 알만소르(Almanzor)가 그것을 마지막으로 이슬람 세계에서 가장 아름다운 사원으로 변화시켰다. 페르난도(Fernando) 국왕이 13세기에 꼬르도바를 정복하였을 때, 그 거대한 회교사원은 꼬르도바의 대성당으로 바뀌었고, 그리고 그렇게 오늘날까지 계속되어 오고 있다. 풍부한 색깔의 아치들과 1천 개 가량의 기둥들로 이루어진 환상적인 미궁을 지니고 있다. 건축가들은 이러한 기둥들과 아치들을 건설하기 위해 로마양식을 채택했다. 그것은 세고비아(Segovia)의 수로에서 나타나는 양식과 유사한 양식이나, 훨씬 더 우아하다. 다양한 크기와 형태의 기둥들에 의해 분리된 채, 상이한 디자인으로 된 11개의 좁은 통로를 지니고 있어, 이 건물에 들어설 때 마치 환상적인 동양의 숲 속에 있는 느낌을 받게 된다.

그라나다(Granada)시의 언덕 위에 자리잡고 있는 알람브라(Alhambra)궁전은 환상적인 건축물이다. 알람브라는 '빨간 궁전'을 의미하며, 회교국왕부처의 거주를 위해 13세기와 14세기에 건설된, 세계에서 가장 아름다운 아랍 건축물 중의 하나이다. 외부에서 보이는 단조로운 사각형의 평범한 성벽들은 궁전 내의 아름다움을 숨기고 있

그라나다의 알람브라궁전

다. 이 궁전은 즐겁고 호화로운 삶을 위해 만들어진, 평화와 안식을 표현하는 건축물이다. 다양한 색상의 아라비아타일로 이루어진 거실과 마당이 20개 이상이며, 기둥들에는 믿을 수 없을 정도로 섬세하게 세공된 회반죽 작품들이 나타나 있다. 모든 사소한 물건, 모든 마당, 모든 아치는 그 자체의 특징을 지니고 있다. 가장 화려한 마당들 중의 하나인 '사자들의 마당'(Patio de los Leones)을 자세히 검토해 보면, 그것이 환상적이

사자들의 마당

제5장 아랍인 치하의 문화예술 89

헤네랄리페의 연계우물   헤네랄리페의 궁정

고 다양하게 디자인되어 있음을 발견할 수 있다. 사자들이 하나의 우물을 단단히 고정시키고 있고, 그 주위에 아치들이 늘어서 있고 아치들 위로 복잡한 기하학적 세공들이 나타나 있다. 알람브라는 이슬람 세계의 진정한 낙원이라고 볼 수 있다.

그러나, 회교술탄(sultán)*들은 하나의 궁전에 만족하지 못하였으며, 알람브라궁전 바로 옆에 다른 궁전인 헤네랄리페(Generalife)를 건설하였다. 오늘날까지도, 이 궁전의 정원들, 물이 솟고 떨어지는 우물들, 자그마한 저수지들과 폭포들, 도금양(桃金孃), 삼나무, 오렌지나무 그리고 레몬나무 등은 관능미 넘치는 동양적 분위기를 발산하고 있다. 미국의 유명한 작가인 워싱턴 어빙(Washington Irving)이 그곳에서

---

* 회교국의 군주.

알람브라궁전 약도

알람브라궁전의 황금의 방

알람브라궁전 내 베르메하스탑

살겠다고 결심하였다는 사실이 조금도 이상하지 않다. 그라나다에서 그는 훌륭한 서술작품인 〈알람브라의 이야기들〉을 썼다.

제6장
중세 스페인의 문화예술

| 스페인의 중세 |

  일반적으로, 유럽의 중세는 5세기 게르만 민족의 이동과 서로마제국의 멸망(476년)으로 시작되어, 15세기 르네상스로 끝난다고 보고 있다. 이 1000년간, 10세기까지는 중세 전기로, 그 이후는 중세 후기로 나뉘어진다. 최근에는 중세의 끝을 17세기의 과학혁명과 18세기의 프랑스 혁명 및 계몽사상(구시대 묵은 사상을 타파하려는 혁신적인 사상운동)으로 보고, 이어서 근대의 시작과 연결시키기도 한다.

  스페인에서도 서로마제국의 멸망으로 서고트왕국이 형성되어 476년부터 711년까지 스페인을 지배하였으나, 이들이 로마사회에 비해 야만적인 수준에 머물러 있었으며, 소수의 지배계급에 의한 통치로 문화예술 면에서 크게 자취를 남기지 못하였다. 711년 아랍인들의 침략과 더불어 이슬람 세력으로부터 국토회복을 위한 그리스도교의 재정복전쟁이 곧바로 시작되었으며, 스페인의 중세는 이 재정복전쟁과 더불어 시작되었다.

  북부산지를 은거지로 저항하던 아스투리아스(Asturias)와 나바라(Navarra)지방의 그리스도인들은 8세기 들어 재정복전쟁을 시작하였으며, 재정복이 진행됨에 따라 각지에 작은 왕국이 형성되었다. 재정복전쟁은 단순한 영토 확대가 아닌 재정복 지역에 대한 그리스도교도의 재식민(再植民)이었다.

  시기적으로 중세(5세기~15세기)는 스페인에서 게르만족들의 유입과 서고트왕국의 성립(5세기), 아랍지배 및 재정복전쟁 기간(711~1492)에 해당되겠으나, 서고트왕국은 후세에게 남긴 문화예술적 유산이 거의 없고, 아랍치하의 문화예술 활동은 활발하였으나 유럽의 그것과는 너무나 상이하여 이미 앞장에서 따로 다룬 바 있다. 따라서 이 장에서는 유럽문화와 맥을 함께 하는 그리스도인들에 의하여 8세기 초 시작된 재정복전쟁을 스페인의 중세의 기점으로 보고자 한다.

1. 재정복전쟁과 '스페인'의 탄생

1) 당시의 시대 상황

711년 아랍인들은 이베리아반도를 침략하여, 1492년까지 반도에 머물며 때론 스페인 사람들과 전쟁을 하기도 하고 때론 그들과 평화롭게 공존하기도 하였다. 이러한 8세기 동안의 공생은 스페인의 국가적 특징, 문학 그리고 예술에 지대한 영향을 미쳤다. 아랍적인 요소가 스페인문명에 특이한 면모를 부여하여, 유럽의 여타 국가들의 그것들과는 상이하게 만들었다.

재정복전쟁은 종교전쟁의 성격도 지니고 있으며, 당시의 스페인은 종교적 열의로 가득한 그리스도교의 유럽세계와 성전(guerra santa)의 기치하의 열성적인 회교세력간의 각축장으로 세계사적 의미를 지닌다. 따라서 열성적인 이슬람세력의 종교 및 문화를 극복하기 위해 열광적인 신앙심이 요구되어졌으며 스페인에서 교회의 영향력은 더욱 확대되었다.

두 세계 사이 연결매듭으로서 모사라베인들이 거주하던 중심지역들은 중세 스페인의 가장 중요한 특징들을 보여준다. 스페인은 두 세계의 상이한 종교, 문화 아래서 각각의 특징들을 흡수하여, 유럽세계의 여타 문화와는 구별되는 개성 있는 스페인문화를 지니게 되었다.

2) 재정복전쟁의 전개

아랍인들이 이베리아반도를 침략하자, 그들의 지배하에 들어가지 않은 스페인의 그리스도인들은 북부 산악지대인 아스뚜리아스의 산속에 있는 꼬바동가(Covadonga)에 집결하였다. 그들은 스페인 왕조의 첫 번째 왕인 뻴라요(Pelayo)를 왕으로 임명하였다. 718년, 꼬바동가에서 그리스도인들은 아랍인들에 대항하여 첫 전투를 승리로 이끌었으며, 그 승리 후 스페인 땅에서 아랍인 침략자들을 몰아내기 위한 본격적인 전투를 시작하였다.

1002년 아랍측의 명장인 알만소르가 스페인 민족의 영웅 미오 시드(Mio Cid)*에 의해 격파되어 전사하자, 재정복전쟁이 활기를 띠기 시작하였다. 이러한 재정복전쟁(la Reconquista)은 비록 연속적이지는 않았지만 8세기간 지속되었으며, 이미 위에서 언급했다시피 이 기간 중에도 평화롭고 우정어린 공존의 기간들이 많았었다.

3) 초기 왕국들의 탄생

재정복이 진행되면서 국왕과 귀족은 레온지방과 까스띠야지방을 중심으로 농민에게 이주특허장(토지개간권 허용)을 부여하고 자유도시를 승인하여, 위험한 전선지대로의 이주를 추진하였다. 귀족이 정복한 토지는 봉토(封土)가 아닌 군역(軍役)의 보수로 간주되어, 신하가 국왕에 대한 충성을 거부해도 계속 소유권이 인정되었다. 따라서 불완전한 장원제와 봉토를 매개로 한 주종관계가 이루어졌다.

재정복 기간에 스페인의 정치적 그리고 종교적 조직들이 형성되었

---

* 미오 시드의 본명은 로드리고 루이 디아스 데 비바르(Rodrigo Ruy Díaz de Vivar)였다. 시드는 아랍어로 '절대자' 또는 '신'을 의미하며, 미오 시드는 '나의 시드'로 해석된다. 그는 아랍인들에게서도 존경받던 인물로 전쟁에서는 그 이름만 듣고도 두려움에 떨게 되었다.

다. 그리스도교측 왕들이 아랍인들로부터 영토를 회복해 감에 따라, 반도는 독립적이고 서로 경쟁적인 왕국들로 분열되었다. 아스뚜리아스(Asturias)왕국, 아라곤(Aragón)왕국, 갈리시아(Galicia)왕국, 나바라(Navarra)왕국, 레온(León)왕국 그리고 까스띠야(Castilla)왕국과 같은 이러한 옛 왕국들은 다양하고 고유한 특징들을 지녔으며, 그런 역사적 배경이 오늘날까지 이어져 스페인에서 정치적 그리고 문화적 통일성이 상대적으로 부족한 근본 원인이 되고 있다.

4) '스페인'의 탄생과 재정복전쟁 완결

스페인의 탄생, 즉 스페인의 정치적 통일은 카톨릭 국왕부처인, 까스띠야왕국의 여왕 이사벨(Isabel)과 아라곤왕국의 국왕 페르난도(Fernando)가 1469년 결혼함으로써 달성되었다. 그 당시 아라곤왕국은 바르셀로나백작국(Condes de Barcelona)의 지배하에 있던 까딸루냐(Cataluña)를 포함하여 이베리아반도의 3분의 1을 차지하고 있었다. 바르셀로나백작국은 그 이전 이미 아랍인들이 지배하던 지중해의 커다란 섬들인 발레아레스군도, 코르시카섬, 세르데냐섬, 시칠리아섬 그리고 나폴리왕국까지도 점령했었다.

카톨릭 국왕부처의 군대는 1492년 아랍인들의 마지막 보루인 스페인 남부 그라나다시에 승리하여 들어감으로써 재정복전쟁을 완결하게 되었다. 일설에 따르면, 마지막 아랍왕인 보압딜(Boabdil)은 알람브라궁전을 잃고 어린 아이처럼 울고 있었다고 전해진다.

1492년은 스페인 역사상 매우 중요한 해인데, 그해 재정복전쟁(Reconquista)이 완결되었으며, 안또니오 데 네브리하(Antonio de

카톨릭 국왕부처의 그라나다 점령

Nebrija)가 최초로 〈스페인어 문법〉(Gramática castellana)을 썼다. 또한 같은 해, 콜롬부스의 첫 항해와 더불어 스페인제국이 아메리카로 확대되었다. 까스띠야―아라곤왕국으로 이루어진 스페인은 콜롬부스가 신대륙을 발견한 뒤 이어 멕시코의 아스테카왕국과 남미의 잉카왕국을 정복하자 세계적 대(大)제국으로 변모하였다.

5) 재정복전쟁의 승인(勝因)

이베리아반도 내에서 아랍인들이 그리스도 교도들에게 패한 이유는 제후들(taifas)의 소왕국들간의 정치적 분열과 모사라베인에 대한 박해에 있었다. 특히, 아랍인들 치하에서 함께 살고 있던 그리스도 교도(모사라베인 mozárabe)들에 대한 박해는, 재정복전쟁 이전에 이미 그들로 하여금 그리스도인들에게 호의적인 내부의 적, 즉 〈제5열〉(Quinta columna)이 되게 하였다.

또한, 9세기 스페인의 북서부 갈리시아지방에서 사도 〈산띠아고〉(Santiago)의 무덤 발견으로 유럽으로부터는 순례행렬이 이어지고, 불타는 종교심으로 무장한 그리스도 세력이 강성해지기 시작하여 결국 회교도들을 반도에서 몰아낼 수 있게 되었다. 11세기 중엽 서부아프리카에 대제국을 건설한 알모라비데족(almoravides)*과 이를 멸망시키고 12세기 나타난 알모아드족(almohades)의 원군들도 그리스도 세력을 격퇴시킬 수 없었다.

6) 재정복전쟁 후의 스페인사회

당시 이베리아반도 내에서 이슬람문화의 중심지는 꼬르도바(Córdoba)로 농업, 산업 및 상업의 중심지였으며, 그곳에서 사람들은 안락한 생활, 사치, 향연, 음악, 춤을 향유했으며, 회교국왕과 제후들은 서적들을 수집하고 지식인들을 보호하였다.

반도에서 회교문명을 가장 먼저 접수한 사람들은 모사라베인들로, 그리스도교를 계속 신봉하면서도 때론 아랍어로 편지를 썼으며, 자주 아랍식 이름들을 사용하였다. 아라비아인들은 인도의 수학과 그리스의 학문과 철학을 받아들여 활자화하였으며, 이러한 선진 학문이 스페인에 전달되었다. 이러한 아랍인 지식인들의 노력이 없었더라면, 아리스토텔레스의 철학과 같은 그리스의 발전된 고대 문화는 유럽세

---

* 1093~1148년까지 이베리아반도를 통치하였다.

계에 전수되지 못하였을 것이다.

　재정복이 진행되면서 생활 및 교통의 요지며, 인구가 밀집된 똘레도(Toledo, 1085년 재정복됨)와 사라고사(Zaragoza, 1118년 재정복됨)가 그리스도인들의 수중에 들어왔다. 그러나 그곳에 거주하던 모사라베인들은 완전히 이슬람화되어 있었다. 재정복이 시작된 지역의 무데하르*들과 모리스꼬*들은 그들의 신앙, 제도, 관습, 심지어 언어까지 유지했었다.

　당시에는 통속방언, 아랍어, 로만스어를 혼용하여 예술활동을 하였다. 로망스가요를 채택하여 만든 스페인에서 가장 오래된 서정가요인 무와사하(muwassaha)가 존재하였으며, 이것에서 유래한 반도의 회교도 노래인 제헬(zéjel)도 있었다. 라이문도(Don Raimundo) 대주교는 똘레도에 유명한 번역학교를 세웠으며, 알폰소 현왕(Alfonso el Sabio, 1252~1284년 재임)은 카톨릭학자들 외에도 유태현인들 및 아라비아 학문을 하는 지식인들을 궁중에 모아놓고 학문 연구에 전념케 하였다.

2. 중세 스페인문학

1) 스페인문학의 태동

　스페인어(일명 까스띠아어)로 쓰여진 초기 문학적 자료들을 평가하기에 앞서, 스페인에는 갈리시아어, 까딸루냐어 그리고 모사라베어*로

＊ mudejar : 그리스도인들 치하에서 개종(改宗)하지 않고 지냈던 회교도.
＊ morisco : 재정복전쟁 후 남아 그리스도교로 개종한 회교도.

쓰여진 오래된 문학 작품들도 존재하였었다는 사실을 알아야 할 것이다. 현재에도 스페인에는 자신들의 고유한 문화와 주체성을 유지하려고 까딸루냐어, 갈리시아어, 그리고 바스크어로 작품을 쓰고 있는 작가들이 많이 있다. 이 책에서는 주로 스페인어(까스띠야어)로 쓰여진 문학에 관하여 간략하게 다루겠으나, 또한 반도의 소수 언어들로 쓰여진 몇몇 유명한 작품들도 거론하게 될 것이다.

스페인문학의 공통적인 특징들은 무엇일까? 그것들을 일반화한다는 것은 매우 위험하다. 각각의 스페인 작가는, 자신이 태어나고 살았던 장소와 시대에 따라, 독특한 개성과 양식 그리고 특징을 지니고 있기 때문이다. 일반적으로 스페인의 지식인들이 추상적이지 않은 생생한 현실에 주안점을 두고 있다고들 말한다. 다시 말해, 스페인의 작가들은 개인주의적이고 현실주의적이다.

스페인문학은 그 민족에 뿌리를 두고 있으며, 스페인문학에서 대중적인 요소는 예술적 창작의 기본이 되어 왔다. 대중적인 면과 예술적인 면이 함께 하여 조화와 우아함을 추구해 온 스페인문학에서 많은 작가들은 삶과 예술에서 모든 대중적인 것을 문학작품으로 승화시키곤 하였다.

스페인어(까스띠야어)는 로망스어의 일종으로 인도유럽어의 하위 언어인 라틴어에서 유래하였다. 또한 711년부터 1492년까지 아랍인들이 이베리아반도를 점령하였으며, 그러한 시대적 배경으로 스페인어에는 아랍어에서 유래한 어휘가 약 4000개 가량 존재한다. 그 한 예로, 아랍어 관사 al과 더불어 시작하는 aldea(마을), alcalde(시장),

---

＊ mozárabe : 아랍인 치하에서 스페인 사람들이 사용하던 언어.

alcohol(알콜) 등과 같은 단어들이 스페인어에 많이 나타난다.

스페인문학의 가장 오래된 자료로는 1040년경의 하르차(jarcha)가 있다. 하르차는 아주 오래된 스페인어인 모사라베어로 쓰여진 짧은 시(詩)들이다. 그것들은 아랍어나 히브리어로 쓰여진 긴 시들의 끝 부분이나 후렴으로, 그 테마는 거의 항상 사랑 즉, 사랑하는 사람 때문에 느끼는 황홀경 또는 고통이었다. 하르차는 달콤하고 선정적인 짧은 시들로, 사람들의 가장 기본적인 욕구가 사랑하고 싶어하는 욕망이라는 사실을 암시하고 있다. 하르차는 형식과 주제 면에서 이후 스페인 서정시의 역사에 커다란 영향을 끼쳤다. 하르차로부터 (크리스머스 때 부르는) 비얀시꼬*와 갈리시아—포르투갈의 음유시인들이 부르던 '우정의 노래들'(cantigas de amigo)이 유래하였다.

2) 〈시드의 시〉

〈시드의 시〉(El Poema del Cid)는 스페인 초기 문학을 대표하는 서사시이다. 그리스문학에서는 호머(Homero)의 〈일리아드〉(La Ilíada), 영국문학에서는 〈베어울프〉*, 프랑스문학에서는 〈롤랑의 노래〉(샹송 드 롤랑, Chanson de Roland), 독일문학에서는 〈니벨룽겐의 노래〉*가 있듯이, 스페인문학에서는

영화 〈엘 시드〉의 포스터

---

* villancico : 성탄절 노래의 일종.
* Beowulf : 8세기 초 고대 영어로 된 서사시 및 그 주인공 이름.
* 니벨룽겐리드(Nibelungenlied) : 13세기 전반에 남부독일에서 이루어진 대서사시.

〈시드의 시〉(Poema del Cid)가 대표적 서사시로 알려져 있다.

〈시드의 시〉는 역사적으로 그 내용이 실제 일어났던 때보다 약 40년 뒤인, 1140년경에 익명의 시인에 의해 쓰여진 작품으로, 중세 장수의 무훈들을 다루는 3천 이상의 싯귀들로 이루어져 있다. 시드(Cid)는 남성다우며 귀족적인, 기사도의 화신(化身)이라고 할 수 있는 스페인의 영웅이다. 이 시는 이미 인용한 다른 시들과는 달리 환상적이지 않으며, 반대로 매우 인간적이고, 드라마틱하고, 현실적이고 대중적이다.

아랍어로 절대자(señor)를 의미하는 시드(Cid)로 불렸던 영웅 루이 디아스 데 비바르(Ruy Díaz de Vivar)는 까스띠야의 고귀한 전사였다. 시드는 1065년부터 1109년까지 까스띠야왕국을 통치한 알폰소 4세 (Alfonso VI) 앞에서 질투심 많은 정적(政敵)에 의해 고소를 당하였으

미오 시드 앞에서 알폰소 4세가 선서를 하고 있는 모습

며, 왕은 그를 부당하게 추방하게 된다. 그의 충실한 부하들은 아랍인들에 대항해 싸우기 위해 추방된 뒤에도 계속 그를 추종하였다.

시드는 까스띠야, 아라곤(Aragón) 그리고 까딸루냐(Cataluña) 등 북부지역에서 많은 전투를 하여 아랍인들을 격퇴하고 발렌시아(Valencia)시로 승리하여 입성한다. 그곳에서 그는 왕과 화해하게 되며, 그의 두 딸인 엘비라(Elvira)와 솔(Sol)은 레온(León)의 옛 왕국인 까르리온(Carrión)의 왕자들과 결혼한다. 그러나 이 비겁한 왕자들은 그후 일련의 사건들에 앙심을 품고 자신들의 부인을 때리고 폭행한 뒤, 떡갈나무 숲에 내버렸다. 이 소식을 들은 시드의 요청에 따라, 까르리온의 왕자들을 벌주기 위해 까스띠야의 신분제의회(Cortes)가 소집되어 두 왕자는 응징을 받는다. 이 시는 시드의 두 딸이 아라곤(Aragón)과 나바라(Navarra)의 왕자들과 새로운 결혼식을 올리는 것으로 마무리되며, 이를 통해 시드는 명예를 회복하게 된다.

3) 〈루까노르 백작〉

환 마누엘(Juan Manuel, 1282~1348)의 〈루까노르 백작〉(El Conde Lucanor)은 교훈적인 단편들의 모음집이다. 가령, 〈아들과 함께 가는 한 선량한 남자에게 일어난 일에 관하여〉는 이 책의 단편들 중의 하나로, 아들과 당나귀를 데리고 시장에 가고 있던 남자에게 일어나는 일을 서술하고 있다. 둘은 걸어가고 있었다. 그리고 당나귀는 짐을 싣지 않은 채였다. 몇몇 사람들이 지나가며 아버지와 아들이 당나귀를 타지 않고 걸어가는 것을 보고 바보 같은 일이라고 얘기했다. 그러자 아들이 올라탔다. 그후 또 몇몇 사람들이 지나가며, 늙은 아버지가 걸어가시는데 아들이 당나귀를 타고 간다고 아들을 비난하였다. 그러자 아들이 내리고 아버지가 탔다. 또 다른 사람들은 어린 아들이 걸어가는 것이 좋지 않다고 말했다. 그리하여 둘은 함께 당나귀에 올라탔다. 그러나 또 다른 사람이 그들이 가련한 짐승에게 잔인하게 군다고 말했다. 이미 그토록 많은 비난에 지쳐, 그 선량한 사람은 각자는 자신이 판단하기에 옳은 일을 하는 것이 더 올바르며, 다른 사람들의 의견은 중요하지 않다는 것을 깨닫는다. 그 이유는 타인의 일에서 결점을 발견하는 사람은 항상 존재하기 때문이다.

4) 성모 마리아에 대한 찬가들

이러한 종교적인 내용의 시가들은 성모 마리아에 대한 찬가들(Cantigas de Santa María, 13세기)로 갈리시아어—포르투갈어(gallego-portugués)로 노래 불려졌다. 현왕 알폰소 10세(Alfonso X, 1221~1284)는 그것들을 정리하여, 정신세계의 표본으로 뿐 아니라 지적이고 예술적인 작품으로 기록되게 하였다. 이 찬가들은 초기 갈리시아문학의 주옥 같은 작품들로, 성모 마리아의 기적들을 이야기하고 있다. 이 작품은 스페인의 종교문학에서 매우 전형적인, 성모 마리아에 대한 숭배를 지속시키는 데 기여하였다. 오늘날까지도 이 노래들은 교회에서 불리어지고 있으며, 갈리시아지방에서는 특히 널리 유포되어 있다.

5) 〈연서〉

환 루이스(Juan Ruiz, 1283~1350)는 구아달라하라(Guadalajara)지역

의 이따(Hita) 마을의 수석 사제였으며, 뚜렷하게 밝혀지지 않은 이유들로 13년 동안 감옥에 있었다. 그의 걸작품 〈연서〉(El libro de buen amor, 1330~1334)는 교훈적이고, 서정적이고 그리고 서술적인 시(詩) 작품의 정수를 보여준다. 이 작품은 주제들과 특색 면에서 한 사람씩 이야기하는 형식을 취한 쵸오서(Chaucer)의 〈캔터베리 이야기〉(Canterbuery Tales)와 유사점을 가지고 있다.

〈연서(戀書)〉는 종교적인 열정과 동시에 삶의 희열이 함께 존재하는 작품으로, 포도주, 노래, 자연과 여자 등이 주요한 요소로 등장한다. 처음에 주인공은 어떤 여성도 그를 사랑하지 않았기에 실의에 빠진다. 그러나 후에 유명한 뚜쟁이인 뜨로따꼰벤또스(Trotaconventos, 뚜쟁이를 의미)의 도움으로, 사랑을 얻게 된다. 환 루이스는 스페인에서 가장 오래된 유머작가—시인이라고 할 수 있으며, 이 작품의 의도에 대해서는 많은 논란이 일어 왔다. 몇몇 사람들은 쾌락과 감정에 관한 그의 잔사늘이 맹복적인 사랑 또는 세속적인 사랑에 대한 우회적인 비판이라고 해석하고 있으나, 또 다른 이들은 이 작품에서 남녀 간의 관능적인 사랑에 대한 예찬을 발견하기도 한다.

아, 하느님, 엔드리나(Endrina)아씨가 너무나 아름답게
광장을 걸어오고 있습니다!
아, 얼마나 늘씬한가, 얼마나 요염한가, 얼마나 긴 백로의 목인가!
얼마나 고운 머릿결, 얼마나 조그만 입,
얼마나 고운 피부색인가, 얼마나 행복한가!
사랑의 화살로 시선을 마주칠 때마다 모든 이들의 가슴을 아프게 하네.

6) 띠랑트 로 블랑

세계문학사상 가장 유명한 기사도 소설들 중의 하나가 띠랑트 로 블랑(Tirant lo blanc, 1490)으로 이 작품은 발렌시아인 조아놋 마르또렐(Joanot Martorell, 1410~1468)에 의해 까딸루냐어로 쓰여졌다. 〈동끼호떼(Don Quijote)〉의 저자 미겔 데 세르반떼스(Miguel de Cervantes)에 따르면, 띠랑트는 세계에서 가장 좋은 책이며, 그 이유는 기사들이 "먹고, …… 자고, 자신들의 침대에서 죽고, 죽기 전에 유언을 남기는" 현실적인 방식으로 묘사되어 있기 때문이다. 이 작품은 거대한 비잔틴의 도시 콘스탄티노플을 두고 회교도인 터키인들과 그리스도인들 사이에 일어나는 전쟁을 다루고 있다. 영웅 띠랑트는 용감하게 싸우고 열정적으로 사랑하는 인물이다. 그러나 그가 유일한 등장인물은 아니며, 그 외에도 아가씨들, 기사들, 공주들, 색정적이고 음흉한 여자황제, 군인들 그리고 일반인들이 등장한다. 이 작품은 비잔틴 궁정의 일상생활에 관해 자세히 서술하고 있으며, 그 서술방법이 매우 근대적이어서 커다란 관심을 불러일으켜 왔다. 이 작품은 궁정의 일상생활에 관한 사실주의적인 이야기뿐만 아니라 나아가, 전투 장면들과 함께, 가끔은 에로틱한 연애 장면들로 가득하다.

7) 〈셀레스띠나〉

스페인 중세문학의 가장 위대한 작품들 중의 하나인 〈셀레스띠나〉(La Celestina)는 1499년에 출판되었다. 이 작품은 드라마의 형식을 갖추고 있으나, 보는 이의 시각에 따라서는 대화체 소설 작품으로 읽혀질 수 있다. 페르난도 데 로하스(Fernando de Rojas)에 의해 쓰여진 이 작품은 중세와 르네상스 사이의 전환기 작품이라고 평가되고 있다.

이 작품의 내용을 간략하게 간추려 보면, 남자주인공인 깔리스또(Calixto)의 이야기로, 그는 여자주인공인 멜리베아(Melibea)를 열정적으로 사랑하고 있다. '연서'의 뜨라따곤벤또스(Trataconventos)와 유사한 뚜쟁이 셀레스띠나 덕분에, 깔리스또와 멜리베아는 멜리베아의 정원에서 밤에 몰래 만나게 된다. 그러한 밤의

〈셀레스띠나〉

방문을 수 차례 한 이후, 깔리스또는 우연히 사다리에서 떨어져 죽게 된다. 그러자, 멜리베아는 절망하여 자살을 하게 되고, 그렇게 이 작품은 끝나게 된다.

셀레스띠나의 장점은 서스펜스와 음모들로 가득한 줄거리와 인간적인 열정들을 그리는 사실적인 묘사에 있다. 작품 속의 인물들은 활력과 생동감으로 가득 차 있으며, 문체는 고전적이나, 테마들은 새로운 것이었다고 할 수 있다. 셀레스띠나에 등장하는 많은 사상들과 격언들은 오늘날까지도 스페인어에 남아 있다. "내가 좋게 말하는 것은 하고, 나쁘게 말하는 것은 하지 말아라", "제자가 되어보지 못한 사람이 선생이 되겠다고 생각하는 것은 비참한 일이다", "각자는, 그곳에서 겪은 대로, 시장축제에 대해 얘기한다", "네가 아무리 빨리 일어난다 해도, 날은 더 빨리 새지 않는다" 등등의 표현들은 아직까지도 스페인

사람들이 즐겨 인용하는 말들이다.

8) 로망스시가(詩歌)들

14세기 이후, 스페인 민족은 로망스시가(romance)라 불리는, 작자 미상의, 오래된 시가들을 노래하였다. 최초에 유랑시인들은 그것들을 광장이나 시장에서 불렀었다. 스페인 민족은 그것들을 계승 발전시켜 왔으며, 구전으로 이전 세대에서 이후 세대로 전파되어, 그렇게 오늘날까지 이어지고 있다. 아직까지도 이런 시가들은 스페인, 중남미, 미국의 남서부 그리고 세계적으로 널리 분포되어 있는 스페인계 유태인들 사이에서 불리어지고, 암송되어진다. 4 또는 5세기가 지난 후에도, 이 시가들은 그 당시와 같은 신선함을 유지하고 있다.

오래된 로망스시가들이 몇몇 있긴 하지만, 로망스시가들의 대부분은 15세기와 16세기 전반 동안에 쓰여졌다. 16세기 후반에 로만세로(romancero)라 불리는 많은 로망스시가집들이 편찬되었다. 스페인의 로만세로는 황금세기부터 오늘날까지 스페인과 외국의 작가들에게 끊임없는 영감의 원천이 되어 왔다. 로망스시가들의 테마들은 다양하며, 몇몇은 역사적 내용이고, 다른 것들은 픽션물이거나, 기사도적이거나 서정적이다. 가끔은 역사적인 면과 가공적인 면 사이에 구분이 어려운 경우도 있으며, 그 예로, 시드(Cid)의 무훈들은 로망스시가들과 중세의 연대기들에 나타난다.

3. 중세 스페인 문화예술

일반적으로 유럽의 중세(Edad Media)를 암흑의 시대라고 불러 왔으나, 사실은 예술과 다른 문화부문에 있어서는 매우 찬란하였다고 볼 수 있다. 아랍인들의 동양적 환상이 함께 하던 중세에 그리스도교 예술은 종교에서만 유일한 영감을 찾고 있었다. 유럽의 도처에 장엄한 대성당들이 세워졌으며, 그 건축기간도 가끔 수세기 동안 지속되었다. 스페인에도 200개 이상의 일급 대성당들과 사원들이 존재하고 있다.

1) 로마네스크양식

중세 스페인에서는 다양한 건축양식들이 도입되었다. 11세기에서 13세기까지는 로마네스크양식이 지배적이었으며, 이 양식은 유럽의 다른 국가들에서 산띠아고 데 꼼뽀스뗄라(Santiago de Compostela)로 오고 있었던 순례객들의 행렬이 지속됨에 따라 스페인에 도입되었다. 로마네스크양식의 성당들은 원초적 환희를 표현하는 인간과 동물들의 형상들로 장식된 둥근 천장으로 이루어져 있으며 견고하고 어둡다. 로마네스크양식의 건물들은 매우

산띠아고 데 꼼뽀스뗄라 대성당

많으며, 그 중 대표적인 예가 중세에 많은 그리스도교 순례자들의 목적지인 산띠아고 데 꼼뽀스뗄라시에 건설된 산띠아고 데 꼼뽀스뗄라의 대성당으로 매우 인상적이다. 이 대성당은 그 높은 탑들과 웅장한 정면을 거느린 채 도시를 굽어 내려보고 있다. 또 같은 도시의 카톨릭 국왕부처의 병원도 이 양식으로 되어 있으며, 이 건물은 세계의 모든 지역들에서 산띠아고 데 꼼뽀스뗄라에 도착하고 있었던 수많은 순례자들을 위한 안식처였다. 후에 스페인 정부는 이 건물을 '카톨릭 국왕부처의 여관(Hostal de los Reyes Católicos)'이라고 불리는 숙박소로 바꾸었다. 아라곤(Aragón)왕국의 국왕부처를 매장한 따라고나(Tarragona) 지방의 뽀블렛(Poblet)사원도 로마네스크양식으로 되어 있다.

2) 고딕양식

고딕양식은 13세기에, 로마네스크양식이 함께 존재하는 상태에서 융성하기 시작했다. 말하자면, 많은 유적들이 고딕, 로마, 심지어는 아랍 예술 양식의 혼합으로 이루어졌다는 사실을 뜻한다. 고딕양식의 건물은 외부에 뾰족 아치와 부벽(扶壁)들로 이루어져 있으며, 이 부벽들은 성벽을 얇게 만들 수 있도록 해주었다. 또한 크고 두꺼운 색깔이 있는 유리 창문들과 첨탑들이 많으며, 이 뾰족한 첨탑들은 하늘에 닿기를 원하는 것 같은 분위기를 자아낸다. 이러한 고딕양식의 건축물들이 부르고스(Burgos), 레온(León) 그리고 똘레도(Toledo)시에 있는 대성당들로, 모두 훌륭한 예술품들이다.

세비야(Sevilla)시의 대성당은 그리스도교 세계의 가장 장엄한 사원들 중의 하나로 고딕양식으로 되어 있다. 이 대성당에서 가장 눈길을

똘레도시의 대성당

세비야시의 대성당

끄는 것은 오래된 아랍식 탑인 히랄다(Giralda)탑으로, 그 넓직한 나선형 경사길을 따라 심지어는 말까지도 마차를 끌고 올라갈 수 있다. 히랄다는 처음에는 아랍의 회교사원이 있었던 자리에 건설되었는데, 회교사원 건축물 중 유일하게 탑이었던 히랄다만 남게 되었고, 오늘날에는 세비야대성당의 종루로 사용되고 있다. 종루의 윗부분은 1568년 추가되었으며 르네상스식으로 되어 있다. 히랄다는 스페인이 소유하고 있는 매우 소중한 보석이라 할 수 있다.

세비야대성당의 히랄다

3) 무데하르식 건축

무데하르(mudejar)식 건축은 그리스도인 치하의 영토 내에 살고 있던 미개종 아랍인들의 양식이다. 무데하르양식은 고딕과 아랍적 요소들의 독창적인 배합이라고 볼 수 있으며, 오늘날까지도 반도와 아메리카의 스페인식 건축에서

산 마르띤 탑

나타나는 타일들의 우아한 사용과 색의 조화로운 이용에서 그 흔적을 찾아볼 수 있다. 똘레도(Toledo)에 있는 알깐따라(Alcántara)다리는 유럽에 남아 있는 매우 드문 무데하르식 예술의 아름다운 건축품이다. 또한 아라곤지역의 떼루엘(Teruel)에 있는 산 마르띤 탑도 무데하르양식의 대표적 건축물로, 벽돌과 투명한 도기는 매우 풍부한 장식미를 보여주고 있다.

4) 중세 스페인의 성(城)들

중세에는 종교심에 불타 많은 대성당들을 건축하였으며, 또한 중세 기사도 정신도 크게 부상하여 사회전반에 군사적 면에서의 입김이 강하게 작용하였다. 한마디로, 스페인 중세의 삶은 종교와 기사도로 충만하여 있었다. 이러한 군사적 중요성은 귀족들이 적들에 대항하여 자신들을 방어하기 위해 건설하였던 많은 성(城)들, 거주지들과 봉건적 요새들에 잘 반영되어 있다. 오늘날, 까스띠야와 스페인 내의 여타 모든 지역에서 거대한 성벽들과 중세적 모습을 지닌 오래된 인상적인 성(城)들을 감상할 수 있다. 모든 지역은 여러 개의 성들을 지니고 있으며, 몇몇은 잘 보존되어 있으나, 다른 것들은 폐허가 되어 있다. 이러한 성들의 몇몇은 숙박소라고 불리는 호화로운 호텔들로 바뀌어 있다. 예들 들어, 카톨릭교도인 이사벨 여왕이 거주지로 사용하였던 까스띠야—레온(Castilla-León)의 메디나 델 깜뽀(Medina del Campo)에 있는 모따(Mota)성이 유명하다.

많은 도시들이 그 당시에는 완전히 성벽들로 둘러싸여 있었다. 가장 잘 보존된 예로는 까스띠야의 도시 아빌라(Ávila)시이다. 8개의 출입

세고비아의 성

아빌라시의 성벽들(야경)

문을 지닌 아빌라시의 인상적인 성벽들은, 아랍인들 치하의 도시를 재정복한 뒤, 알폰소 6세가 건설하였다. 도시는, 전장 약 6km에, 높이 40피트, 두께 10피트로 12세기에 건설된 성벽들로 둘러싸여 있으며, 오늘날 지구상에 존재하는 가장 중요한 중세의 군사적 건축물이다.

제7장

황금세기 문화예술 I

| 스페인의 황금세기 |

　카톨릭 국왕부처의 재정복전쟁의 완수와 더불어 스페인에서 중세가 종말을 고하게 되었고 르네상스(Renacimiento)가 시작되었다. 15세기 유럽의 여타 지역에서는 봉건적인 정치체제가 지배하고 있었던 반면에 스페인에서는 국토의 통일이 이루어졌고 근대적인 국가 조직이 형성되었다.

　16세기와 17세기에는 반도의 통일과 더불어 신대륙 발견과 이어지는 정복과 식민지화로 스페인 제국이 형성되어 생활이 더욱 풍요로워지고 문학활동이 활발하였던 스페인의 황금세기가 도래하게 되었다. 신대륙에서 유입되는 금은 이 시대 스페인 제국의 경제석인 부를 의미하고 동시에 훌륭한 문화예술의 기틀이 되었던 것이다. 이 시대의 뚜렷한 2개의 문화적인 흐름은 르네상스(Renacimiento)와 바로크(Barroco)였다.

　먼저 이 시대의 역사적 흐름을 간략하게 살펴보고 시작하는 것이 이해를 하는 데 많은 도움이 되리라 생각된다.

1481~1820	카톨릭 국왕부처에 의해 확립된 종교재판이 지속된 기간
1492	반도 통일, 신대륙의 발견, 〈스페인어 문법〉 출간, 유태인들의 추방
1516~1555	오스트리아의 까를로스 5세(=스페인의 까를로스 1세)의 통치기
1519	아스떼까왕국(멕시코)의 정복
1524~1534	잉카제국(페루)의 정복
1555~1598	펠리뻬 2세의 통치기
1571	레빤또해전
1588	무적함대의 패배
1598~1700	제국의 몰락(펠리뻬 3세, 펠리뻬 4세 그리고 까를로스 2세)

1. 절대주의 왕정의 성립

이미 앞에서 살펴보았듯이, 중세시대 스페인은 이슬람 세력의 위협에 대한 서구문명의 방패막이 역할을 하였으나, 소국(小國)들로 분열된 채 재정복전쟁에 몰두하여, 유럽 내에서 주도권을 잡지 못하고 있었다. 이후 스페인은 현왕(賢王) 알폰소 10세(Alfonso X, 1221~1284)가 나폴리를 정복함으로써 지중해로 진출하게 되었고, 시칠리아, 세르데냐, 동방(Oriente)에까지 영향력을 확대하게 되었다.

14세기 후반 스페인에서는 재정복전쟁 와중에서 까스띠야(Castilla)왕국과 아라곤(Aragón)왕국이 두각을 나타냈으며, 1479년 아라곤왕국의 페르난도(Fernando) 2세와 까스띠야왕국의 여왕 이사벨(Isabel I, la Católica, 1451~1504)이 결혼을 함으로써, 스페인의 통일이 이루어졌다. 카톨릭 교도인 이들 국왕부처가 1492년 스페인에 남아 있던 아랍 세력의 마지막 거점인 그라나다왕국을 점령함으로써 스페인은 절대주의 왕정 시대에 진입하게 되었다.

이사벨 여왕

까스띠야왕국과 아라곤왕국에서는 이미 13세기부터 왕이 귀족의 저항에 대처하기 위하여, 반(反)귀족적인 인물 또는 왕실지지자로 이루어진 가신단(家臣團)회의를 운영하였고, 신분제 의회인 꼬르테스(Cortes)를 만들어 통치하고 있었다. 이 같은 왕권의 도시제휴정책을 계승하여 카톨릭 국왕부처는 신성도시동맹(神聖都市同盟, Santa Hermandad)을 결성하고, 동맹도시에 재판권과 경찰권을 부여함으로써 도시는 귀족을 대신하여 왕의 군사 및 경찰력의 핵심이 되었고, 왕에게 충성하는 시민출신의 새 귀족층이 형성되었다. 한편, 카톨릭 국왕부처는 성채 파괴 등으로 귀족을 억압하고, 부재지주화하거나 또는 궁정귀족으로 만들기 위해 군인 및 관료로 임명하고, 군사체제와 통치기구를 정비하였다. 따라서 15세기 후반 왕권은 강화되고 초기의 꼬르테스는 무력화되어 절대주의 왕정이 이루어지게 되었다.

1492년 10월 12일 이사벨 여왕의 후원하에 콜롬부스(Cristóbal Colón)가 신대륙을 발견한 이후 스페인은 남북아메리카의 식민지를 독점하게 되었고, 16세기에 멕시코와 페루에서 은광이 발견되어 원주민의 강제노동에 의해 생산된 값싼 은을 다량 확보하였다. 나아가 신대륙은 모직물 등 공업제품의 수출시장이 되었고, 16세기 중반에는 모직물이 까스띠야를 중심으로 대량생산되었다. 1516년 페르난도—이사벨 국왕부처의 외손자가 합스부르크가(家)의 까를로스 5세(독일 황제겸 스페인의 국왕, 스페인에서는 까를로스 1세로 불려짐)로 즉위하였으며, 그의 치하에 스페인 본국, 식민지, 독일의 합스부르크령(領), 네덜란드 및 이탈리아령이 통합되어 태양이 지지

까를로스 5세

않는다는 스페인 제국이 출현하였다. 까를로스 5세(Carlos V)는 신분제의회인 꼬르떼스를 약화시키고, 왕권과 도시 상층부에 저항하는 시민반란을 1521년 진압하였다.

까를로스 5세 시절 국력이 절정에 달하였으며, 카톨릭 교도들의 지원을 받아 스페인은 유럽에서 지배적 위치를 확보하였다. 제국주의의 유지를 위해 신교도들 및 터어키인들에 대항하여 카톨릭을 수호하였고, 그리스도교적 이상과 단결을 추구하고 신대륙에 복음을 전파하게 된다.

1556년부터의 펠리뻬 2세 시대는 스페인의 황금세기임과 동시에 몰락이 시작된 시대였다. 스페인은 모직물에 기초한 신대륙 무역의 독점으로 국력을 유지하였으나 상거래가 특권을 누리던 무역상 길드의 지배하에 있어서 발전에 한계를 드러내고 있었다. 그러나 영국과 네델란드에서는 이러한 모직물 생산이 자유생산체제로 이루어져 스페인을 크게 앞지르게 되었다. 따라서 스페인은 식민지의 부(富)가 유럽으로 유입되는 단순한 중간 루트로 전락하게 되고, 스페인 내의 산업은 쇠퇴하게 되었다. 펠리뻬 2세는 이러한 상황을 타개하고 네델란드에 부(富)가 집중되는 것을 막고자 통제와 세금징수를 강화하였으나, 오히려 네델란드로부터의 독립전쟁을 불러일으키게 되었다. 스페인의 독주를 견제하고자 하던 영국의 엘리자베스 여왕은 네델란드를 지원하였으며, 이에 격분한 펠리뻬 2세가 1588년 영국을 공격하기 위해 파견한 무적함대(Armada Invencible)가 영국 해군에 격파되어 스페인은 몰락의 길을 걷게 되고 영국은 부상하게 되었다. 그 후 '30년 전쟁'(1618~48), 부르봉(Borbón)왕조의 스페인 지배에 따른 스페인왕위계승전쟁(1701~14) 등으로, 신흥 해상국가인 영국과 네델란드는 크게 번창하였으나, 스페인은 더욱 몰락하게 되었다.

그러나, 이 국력 쇠퇴기에 문화적으로는 오히려 황금시대를 맞이하여, 16세기 말부터는 세계적 걸작인 〈동끼호떼〉를 쓴 미겔 데 세르반테스(Miguel de Cervantes), 연극부분에서 유럽을 매혹시켰던 로뻬 데 베가(Lope de Vega) 등의 문학자, 엘 그레코(El Creco), 벨라스케스(Velázquez), 무릴료(Murillo) 등의 유명 화가들이 활약하였다.

2. 스페인어의 번영

안또니오 데 네브리하(Antonio de Nebrija, 1444~1522)가 〈스페인어문법〉(1492)을 집필하고 콜롬부스가 신대륙을 발견(1492년 10월 12일)함으로써 정치적 제국주의와 연계된 언어적 제국주의가 등장하게 되었다. 쁘란시스꼬 데 메디나(Francisco de Medina)는 1580년 레빤또(Lepanto)해전의 승리를 지켜본 뒤, 스페인 군대의 깃발이 승리하여 들어가는 최후의 지방에서까지도 새롭고 놀라운 스페인어의 위대함을 이해하게 될 것이다라고 주장했다. 실제로, 신대륙 정복이 완료되자, 펠리뻬 2세(Felipe II)는 라틴어나 그리스어와 비할 바 없을 정도로 태양이 비치는 모든 지역에 스페인어를 보급하고 알리는 데 성공하였다.

안또니오 데 네브리하

16세기 들어, 까딸루냐어가 급격히 쇠퇴하고 스페인어(까스띠야어)가 발전하게 된다. 국가의 정치적 통일, 타 지역과의 의사소통의 필요성, 외국과의 교류 및 궁정에서 스페인어가 사용되었으며, 까딸루냐어(catalán)는 가족 내 언어로 전락되었다. 따라서, 문학에서는 스페인어로만 작품이 쓰여졌으며, 각 지방 출신 작가들도 스페인어를 사용하게 되었으며, 심지어는 포르투갈에서도 스페인어가 생소하지 않게 되었다. 반면, 당시의 언어 상황을 살펴보면, 르네상스의 풍요로움은 라틴어를 즐겨 사용하도록 하였으며, 교리를 표현한 작품들에서도 라틴어가 사용되었고 인문주의자들 사이에는 라틴어에 대한 열망이 있었다. 그러나 동시에 스페인어도 함께 사용되었다. 가르실라소(Garcilaso), 발데스(Valdés) 등에 의해 다듬어지기 시작한 스페인어는 문학상 시대에 따라 상이한 특징을 지닌 채 발전되어 왔다. 16세기에는 자연스러움과 어휘선별이 척도로 작용했고, 17세기에는 장식성과 기교에 기준을 두었다.

이 시기 스페인 문화예술의 영향은 이탈리아의 나폴리와 밀라노에서 대단한 반향을 일으켰으며, 프랑스에서도 루이 13세, 14세의 통치기인 19세기를 통해서 맹위를 떨쳤다. 스페인의 기사도 정신은 르네상스의 전형으로 구체화되었으며, 〈셀레스띠나〉(Celestina) 등 스페인 문학작품들이 여러 외국어로 번역되었다. 그후 프라이 루이스 데 레온(Fray Luis de León), 산따 떼레사(Santa Teresa), 산 환 데 라 끄루스(San Juan de la Cruz), 세르반떼스(Cervantes), 17세기의 연극 등은 전 유럽에서 찬사의 대상이었으며, 그 중 로뻬 데 베가(Lope de Vega)의 연극은 많은 연극무대에서 갈채를 받았다. 한 예로, 당시 이탈리아와 프랑스에서 희곡 상연가들은 수입 증대를 위해 포스터에 로뻬 데 베가의 작품이라고 기록했으며, 이것만으로도 대성황을 이루었다.

당시 유럽의 대도시 인쇄물에는 스페인 문학작품을 스페인어로 출판, 보급하는 경향이 지배적이었고, 스페인어는 유럽에 널리 보급되었다. 이탈리아와 프랑스에서는 귀부인과 신사의 스페인어 구사능력이 교양의 척도가 되었으며, 16~17세기 동안 많은 스페인어 문법서가 외국에 등장하였다. 또 많은 아메리카 원주민 어휘들이 스페인어를 통해 여러 유럽언어에 유입되었다. 까를로스 5세는 스페인어를 높이 평가하여, 귀부인들과 대화할 때는 이탈리아어를, 사교를 위해서는 불어를, 하나님과의 대화를 위해서는 스페인어를 사용하는 것이 적절하다고 얘기하였다. 당시 스페인어는 국제어로 부상되었으며, 만일 까를로스 5세의 퇴위와 함께 스페인과 독일의 왕실이 분리되지 않았다면, 국제어로 자리를 굳혔을 것이다.

3. 종교재판과 유태인들의 추방

유태인들은 아랍인들의 이베리아반도 침략 이전에 반도에 이주하여 정착하였다. 그들은 기원전에 아프리카 북부로부터 스페인에 도착하기 시작하였다. 기원 후 70년에 티토(Tito) 대제가 예루살렘을 파괴하자 유태인들은 지중해 연안으로 흩어졌으며, 그 중 상당수가 이베리아반도에 도착하게 되었다. 그러나, 대부분의 유태인들은 11세기 아랍인들의 지배시기에 도착하였다. 유태인들은 자신들의 새로운 조국을 '세파라드(Sefarad)'라 불렀으며 여기서 '세파르디(sefardí, 스페인계 유태인)'라는 이름이 유래하였다.

그들은 자신들만의 특별구역인 후데리아(judería)에서 고유의 종교, 언어 및 풍속들을 지닌 채 살았으며, 그들만의 독특한 유태계─스페인 문화를 창조하였다. 이들은 아랍인들의 이베리아반도 침략 시기에, 레까레도(Recaredo)에 의해 공포된 정교통합으로 불안에 떨던 중, 침략자들에게 협력하게 되었다. 그들은 아랍인들이 거대한 영토를 조직적으로 통치할 수 있도록 여러가지 정보와 심지어는 군사적 도움까지 주었다.

카톨릭 국왕부처는 국토의 통일과 더불어 스페인의 종교적 통일을 열망하고 있었다. 대부분의 스페인 사람들은 그리스도인들이었으나 또한 유태인들도 많았으며, 그때까지 자유롭게 자신들의 종교를 숭배할 수 있었던 개종자들이 있었다. 아랍인들 지배하의 스페인에서 널리 퍼져있던 종교적 관용의 정신을 그리스도인들은 수용하지 못하였다.

카톨릭 국왕부처는 교리 면에서 기독교를 신봉하지 않는 사람들을 단죄하고자 1481년 종교재판소(Tribunal de la Inquisición)을 설립하여 이단자들을 찾아내 벌주는 일을 맡겼다. 그러나 이러한 행위로는 의도한 목적들을 완수할 수 없었으므로, 카톨릭 국왕부처는 1492년 모든 미개종 유태인들을 스페인에서 추방하도록 명령하였다. 이러한 비인도적인 조치로 16만 5천 명의 유태인들이 추방되었으며, 개종한 약 5만 명만이 반도에 머물게 되었다.

유태인들은 나름대로 노력하며 국가의 번영에 이바지하였는데, 어떤 이들은 은행업을 꾸렸으며, 또 다른 이들은 위대한 의사들이었으며, 그리고 많은 유태인들이 정부 내에서 중요한 행정요직들을 점하고 있었다. 이들의 추방은 스페인에 있어서 커다란 손실이었다. 오늘날 세파르디(sefardí)라고 불리는 스페인계 유태인들이 여러 그룹들을 이루어 유럽의 남부, 터어키, 아프리카 북부, 이스라엘 그리고 미국에 살고 있다. 비록 5세기전 이래 스페인에서 살고 있지는 않지만, 아직도 그들의 가정 내에서는 후데오에스빠뇰(judeoespañol)이라고 불리는 15세기의 스페인어를 사용하고 있다.

유태인들 외에도, 모리스꼬(morisco)라고 불리는 아랍인들이 재정복 전쟁 완료 후 계속 스페인에 머물렀다. 이들 중 많은 사람들은 계속 회교를 신봉하였으나, 다른 이들은 강요에 못 이겨 그리스도교로 개종하였다. 아랍인들은 농업에 종사하였으며, 그리스도 귀족들의 토지들을 매우 잘 경작하였다. 17세기 초에 이들 아랍인(일명 무어인)들 역시 약 40만 명이 종교적인 이유들 때문에 스페인에서 추방되었고, 농업은 거의 포기 상태에 놓이게 되었다.

4. 콜롬부스의 신대륙발견

콜롬부스

아메리카는 남북아메리카 및 주변의 섬들을 포함하면 전세계 육지 면적의 31%(약 4,221만km²)를 차지하고, 지리적으로 북아메리카(캐나다, 미국, 멕시코), 중앙아메리카 그리고 남아메리카로 구분되며, 일명 신대륙 또는 신세계(Nuevo Mundo)라고 불린다. 원래의 주민들은 아시아에서 북상하여 베링해협을 건너, 아메리카에 이주한 인디언과 소수의 에스키모인이었다. 11세기경 북유럽의 바이킹이 그린란드에서 북미의 동북해안에 도달하여 그 존재가 유럽에 알려지게 되었으나, 그 점령은 수세기 후에 이루어지게 된다.

본격적인 신대륙 탐험은 콜롬부스(Cristóbal Colón, 1451. 8. 26?~1506. 5. 21, 이탈리아명 Cristoforo Colombo)에 의해 이루어졌다. 그는 이탈리아 제노바 태생으로, 1477년 포르투갈에 출현할 때까지의 행적은 미궁에 가려 있으나, 상당한 지식을 겸비한 항해사라고 여겨진다. 그는 자신을 결코 제노바인으로 여기지 않았으며, 제노바로 돌아가지도 않았다. 글도 이탈리아어로 쓰지 않고 항상 스페인어로 썼다. 그의 부모는 1300년대~1700년대까지 스페인이 제노바를 지배하던 기간에 그곳으로 간 스페인 상인이었다. 1479년 포르투갈에서 선장의 딸과 결혼하였는데, 장인의 영향으로 해도제작(海圖製作)에 참여하였다. 그는 궁리 끝에 서쪽으로 대양을 가로질러 항해하여도 인도에 도착할 수 있을 것으로 결론짓게 되었다.

1484년 포르투갈 왕 환 2세(Juan II)에게 대서양 항해를 위한 지원을 요청하였으나, 아프리카 남단의 희망봉을 통한 항로를 이미 준비 중인 왕은 거절을 하였다. 그해 그는 스페인으로 가서 지원을 요청하였으나, 당시 스페인은 재정복전쟁(Reconquista)으로 여념이 없어 그의 요청이 무산되자 다시 포르투갈로 돌아갔다. 그는 이후 제노바(Genova), 베네치아(Venecia), 프랑스, 영국에도 지원을 요청하였으나 좌절되자 다시 스페인으로 오게 되었다.

스페인은 당시 까스띠야와 아라곤으로 구분되어 있었으며, 까스띠야여왕 이사벨 1세와 아라곤왕 페르난도 2세가 까스띠야를 공동으로 통치하고, 아라곤은 페르난도가 단독통치하고 있었다. 이사벨과 페르

〈콜롬부스―카톨릭 국왕부처 알현 장면 벽화〉
이사벨 여왕이 페르난도 국왕 옆에서 콜롬부스의 지도 설명을 경청하고 있다.

난도 카톨릭 국왕부처는 해외 진출에 관심을 갖고 있던 터라, 1492년 4월 17일 이사벨이 콜롬부스를 지원하기로 결정하였다. 계약서에는 "콜롬부스는 발견한 영토의 부왕(副王, virrey) 및 총독으로 임명될 것이며, 이 직책과 특권(산물의 1/10)은 후손에게 계승된다"는 내용을 담고 있었다.

드디어 이사벨 여왕은 자금과 2척의 범선, 삔따(Pinta)와 니냐(Niña)를 지원하고, 전과(前科)를 말소해 준다는 조건으로 승무원을 모집할 수 있게 하였다. 또한 부유하고 유능한 선장인 빨로스(Palos) 항의 삔손이 자신의 선박 산따 마리아(Santa María)호와 함께 참가하였다. 첫 항해는 120명의 승무원으로 스페인 남부 도시 우엘바(Huelva)시 동쪽 지역이었던 빨로스 데 모겔(Palos de Moguer)에서 1492년 8월 3일 출발하여, 같은 해 10월 12일 현재의 바하마군도의 구아나하니(Guanahaní)로 추정되는 섬을 발견하였다. 이어, 쿠바와 현재의 도미니카공화국의 산또 도밍고(Santo Domingo)에 도달하였다. 콜롬부스는 이곳을 인도(India)의 일부라고 생각하였다. 아이티에 약 40명을 주둔시켰으며, 1493년 3월에 귀국하여 카톨릭 국왕부처로부터 신세계의 부왕으로 임명되었다. 그가 신대륙으로부터 가져온 금제품은 전 유럽의 화제 거리가 되었다.

1493년의 두 번째 항해는 17척의 배에 1,500명의 승무원으로 구성된 대(大) 선단으로, 대부분이 그의 선전에 고무되어, 금을 찾아 나선 사람들이었다. 현재의 도미니카공화국의 산또 도밍고에 남겨 두었었던 주둔자들은 전멸해 버렸으나, 콜롬부스는 식민지 총독으로서 이사벨라시를 건설하고, 토지를 스페인 경영자들에게 분할해 주고, 인디오들에게는 공납과 경작, 금 채굴을 명령하였다. 그러나 금의 산출량이 기대 이하로 판명되자, 스페인 사람들은 인디오를 학대하거나 살육하고 노예화하였다. 두 번째 항해에서는 도미니카(Dominica), 구아달루뻬(Guadalupe), 안띠구아(Antigua)와 뿌에르또 리꼬(Puerto Rico)를 발견하였으나, 본국으로 보낸 주요 내용이 노예였으며, 이 때문에 1496년 스페인으로 돌아오자 문책을 당하였다.

세 번째 항해(1498~1500)에서는 트리니다드(Trinidad), 토바고(Tobago), 그라나다(Granada)와 남미대륙의 오리노꼬(Orinoco)강 하구를 발견하였으나, 현재의 도미니카공화국의 산또 도밍고에서 내부 반란이 일어나 그의 행정적 무능이 문제되어 본국으로 송환되었다.

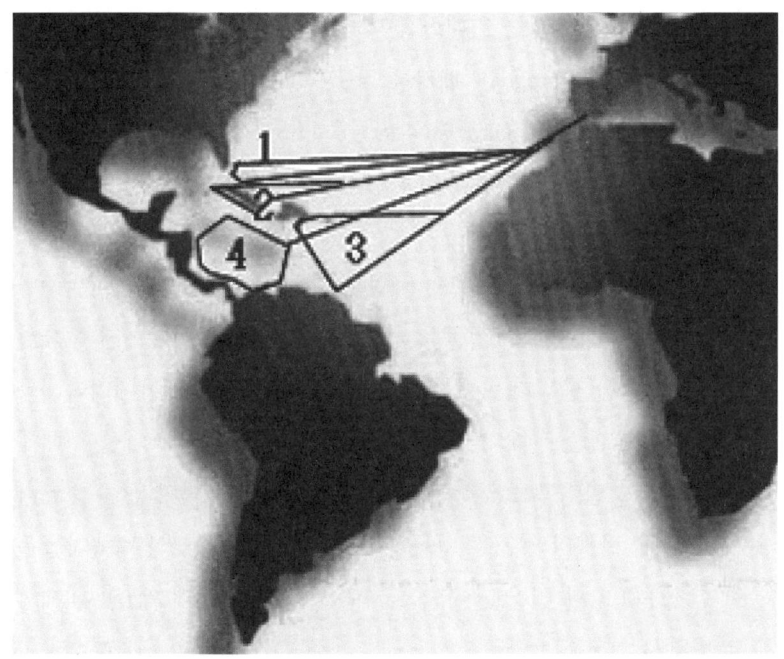

콜롬부스의 네 차례의 항해

 네 번째 항해(1502~1504)는 포르투갈의 항해사 바스꼬 다 가마(Vasco da Gama, 1469~1524)가 인도항로를 발견하자 자극을 받아 항해를 허용한 것으로 추정된다. 이 항해에서는 콜롬부스는 온두라스(Honduras)와 파나마지협을 발견하였으나 가장 힘든 항해를 하고 귀국하였다.

 1504년 이사벨 여왕이 죽자 콜롬부스의 지위는 더욱 몰락하였으며, 그의 직책에 대한 세습도 인정되지 않았다. 그는 1506년 잊혀진 인물이 되어 세상을 떠났으며, 마지막까지 자신이 발견한 땅을 인도라고 믿고 있었다. 최근 1991년 10월 콜롬부스의 후손 중 하나인 끄리스또발 꼴론 데 까르바할(Cristóbal Colón de Carvajal)이 뉴 멕시코를 개인적으로 방문하였다. 그는 위대한 탐험가의 20대 직계후손으로 베라구아 공작(Duque de Veragua), 베가 공작(Duque de Vega) 그리고 하마이까 후작(Marqués de Jamaica)의 작위들을 지녔으며, 그것들은 페르난도와 이사벨 국왕부처가 위대한 탐험가 콜롬부스와 그의 후손들에게 수여한 것이다.

콜롬부스는 탐험가인 외에도, 국왕부처에게 보낸 편지들과 원주민 및 새로운 땅들에 대한 느낌들을 기록한 항해일지로 이루어진 중요한 역사적 기록들을 남겼다. 서인도 항로의 발견의 결과로 아메리카대륙이 유럽인들의 활동무대가 되었고, 또 스페인 사람들에 의한 신대륙 식민지 경영의 밑거름을 구축하였다는 점에 역사적 의의가 매우 크다고 생각된다. 정복의 열기로 가득한 반 세기 동안, 스페인 정복자들은 당시 단지 800만의 인구를 지닌 국가인 스페인을 세계 제1의 대제국으로 변화시켰다.

아메리코 베스푸치오

참고로 덧붙이면, 15세기 말부터 16세기 전반에 많은 유럽인들이 신대륙을 탐험하였으며, 중미와 남미 지역은 스페인과 포르투갈 인들에 의해 그리고 북미는 주로 영국인들과 프랑스인들에 의해 탐험되었다. 1499년 알론소 데오헤다가 이탈리아 탐험가인 아메리코 베스푸치오(Américo Vespucio, 1451~1512)와 함께 베네수엘라를 탐험하였다. 1497년~1502년 사이 신대륙을 네 번이나 항해했던 아메리코 베스푸치오는 신대륙이 인도가 아니라는 사실을 밝혔으며, 1507년 '신대륙'을 집필, 신세계를 유럽에 널리 알렸으며, 이런 연유로 '아메리카'라는 지명이 생겼다고 한다.

브라질의 발견은 포르투갈의 항해사 까브랄(Pedro Alvares Cabral, 1467/8~1520)에 의해 이루어졌다. 스페인인 삔손(Vicente Yáñez Pinzón)이 1500년 최초로 브라질 해안을 밟았으나, 까브랄이 포르투갈의 영토로 선포하였다. 디아스(Bartolomeu Díaz, 1450?~1500)의 희망봉 발견 이후, 포르투갈의 항해사 바스꼬 다 가마(Vasco da Gama, 1469~1524)가 인도항로를 발견하였다. 까브랄은 최초로 조직된 인도파견선단의 대장이 되었다. 1500년 3월 9일 리스본을 떠나 희망봉을 향하다가 풍랑으로 서쪽으로 표류하던 중, 4월 22일 브라질의 서해안에 도달하게 되었다. 그 지역을 포르투갈 왕인 마누엘 1세의 영토로 선포하고, 다시 동쪽으로 항해하여 희망봉을 돌아 인도에 도착하였고 이듬해에 귀국하였다. 1513년 9월 25일에는 뉴네스 데 발보아(Vasco Núñez de Balboa, 1475~1517)가 파나마지협을 통과하여 태평양을 발견하였다.

5. 스페인제국의 탄생

카톨릭 국왕부처의 제국주의적 정책은 이탈리아로 영토 확장의 손을 뻗치게 하였고, 이탈리아반도를 소유하려고 프랑스와 끊임없이 투쟁하고 있었다. 바르셀로나백작국(Los Condes de Barcelona)은 이미 남부지역, 시칠리아섬과 사르디니아(Cerdeña)섬을 점령하였고, 후에 이탈리아의 북부 도시 밀라노도 점령하였다.

펠리뻬 1세

1525년, 스페인은 이탈리아 북부, 빠비아(Pavia)전투에서 프랑스 국왕 프란시스코 1세(Francisco I)를 포로로 잡아, 마드리드의 루하네스탑(Torre de los Lujanes)에 감금하였다.

오스트리아 황제겸 스페인 국왕인 까를로스 5세(스페인에서는 까를로스 1세)는 1516~1555년까지 광대한 제국을 통치하였다. 카톨릭 국왕부처의 딸인 화나(Juana)는 일명 미친 여자(la Loca)라 불리는데, 오늘날의 오스트리아에 있던 합스부르그(Habsburgo) 왕가의, 일명 미남(el Hermoso)으로 불리던 펠리뻬 1세(Felipe I)와 결혼하였는데, 1506년 스페인의 왕위에 올랐다. 전설에 의하면, 비록 그녀의 어머니 가계에 미친 경우들이 존재하였기도 했지만, 화나는 1506년 펠리뻬가 죽자 미쳐 버렸다.

그녀의 아들인 오스트리아의 까를로스 5세(스페인의 까를로스 1세)는 신성로마—게르만제국(Sagrado Imperio Romano-Germánico)의 최후의 보루였다. 카톨릭 국왕부처의 외손자로서, 그는 아메리카, 이탈리아, 오세아니아 그리고 북아프리카의 모든 광대한 영토를 지닌 스페인 왕위를 계승하였다. 일명 미남(el Hermoso)으로 불리던 펠리뻬 1세(Felipe I, 1478~1506)의 아들로서, 그는 오늘날의 네덜란드, 벨기에, 룩셈부르크, 플랑드르, 아르투와(프랑스 북부) 그리고 프랑스 동부의 프랑크—백작지(Franco-Condado)지역까지를 물려받았다. 이런 모든 영토들이 스페인제국을 형성하였고, 그리하여 "스페인의 영토 내에서는 결코 태양이 지지 않는다"라고 사람들은 얘기하게 되었다. 비록 스페인어를 할 줄 몰랐으나, 까를로스 5세는 스페인을 자신의 조국으로 여겼다.

까를로스 5세는 그의 외조부모님인 카톨릭 국왕부처의 제국주의정책과 종교정책을 따랐다. 카톨릭 국왕부처는 스페인과 아메리카의 종교적 통일을 위해 투쟁하였다. 반면에, 까를로스 5세는 유럽의 종교적 통일을 위해 투쟁하였다. 그는 마르틴 루터(Martín Luetro)에게는 관용적일 수 있었으나, 16세기 전반기에 신교개혁이라는 이름 하에 모든 유럽을 지배하고 있던 종교혁명을 이해하지 못하였다. 정치적으로는 관용적일 수 있었겠으나, 종교적 믿음에서는 결코 타협하지 않았다. 그의 라이벌들인 프랑스의 프란시스꼬 1세, 영국의 헨리 8세(Enrique VIII), 독일의 신교를 신봉하는 왕자들 그리고 터키인들에 대항하여 투쟁하였다.

그는 유럽의 어떤 군주보다도 광대한 영토를 통치하였으며, 16세기의 정치 및 종교적인 투쟁들에서 중심적인 위치를 점하였다. 까를로스 5세와 그의 아들 펠리뻬 2세(Felipe II) 치하에서, 스페인은 100년간 신교개혁과 터키인들에 대항하여 투쟁하였다.

6. 아스떼까제국(멕시코)의 정복

신대륙의 발견 이전에 중남미에는 산악지대의 고원이나 분지에는 고도의 문명이 존재하였으며, 열대우림이나 온대초원에는 수렵과 채집에 종사하는 조그마한 부족 사회의 원시문명이 존재하였다.

유명한 문명으로는, 기원 2세기부터 기원 후 9세기 사이에 존재하였던 멕시코 고원의 떼오띠우아깐(Teotihuacán), 4세기와 8세기 사이 유까딴 반도에서 일어났던 마야(Maya) 문명, 10세기에서 13세기 사이 멕시코 고원에 나타났던 똘떼까(Tolteca) 문명 등이 있으며 이러한 도시문명 시대를 거친 후, 14세기에 멕시코 고원의 아스떼까제국, 15세기에 안데스산지의 잉카제국이 건설되었으나 이들 문명들은 16세기 초 스페인에 의해 정복되어 사라지게 되었다.

까를로스 5세는 제국주의정책의 일환으로 1519년 멕시코의 아스떼까왕국의 정복에 착수하게 된다. 이 정복을 완수한 인물은 에르난 꼬르떼스(Hernán Cortés, 1485~1547)였으며, 그는 역사적으로 가장 훌륭한 모험가요 동시에 천재적인 군인 중 하나였다. 그는 스페인의 에스뜨레마두라(Extremadura)지역의 메데인(Medellín)에서 태어난 가난한 시골 귀족으로 살라망까대학에서 수학한 후 19세 때 쿠바로 건너갔다. 꼬르떼스는 까를로스 5세에게 다섯 통의 편지를 썼는데, 그것들은 멕시코 정복에 관한 역사적으로 가치 있는 자료가 되었다.

멕시코지역에는 미국지역에서처럼 다양한 인디언 종족들의 집단이 존재하지 않았고 커다란 제국들이 구성되어 있었다. 아스떼까인들은 이집트나 인도의 문

에르난 꼬르떼스

명들과 비교될 수 있는 거대한 문명을 이룩하였다. 오늘날 멕시코시로 바뀐 제국의 수도였던 떼노치띠뜰란(Tenochtitlán)은 30만 명 이상의 주민들을 지닌 거대한 도시였다.

꼬르떼스에 의한 아스떼까왕국의 정복은 하나의 역사적 사건이라기보다는 오히려 전설 같은 것으로, 단지 700명의 군인과 12필의 말로 무장한 부대에 의해 이루어졌다. 멕시코 정복을 계획하던 쿠바의 총독인 디에고 벨라스께스(Diego Velázquez)가 꼬르떼스를 배제하려는 분위기를 감지한 뒤, 꼬르떼스는 벨라스께스의 배들을 가지고 쿠바에서 도망쳐 오늘날 멕시코의 베라끄루스(Veracruz)시 해안에 다다르게 되었다. 그곳에서 아무도 돌아가지 못하도록 모든 배들을 불태우게 하였다.

꼬르떼스는 아주 영리한 인디오 여자인 말린체(Malinche)라 불리는 마리나(Marina)에게서 엄청난 도움을 받게 된다. 그는 항상 마리나를 통역 겸 안내인으로 대동한 채 전설적인 아스떼까왕국의 정복에 나서게 되나, 산이 많고 밀림지대인 미지의 땅을 통과하는 데 엄청난 어려움을 겪어야 했다. 화살에 의존하는 인디오들에게 총, 칼, 대포로 무장한 채 말의 기동력을 이용하여 정복을 추진하였다. 수적인 열세를 기동력과 무기의 우수성으로 극복하고 마침내 수도인 떼노치띠뜰란에 승리하여 들어가게 되었다. 그곳에서 아스떼까왕국의 목떼수마(Moctezuma) 왕을 굴복시켰다.

꼬르떼스에 의한 아스떼까왕국 정복이 월권 또는 반역으로 간주되어 쿠바로부터 원정군이 왔으나 꼬르떼스는 이들을 격퇴시켰다. 그러나, 그 와중에 아스떼까왕국의 수도 떼노치띠뜰란에서는 반란이 일어나, 많은 스페인 사람들이 학살당하였으며, 이 사건을 '슬픔의 밤'

꼬르떼스와 목떼수마의 접견 장면

(Nochetriste, 1520. 6. 30)이라고 불렀다. 꼬르떼스는 아스떼까족에 적대적인 부족들과 연대하여 이듬해 9월 떼노치띠뜰란을 다시 정복하였고, 목떼수마의 조카이자 계승자인 고귀하고 자부심 강한 꾸아우떼목(Cuauhtémoc) 왕을 포로로 잡았다. 그는 포로가 되자, 꼬르떼스에게 말했다: "나는 나의 민족을 방어하기 위해 할 수 있는 모든 일을 다했다; 이제 나를 찔러 죽여라". 꼬르떼스가 그에게 답하기를; "두려워 마라. 그대는 최대한 예우를 받을 것이다. 그대는 용감한 전사로서 그대의 수도를 방어해 왔다". 그러나 스페인 사람들은 아스떼까인들의 금을 원하였고, 꼬르떼스는 보물을 어디에 보관하고 있는지를 고백하지 않는다고 꾸아우떼목을 산채로 화형에 처하였다. 동시에 화형에 처해진 다른 아스떼까 귀족이 그러한 학대를 불평하자, 꾸아우떼목이 그에게: "왜 불평을 하는가? 나는 꽃 침대에 있는 것 같은데"라고 답했다고 연대기들은 전하고 있다.

멕시코 민족이 볼 때 꾸아우떼목은 영웅이었으나 스페인 사람들은 원주민을 비인간적으로 대우하던 착취자들이었다. 이러한 사실에 기원을 둔 작품이 〈검은 전설〉로, 스페인 정복자들의 잔학상을 얘기하고 있다.

스페인은 멕시코를 정복한 후 1523년 부왕령(Virreinato)으로 삼아 '누에바 에스빠냐(Nueva España, 새로운 스페인)'라고 명명하고, 꼬르떼스를 초대 총독겸 부왕으로 임명하였다. 꼬르떼스는 1526년 월권 혐의로 파면되어 스페인으로 송환되었으나, 왕을 설득하여 다시 멕시코로 건너가 캘리포니아만 등을 발견하였다. 꼬르떼스는 1540년 귀국하였으나, 계속 까를로스 5세의 신임을 얻지 못하고, 세비야 근처의 조그마한 영지에서 가난하게 버려진 채 세상을 떠나게 되었다.

7. 잉카제국(페루)의 정복

남미의 페루에는 멕시코의 아스떼까 문명만큼이나 진보된 또 다른 문명이 존재하고 있었다. 바로 잉카제국으로, 잉카인들은 '태양의 아

꾸스꼬

들들'이라고 불리고 있었다. 그들은 마추뼥추(Machu Picchu)와 꾸스꼬(Cuzco) 등 웅장한 도시들을 건설하였으며, 꾸스꼬는 제국의 수도로 기하학적으로 조각된 거대한 바위들로 건설된 궁궐들로 가득하였다. 이러한 바위 건조물들은 회반죽을 사용하지 않은 채 건설되었으며, 아직도 원형을 유지한 채 유구한 세월을 견뎌오고 있다.

잉카제국은 금과 은이 믿을 수 없을 만큼 풍부하였으며, 안데스산맥의 수많은 산등성이들을 가로지르는 방대한 도로체계를 지니고 있었다. 이 도로를 챠스끼(chasqui)라고 불리우는 파발꾼들이 달려다녔다. 잉카제국의 영토는 오늘날의 페루, 볼리비아, 에꾸아도르, 칠레까지 뻗어져 있었다.

마추뼥츄

또 다른 위대한 정복자이자 모험가인 프란시스꼬 삐사로(Francisco Pizarro, 1478~1541)가 몇몇 용감한 사람들을 거느리고 잉카제국을 정복하는 데 성공하였다. 그는 에스뜨레마두라(Extremadura)의 뚜르히요(Trujillo)에서 태어났으며, 정식교육을 받지 못하였다. 삐사로는 발보아(Balboa)와 함께 태평양을 발견하였으며, 그의 사후 후계자가 되어 파나마를 건설하고 콜롬비아를 탐험하였다.

삐사로는 잉카제국의 정보를 입수하여 귀국한 뒤, 왕실의 원조와 꼬르떼스의 조언을 받아 준비한 뒤, 1531년 180명의 부하와 27필의 말을 인솔하여 에쿠아도르에 도착하였다. 다음해 잉카의 내분을 이용, 아따우알빠(Atahualpa) 왕을 기습적으로 체포하여, 1533년 스페인 왕에 대한 반역죄로 사형에 처하였다. 수도인 꾸스꼬(Cuzco)를 점령하고, 보물을 약탈하여 스페인 왕에게 바쳤다. 1535년부터 수도 리마(Lima)를 건설하기 시작하였으나, 자신의 동포들에 의해 암살되었다.

8. 스페인제국에 의한 탐험

이 시대에 스페인인들과 포르투갈인들은 많은 탐험을 하여 결실을 맺었다. 이사벨과 페르난도의 통치기간 동안에 신세계(Nuevo Mundo)를 탐험한 이후에도, 계속 다른 지역들을 탐험하고 풍부한 지리적 사실들을 발견하였다. 1513년에 바스크 누녜스 데 발보아(Vasco Núñez de Balboa)는 오늘날의 파나마에 도착하였다. 그는 원정대에 남아 있던 67명의 사람들을 거느리고 파나마 땅을 진군하여 태평양에 도달하였다.

1519년 까를로스 5세 시절 포르투갈인 페르난도 데 마가야네스 (Fernando de Magallanes, 1480~1521; 일명, 마젤란 Ferdinand Magellan)와 바스크인 환 세바스띠안 엘까노(Juan Sebastián Elcano)는 그 유명한 세계일주를 시작하였다. 1519년 선박 5척, 승무원 270명으로 세비야를 출발, 12월에 리오 데 자네이로에 도착하였다. 1520년 1월에 라쁠라따강에 도착하였고, 계속 남하하여, 11월 28일 마젤란해협에 도착하였으며, 이때 선박 1척이 침몰하고 1척은 도망하였다. 남은 3척으로 태평양을 서쪽으로 3개월 이상 계속 항해하여, 1521년 3월 6일 괌에 도착하여 원주민과 교전하였다. 3월 16일 필리핀군도의 즈르안섬에 도착 원주민과 우호관계를 맺고, 4월 세부섬의 원주민을 그리스도교로 개종시키고 스페인 왕에게 충성을 서약하게 하였으며, 27일 막탄섬 토벌 중 부하 12명과 함께 전사하였다. 이 지점이 몰루카제도(인도네시아 지역)의 경도선을 넘었기 때문에 세계일주를 하였다고 간주할 수 있다. 지휘자를 잃은 선원들은 인원부족으로 배 1척을 소각시키고, 2척으로 몰루카제도의 포르투갈 무역권으로 진입하였으나 트리니다드호는 난파되고, 남은 빅또리아호만이 향로를 가득 실은 채 60명의 선원으로 귀로에 올라, 포르투갈 해군의 추적을 피해 1522년 9월 8일 세비야로 귀항하였으며, 마지막으로 생존자는 엘까노 등 18명이었다. 필리핀과 마리아나 제도의 명칭도 이때 부여되었다.

또 다른 스페인 탐험가인 까베사 데 바까(Cabeza de Vaca)는 걸어서 대서양에서 태평양까지 여행한 최초의 유럽인이었다. 그는 플로리다에서 걷기 시작하여, 현재의 알라바마, 미시시피, 루이지아나, 뉴 멕시코, 아리조나 주들을 통과하여 캘리포니아까지 도착하였다.

이러한 탐험들 이후에 유럽에 도입된 식품들이 적지 않은데, 쵸콜렛, 토마토, 옥수수, 감자 그리고 사탕수수 등이 있다.

9. 펠리뻬 2세 시대

신대륙에서 스페인으로 속속 도착하고 있던 금은 끊임없는 종교전쟁에 탕진되고 있었다. "전진하라, 나의 용감한 스페인의 사자들이여!"라는 구호 아래 까를로스 5세는 그 유명한 스페인 보병부대를 모든 유럽의 전투지역으로 내몰았다. 그러나 '용감한 스페인의 사자들'은 그들의 조국에서 매우 멀리 떨어진 전장들에서 피를 흘리며 사라져 갈 뿐이었다. 스페인은 그토록 많은 전쟁으로 헐벗게 되었으며, 그들의 들판들은 황폐화되어 갔다.

1555년, 반세기 동안의 전쟁들에 지쳐서, 까를로스 5세는, 죽기 전에 기도하면서 마음의 준비를 하고자, 에스뜨레마두라에 있는 유스떼(Yuste) 수도원으로 퇴임하였다. 그의 아들 펠리뻬 2세 (Felipe II, 1555~1598년 재임)가 왕위에 오르게 되고, 3년 후에 까를로스 5세는 세상을 떠났다.

펠리뻬 2세는 스페인 역사상 가장 논란의 대상이 되는 인물들 중의 하나이다. 많은 사람들이 그가 스페인에서 가장 위대한 황제라고 얘기하고 있으나, 또 다른 이들, 특별히 외국의 역사가들은 단지 광적인 폭

펠리뻬 2세

군으로 평가하고 있다. 펠리뻬 2세는 부친인 까를로스 5세의 정책을 전반적으로 추종하였으며, 부친에게서 개인적으로 통치 수업을 받았다. 그러나 종교정책에서는 부친보다 훨씬 강경하였으며, 카톨릭의 지배에서 벗어나고자 하였던 지역들에 대한 스페인의 지배권을 유지하는데 한치의 양보도 하지 않았다.

까를로스 5세에게서 물려받은 유산의 일부인 네덜란드는 스페인에 중대한 문제점으로 대두되었으며, 펠리뻬 2세는 이 문제를 해결하는데 실패하였다. 네덜란드민족은 대부분 신교도였으며 독립을 원하고 있었다. 펠리뻬 2세는 어떠한 양보도 하지 말라는 훈령을 하면서 알바 백작(Duque de Alba)을 총독으로 네덜란드에 보냈다. 네덜란드를 통치하고 그곳에서 카톨릭의 지배를 유지하기 위해 무력을 사용해야만 했으며, 결국 유혈사태에 이르게 되었다.

스페인 사람들은 펠리뻬 2세가 계산적이고 중앙집권적인 전략을 구사한 "신중한 왕"이었다고 여긴다. 그는 성실하고 양심적인 군주였으며, 다양한 정치적 사건들에 협조하도록 국무원을 세심하게 이끌었다. 펠리뻬 2세는 각각의 문제에 대해 여러 명의 보좌관들을 두고 있었으나, 그들이 통치에 간여하는 것은 허용하지 않았다.

펠리뻬 2세는 그의 부친이 그랬듯이 프랑스와의 전쟁을 계속하였다. 1557년 스페인 사람들은 파리의 북부에 있는 산 낀띤(San Quintin) 전투에서 승리하였고, 이 승리를 기념하기 위해 펠리뻬 2세는 엘 에스꼬리알 수도원(Monasterio de El Escorial)을 건설하도록 하였다. 펠리뻬 2세는 또한 알바 백작을 파견하여 포르투갈을 무찔러 승리한 뒤, 1581년 포르투갈을 스페인에 병합하였다.

10. 레빤또(Lepanto)해전

1553년 터키인들은 콘스탄티노플을 점령하여 지중해를 장악하고 키프로스섬을 빼앗은 뒤 어떠한 외국 선박의 항해도 허락하지 않았다. 스페인, 교황 그리고 베네치아공화국은 터키 해군과 전투하기 위해 200척으로 구성된 연합함대를 조직하였다. 펠리뻬 2세의 배 다른 형제인 환 데 아우스뜨리아(Juan de Austria)가 총사령관이 되었다. 1571년 이 연합함대는 그리스의 레빤또만 앞 바다에서 알리 파차가 지휘하는 터키 함대를 공격하여 눈부신 승리를 거두었다.

3만 명의 터키인들이 전사하였으며, 1만 명이 포로로 잡혔다. 터키 해군의 노예로서 노를 젓던 그리스도교도 1만 5000명을 해방시켰다. 130척의 터키 전함들이 포획되었고, 50척이 침몰하여, 터키의 해군력

레빤또해전

은 괴멸되었다. 그리스도교 해군 전사자는 7,000명이었다. 이 해전은 갤리선*이 바다를 가득 메운 육탄전이었는데, 그리스도교 함대의 대형 범선 6척이 위력을 발휘하였다. 이 대형 범선은 후일 무적함대의 모체가 되었다.

레빤또해전은 터키 세력의 서(西)지중해 지역으로의 팽창을 저지하였다. 스페인이 낳은 세계적인 문호인 동끼호떼의 저자 세르반테스도 일개 병사로 이 해전에 참전하여 왼쪽 손을 못쓰게 되었고, '레빤또의 외팔이'이라는 별명을 얻게 되었다.

11. 무적함대(無敵艦隊)

펠리뻬 2세는 영국의 신교도들을 카톨릭으로 개종시키기 위해 영국의 왕이 되기를 희망하였다. 더욱이, 프란시스 드레이크 경(Sir Francis Drake)이나 존 호킨스 경(Sir John Hawkins)과 같은 유별난 영국 해적들은 스페인 선박들을 나포하거나 아메리카의 항구들을 약탈하고 있었다. 이러한 여러 가지 문제들을 해결하고 영국을 카톨릭화시키기 위해 펠리뻬 2세는 영국의 마리아 뚜도르(María Tudor)와 결혼하였으나, 이 여왕은 영국 왕위를 직접 계승할 수 있는 후계자가 될 자식을 갖지 못한 채 1558년 세상을 떠났다.

헨리 8세(Enrique VIII)와 아나 볼레나(Ana Bolena) 사이에 태어난 영국의 엘리자베스는 펠리뻬 2세의 불구대천의 원수였다. 1587년 엘

---

* 노예나 죄인이 젓는 아주 빠른 돛배.

리자베스는 스코틀랜드와 프랑스의 여왕으로 카톨릭교도이며 펠리뻬 2세에게 호의적인 마리아 에스뚜아르도(María Estuardo)를 처형하도록 명령하였다.

이러한 일련의 사건들로 인해 펠리뻬 2세는 영국을 정벌하기로 결정하고, '무적함대(Armada Invencible)'라고 자신이 명명한 역사상 가장 엄청난 함대를 구성하였다. 무적함대는 130척의 함정, 2000개의 대포, 그리고 3만 명 이상의 병사들로 이루어져 있었다. 산따 꾸루스 후작(El Marqués de Santa Cruz)은 그 함대를 조직한 뛰어난 스페인 해군으로, 전투에서 함대를 이끌기로 예정되어 있었으나 불행히도 출정일을 앞두고 사망하였다. 그를 대신하여 메디나 시도니아 백작(Duque de Medina Sidonia)이 무적함대의 사령관으로 임명되었는데, 그는 이미 노인으로 바다에 대해서는 전혀 아는 것이 없었으며, 더욱이 배 멀미까지 하여 그 중임을 맡을 능력도 없고 본인도 희망하지 않았다. 그러나 펠리뻬 2세는 무적함대의 진정한 사령관은 하나님이기 때문에 걱정하지 말라고 하며 그에게 책임을 맡겼다.

1588년 5월 18일 포르투갈의 리스본을 출발한 무적함대는 네덜란드 육군 1만 8000명과 합류하여 영국 본토를 정벌할 예정이었다. 영국의 엘리자베스 여왕은 하워드 경(卿)을 사령관으로 임명하고, 해전에 능통한 호킨스, 드레이크 등을 기용하여 80척의 함정과 8,000명의 병력으로 맞서 싸우게 하였다.

무적함대는 수적으로는 훨씬 우세하였으나, 폭풍과 기동력이 뛰어나고 선원들이 잘 훈련된 영국함대의 빠른 공격에 시달렸다. 무적함대는 플리머스연해에서 영국함대를 잡으려 하였으나 실패하고, 8월 7일 칼레연해에서 영국군의 화공(火攻) 야습으로 피해를 입었으며, 그라블리느해전에서 결정적 타격을 받았다.

결국, 폭풍과 영국 선박의 빠른 기동력 그리고 사령관인 메디나 시도니아의 절대적인 무능력 때문에 무적함대는 같은 해 치명적인 패배를 겪게 되어 겨우 54척만 본국으로 귀환하였다. 무적함대의 패배로 스페인은 해상무역권을 영국에 넘겨주게 되었고, 네덜란드도 독립시켜주게 되었다.

12. 스페인제국의 사회체제 및 경제

16세기에 왕은 신성시되었으며 절대적인 권위를 지녔다. 왕 위에는 단지 하나님(Dios)만이 있었다. 황금세기(Siglo de Oro)의 위대한 극작가 깔데론 데 라 바르까(Calderón de la Barca)는 다음의 싯귀들에서 그러한 사실을 밝히고 있다.

> 왕에게 재산과 삶이
> 주어져 있다: 그러나 영광은
> 영혼의 유산이고,
> 영혼은 단지 하나님의 소유물이다.

당시 의장과 16명의 위원으로 구성되어 있던 까스띠야 자문회의(Consejo de Castilla)가 있어 나라의 국내 문제를 담당하였으며, 이들은 왕에 의해 임명되거나 선거에 의해 선출되었다. 그러나 이 직책들은 또한 매관매직되거나 몇몇 가문의 구성원들에게 주어졌다.

국무회의(Consejo de Estado)는 국외문제들에 관해 왕에게 도움을 주고 있었다. 또한 재정, 신세계, 종교재판 및 전쟁에 관한 위원회들도 존재하고 있었다. 스페인의 전형적인 의회는 매우 중요한 대중적인 의회였으나, 16세기 이후 거의 소집되지 않았으며, 왕의 뜻에 거역하는 투표를 감히 하지 못하였다.

사회계층의 최상층에 세습 귀족층이 있었으며, 이들은 많은 특권을 누리고 세금도 지불하지 않았다. 몇몇 귀족들은 왕의 권위까지도 인정하지 않았다. 카톨릭 국왕부처는 이러한 불충한 태도를 불식시켰으나 귀족들은 계속해서 특권층으로 남아 있었다.

스페인의 카톨릭교계는 항상 보수적이었으며 군주제를 지지하였고, 사회적으로 많은 특권을 누리고 있었다. 계속해서 신부, 수녀 그리고 사제들의 수가 증가하여 스페인 전체 인구의 5분의 1을 차지하게 되었다.

기사들과 시골귀족(hidalgo)들은 가난한 귀족들로 귀족계급보다 하위계급에 속하였으나 자신들의 혈통에 대해 자부심을 지녔다. 당시 스페인 고위층의 가장 큰 열망은 군부와 교회에 종사하는 것이었기에, 상업과 산업에 많이 종사하던 외국인들이 부르죠아층을 구성하게 되었다.

사회적으로 가장 아래 계층의 사람들은 평민들(villanos)이라고 불리는 수공업의 노동자들이었다. 일부는 신분상 자유로웠으나, 다른 이들은 귀족들의 하인들이었다. 그들은 세금 중 대부분을 물어야 했으며, 가장 일을 많이 하고 있었던 사람들이다.

스페인은 농업국가였음에도 농업 생산량은 국가적인 필요량을 충분히 감당하지 못하였다. 더욱이, 농지들은 경작할 인력이 부족하여 많이 황폐해져 있었다. 당시 스페인은 신세계로 이민을 가고, 또한 끊임없는 전쟁들과, 유태인들과 회교도들의 추방 그리고 가난으로 인구가 감소되었다. 15세기부터 16세기에 스페인의 인구는 8백만에서 6백만으로 감소되었다.

양들의 수는 많이 늘어나 후에 영국으로 수출하였다. 양모의 생산과 수출은 매우 중요하였으나 곧 황폐화되었다. 또한 안달루시아, 무르시아 그리고 똘레도에 중요한 비단 산업이 존재하였다.

결론적으로, 16세기에 스페인은 까를로스 5세와 펠리뻬 2세 치하에서 세계에서 가장 강력한 제국을 이룩하였으나, 이러한 영광이 스페인 사람들에게 평화나 복지를 가져다 주지는 못하였다. 스페인은 멀리 떨어진 지역에서 피를 흘리고 있으면서, 자신의 영토를 돌보지 못하고 있었다. 펠리뻬 2세 이후 그 위대한 영광은 가장 비참한 파멸로 바뀌었다.

13. 스페인제국의 몰락

스페인의 몰락은 정치력과 군사력의 상실과, 경제적 그리고 재정적 파산에서 분명해졌다. 세계에서 가장 먼저 제국을 건설하였으나, 또한 가장 먼저 몰락한 제국이 되었고 단시간에 2류 국가로 전락하였다.

16세기의 까를로스 5세와 펠리뻬 2세가 이룩한 위대한 제국은 그들의 계승자들인 펠리뻬 3세, 펠리뻬 4세 그리고 까를로스 2세 시대에 몰락하였으며, 이들은 오스트리아 왕가의 마지막 3명의 왕으로 17세기 전 기간 동안 통치하였다. 17세기 전반기에 스페인은 16세기의 전쟁들 때문에 빈곤에 빠져 있었다. 스페인 민족은 아무것도 새롭게 할 일이 없다고 느꼈으며 자신감을 잃게 되었다. 총체적인 몰락이 찾아왔고, 스페인은 가장 먼저 좌절한 근대 제국이 되고 말았다.

17세기의 스페인 왕들은 국가를 잘 통치해 보려고 노력하기보다는 명상적이고 한가한 삶의 즐거움들을 더 선호하였다. 모든 것을 총애하는 귀족들의 손에 넘겨버렸으며, 통치하는 대신에 사냥하고 극장에 가고 축제를 열어 나라의 재정을 탕진하고 있었다. 많은 군사적인 불행들을 겪은 뒤 17세기에 스페인은 네덜란드, 플랑드르, 룩셈부르크, 아르투아(Artois), 로세욘(Rosellón), 프랑크—백작국(Franco-Condado), 포르투갈 그리고 아프리카 북부의 몇몇 점령지들을 잃었다. 결과는 스페인이 유럽에서 가장 강한 국가가 더 이상 아니라는 것이다.

정치적인 몰락은 경제적인 침체와 스페인 민족의 가난과 굶주림을 동반한 채 나타났다. 17세기의 전형적인 스페인인은 시골귀족으로서의 자부심에 매달려 아사 직전의 가난을 숨기고 겨우 연명하고 있는 악자소설 속의 인물로 대표되어질 수 있다.

1640년 주로 농민들이었던 까딸루냐인들은 중앙정부 중심의 절대주의와 펠리뻬 4세의 전쟁에 까딸루냐인들이 징병되는 것에 대해 반기를 들었다. 까딸루냐인들은 스페인에서 분리하여 독립된 공화국을 만들기를 원하였고, 프랑스가 그들을 지원하였지만, 곧 프랑스가 원하였던 것이 까딸루냐를 소유하려는 것이라는 사실이 밝혀졌다. 내란은 1652년에 끝났으나, 까딸루냐와 스페인의 중앙정부 사이의 문제들은 해결되지 못하였다.

제8장

황금세기 문화예술 II

| 황금세기 문학 |

　스페인의 황금세기인 16~17세기는 앞장에서 본 스페인 제국의 영광과 이어지는 몰락시기로 문화예술 활동이 더없이 활발하였던 시대였다. 이 시대의 문화사조는 르네상스와 바로크에 의해 지배되고 있었다. 제8장에서는 연극, 소설, 시 등 문학부문을 중점적으로 다룰 것이다. 이 시기에 세계적인 작가인 세르반테스의 〈동끼호떼〉가 나타났으며, 당시 유럽에서 인기를 한 몸에 받고 있었던 로뻬 데 베가를 위시하여 많은 훌륭한 극작가들 그리고 시인들이 존재하였다. 스페인의 황금세기는 말 그대로 모든 분야에서 눈부신 발전을 이룬 시기였다고 볼 수 있다.

1. 르네상스

르네상스(Renacimiento)에 대해서는 이미 이 책의 〈제1장 유럽문화의 흐름〉에서 살펴보았듯이, 중세의 획일적인 신(神) 중심의 사고에서 벗어나 학문이나 예술창작 등을 통한 인간중심의 시대로 돌아가, 그리스로마의 고전주의를 이상향으로 여기고 이를 재생하려는 운동이었다. 다시 말해, 르네상스는 그리스—로마시대의 고전주의를 동경하며 중세의 종교중심주의에서 벗어나려는 문화현상으로 15세기에 이탈리아에서 불기 시작한 뒤, 곧 유럽 전역으로 전파되었다.

아라곤—까딸루냐왕국은 이미 이탈리아 섬들을 지배하고 있었으며, 아라곤왕국은 1443년 나폴리왕국을 점령하였다. 그리하여, 스페인에서 초기 르네상스양식의 시를 도입한 사람들이 까딸루냐시인들로 주된 인물이 아우시아스 마치(Ausias March, 1397~1460)와 조안 보스까(Joan Boscá, 1495~1542)였다. 이들은 스페인에 이탈리아의 테마들과 양식들, 특히 소네트(soneto)*를 도입하였다.

르네상스 시는 천상의 완벽성을 모방하는 가운데 인간적인 조화를 추구하고있다. 인간의 사랑을 하나님이 표현하는 사랑으로 파악하고 있으나 완벽한 조화가 이루어지지 않을 때 시인은 고통과 고뇌에 빠지게 되고 이를 시로 표현하곤 한다. 르네상스시대의 대표적인 작가로 가르실라소 데 라 베가를 들 수 있다.

---

* 보통 11음절 14행 시로, 4·4·3·3행으로 이루어져 있다.

1) 가르실라소 데 라 베가

　가르실라소 데 라 베가(Garcilaso de la Vega, 1503?~1536)는 똘레도 태생으로 위대한 시인이요, 스페인에서 르네상스를 가장 잘 대변하는 작가이기도 하다. 귀족가문 출신으로, 그는 세련된 시인, 군인 그리고 외교관이었으며, 스페인어, 라틴어, 그리고 이탈리아어로 글을 썼다. 바이올린과 하프를 연주하였으며, 자신의 시를 통하여 여성의 아름다움을 찬미하였으나, 34세의 젊은 나이에 스페인제국을 위해 싸우다가 세상을 떠났다.

　가르실라소의 작품은 스페인의 시 분야에 혁명적인 변화를 야기했으므로 매우 중요하게 평가된다. 그는 11음절의 시를 사용하는 보스까(Boscá)의 양식을 따랐으며, 이 11음절 시는 그때 이후 많은 스페인 시인들이 사용하였다. 많은 작품을 남기지는 않았으나, 항상 섬세하고 우아한 필치로 자연과 사랑을 노래하였다. 그는 실제 알고 지내던 사람들에게서 영감을 받아 시속에서 이상적인 목동의 모습을 창조해냈다.

　가르실라소는 포르투갈의 귀부인인 이사벨 프레이레(Isabel Freire)를 맹목적으로 사랑했었으며, 그녀에 대한 내용이 다음의 소네트에 나타나 있다.

　　오 안타까이 보이는 그대의 달콤한 머리물결들이여,
　　하나님이 원하셨을 때 달콤하고 즐거웠어라!
　　머리물결들은 함께 내 기억 속에 남아,
　　그 기억에 얽매어, 죽을 때까지 남아 있어라.

누가 얘기해 줄 것인가? 지나간 시절

그대와 그토록 잘 지냈던 때를,

그대가 어느 날 나에게

그토록 커다란 고통이 되게 될 줄을.

자, 그대가 내게 조금씩 주었던 모든 행복

단 한시간만에 다 내게서 앗아가고,

그대가 내게 남겼던 불행 지금 다 앗아가 주오.

그렇지 않으면, 나는 그대가 그토록

나를 행복하게 했었음을 의심하게 되리,

슬픈 기억들 속에서 내가 죽어가도록 그대가 원했기 때문에.

2. 악자소설

악자소설(惡者小說, La novela picaresca)은, 물론 다른 많은 외국문학 작품에서도 나타나고 있지만, 전형적으로 스페인적인 문학장르라고 볼 수 있다. 악자소설은 하류층 삶을 소재로 매우 현실적인 내용을 숨김없이 표현하고 있다. 이 소설 속의 주인공은 항상 악자이며 자신의 경험들을 생생하게 서술한다. 악자는 스페인에서 존재했었고 지금도 존재하는 매우 스페인적인 인물로, 황금세기 동안에 특히 그 존재가 두드러진다. 악자의 표본은 일하지 않고 살아가기 위해 온갖 계략들을 고안해내는 미천한 계층의 개인으로, 계속해서 가난과 투쟁해야 하였다. 악자는 자주 법의 범주 밖에서 살며 사람들을 골려주고 기만하였다. 그들은 노동을 하느님의 벌로 간주하여 끔찍하게 여겼으며, 일하지 않으려는 방안을 강구하느라 무척이나 열심히 일하는 아이러니컬한 면을 지니고 있다.

악자소설은 그 시대의 사회상, 특히 계층간의 특징들을 생생하게 그려냄으로써 스페인 문화예술의 전반적인 특징이기도 한 사실주의를 토대로 삼고 있다. 삶을 이상화하려 하거나 시화(詩化)하려고 하지 않고, 자연스럽게 있는 그대로의 삶을 관찰하고 기술하려 하였다. 악자소설은 여타 유럽에도 크게 유포되었으며, 근대 사실주의를 태동하게 된 기반들 중 하나가 되었다.

악자소설 중 가장 먼저 나타난 작품으로 가장 전형적인 작품이 1554년에 쓰여진 작자 미상의 작품 〈라사리요 데 또르메스의 삶〉(Vida de Lazarillo de Tormes)이다. 이 작품의 주된 내용은 다음과 같다.

라사로(Lázaro)는 또르메스(Tormes)강 위의 한 물레방앗간에서 태어난다. 그의 아버지는 도둑이었으며, 어머니 역시 도둑으로 벌을 받았고, 어머니의 애인도 또한 도둑으로 교수형에 처해졌다. 어머니는 라사로를 장님 거지에게 주어 그는 그 거지를 시중들게 된다. 그 거지와 라사로는 까스띠야(Castilla)의 마을들을 떠돌아다니며, 동냥을 하거나 겨우 먹을 것을 구해 연명하고 있다. 그러나 그 장님은 이기주의자로 사람들이 그들에게 주는 모든 것을 독차지하곤 한다. 불쌍한 라사로는 굶어 죽지 않기 위해 주인인 장님을 속이기도 하며 겨우 버티다가 마침내는 그를 버리고 떠나가게 된다. 그 후 라사로는 계속해서 성직자, 방자, 수도사, 교황의 교서 판매상, 화가, 사제승 그리고 포졸을 시중들게 된다. 매우 우스꽝스럽고 악자적인 생활을 꾸려 가면서, 방을 외치고 다니는 일을 하다가, 수석사제의 하녀이자 첩인 여성과 결혼함으로써 그의 모험들을 끝내게 된다.

3. 바로크

바로크(El barroco)문화는 스페인 문명에 가장 큰 공헌을 한 것들 중 하나며, 16세기 중엽 이후 17세기 말엽까지 카톨릭의 반(反)종교개혁의 시기에 유행하였다. 바로크문화는 새로운 종교적 교리와 종교 작품들을 영광스럽게 만들어 주었다. 바로크의 전반적인 특징은 매우 화려하며, 매우 다양한 예술적인 표현을 허용하였다. 바로크의 작가들은 예술작품에서나 열정에서 최고에 도달하기를 원했으며, 스페인에서는 신비주의자들까지도 바로크문학의 범주에 포함될 수 있다.

4. 신비주의문학

스페인의 신비주의자들은 산문이나 시를 주로 썼으며, 신비주의문학은 다른 국가들에서 찾아볼 수 없는 매우 스페인적인 문화현상들 중의 하나이다. 스페인의 신비주의 문학에서 종교는 항상 예술적인 영감을 불러일으키는 주된 모티브였다. 신비주의는 종교적 정신세계의 가장 승화된 표현으로, 신비주의자는 하나님과의 직접적인 교류를 원하였다. 16세기 후반 신비주의의 대표적 인물이 산문으로 작품을 썼던 산따 떼레사 데 헤수스(Santa Teresa de Jesús)와 운문으로 작품을 썼던 산 환 델 라 끄루스(San Juan de la Cruz)였다.

1) 산따 떼레사 데 헤수스

산따 떼레사 데 헤수스(1515~1582)는 까스띠야―레온에 있는 아빌라(Ávila)시에서 태어났다. 7세의 어린 나이에 고행을 찾아 출가하였던 그녀는 산 환 델 라 끄루스와 협력하여 32개의 수도원을 건설하는데 헌신하였다. 그녀는 풍부한 지성을 겸비한 쾌활하고 매우 인간적인 사람으로 자신의 건강이 좋지 않음에도 불구하고 열정적으로 일하였다. 그녀의 관심은 세속적인 면과 영적인 면에 함께 있었으며, 일상생활 속에 나타나는 객관적인 사물을 바라보면서 그 속에서 하나님의 존재를 발견하곤 했다. 그녀는 "심지어 냄비들 사이에도 하나님이 걸어다니고 계신다"라는 얘기를 하곤 하였다.

산따 떼레사 데 헤수스

그녀의 작품 〈삶〉(Vida)은 간결하고 진지하고 영적으로 승화된 작품의 표본으로, 그녀는 자신의 영혼이 어떻게 미덕을 일깨우고, 어떤 정신적 수련으로 자신의 끔찍한 질병들을 이겨내고 있는지를 설명한다. 산따 떼레사는 "내가 어느 날 미사를 보고 있는 중에, 사람들이 성체를 들어올릴 때, 나는 십자가에 못 박힌 그리스도를 보았다"라고 얘기하며, 그러한 일이 자신에게는 초자연적이지 않다고 주장한다.

2) 산 환 델 라 끄루스

산 환 델 라 끄루스(1541~1591)는 신비주의 시인들 중 가장 세련된 시인이다. 그는 산따 떼레사 데 헤수스의 제자였으나, 훨씬 더 지성적으로 활동하였다. 산 환 델 라 끄루스는 천국에 도달하여 하나님과의 영혼합일에 이르기를 간절히 바랐다. 그의 시는 황홀경에 빛나고 달콤하며 속세의 물질적인 면에서 벗어나 있다. 그는 근대의 서정시에 커다란 영향을 끼쳤다.

그의 작품 〈영혼과 그 남편인 그리스도 사이의 영적인 노래〉의 일부를 아래에 소개하겠다.

사랑하는 이여, 그대
어디에 숨어, 나를 한숨짓게 했나요?
내게 상처를 주고
노루같이 달아나기에;
고함치며 따라나갔건만, 이미 그대는 가버렸구려.

언덕 위 우리들을 지나
저곳으로 간 목자들아,

산 환 델 라 끄루스

제8장 황금세기 문화예술 Ⅱ   157

내 가장 사랑하는 그 님을
우연히 보거들랑 얘기해 주렴.
내 앓아 누워, 고뇌하여, 죽어가고 있다고.

5. 황금세기의 연극

스페인의 황금세기에 연극은 단연 주도적인 문학장르였다. 스페인의 연극은 종교에 그 기원을 두고 있으며, 초기 작품들은 교회에서 상연되었던 종교적 테마의 '신비극'이었다. 르네상스시대에는 이 같은 연극의 테마와 주제에 변화가 일어났으며 황금세기에는 극작가들이 연극을 귀족들의 궁궐과 민중에게로 접근시켰다.

1) 로뻬 데 루에다

로뻬 데 루에다(Lope de Rueda, 1510~1565)는, 처음으로 일반 대중들을 위한 작품을 쓰고 상연하였기 때문에, 스페인 연극의 진정한 대부로 평가되고 있다. 그는 그때그때 대중들을 즐겁게 해주기 위해 짧은 10개의 단막극들을 썼으며, 이 작품들은 그 시대의 풍속들과 일상적인 삶을 너무나 잘 표현해 주고 있다. 이러한 진정 스페인적인 대중연극 장르는 막간극인 엔뜨레메세스(entremeses), 희극의 일종인 사이네떼스(sainetes) 그리고 소극(小劇)인 헤네로 치꼬(género chico)라는 이름 하에 후세의 스페인에 널리 퍼지게 되었다.

2) 로뻬 데 베가

로뻬 데 베가(Felix Lope de Vega Carpio, 1562~1635)는 스페인 연극의 대표적인 인물로 당시 유럽에서는 선풍적인 인기를 누렸던 극작가였다. 그는 평범한 가정 출신으로 마드리드에서 태어나 극작가로서 국제적인 명성을 날리며 살다가 세상을 떠났다. 로뻬가 어디서 어떻게 그 엄청난 예술적 소양을 얻게 되었는지는 알 수가 없으나, 마드리드의 예수파교도의 학교와 알깔라대학교(Universidad de Alcalá)에 다녔으나, 기본적으로 독학을 한 사람이라는 사실은 알려져 있다.

로뻬 데 베가

로뻬는 12세 때 이미 첫 번째 희극작품을 썼으며, 1588년에는 펠리뻬 2세의 영국 정벌을 위한 무적함대(Armada Invencible)에 소속되어 싸우기도 하였다. 로뻬는 스페인 민족의 삶의 정수를 작품 속에 제대로 반영한 작가였다. 오늘날 마드리드에는 그가 살다가 죽어 간 장소인 로뻬 데 베가의 박물관 주택(Casa Museo de Lope de Vega)이 있으며, 그 거실에는 작자 미상의 로뻬 데 베가 초상화가 걸려 있다.

로뻬는 남달리 강렬하고 감동적인 삶을 살다 간 사람이었으며, 마드리드와 전(全) 스페인 민중들의 우상이었다. 그는 부드러운 가장(家長)이요 열정적인 연인으로, 두 번 결혼하였으며 혼외정사로 여러 명의 서자들을 갖기도 하였다. 비록 매우 자유분방한 생활을 했음에도 불구하고, 로뻬는 종교적이고 믿음이 깊은 사람이었다. 그는 52세에 성직자가 되었음에도 불구하고 세속적 삶을 포기하지는 않았다. 63세 되던 해 로뻬는 영광의 절정에서 그러나 가난하게 세상을 떠났다.

세르반테스에 따르면, 로뻬는 엄청난 양의 작품을 쓴 '괴물작가'였다. 운문으로 된 희극작품을 24시간 내에 끝냈으며, 많은 시간을 백과사전적인 교양을 쌓는 데 할애하였다. 그는 약 1,500편의 운문으로 된 극작품들을 썼으나, 단지 500여 편의 작품만이 보존되어 있으며, 모든 시대에 걸쳐 가장 많은 작품을 쓴 작가이기도 하다.

로뻬는 이전 시대 작가들의 극작품 요소들을 통합하여, 스페인 연극의 전반적인 특징을 만들어냈다. 그가 극작품을 집필하기 시작했을 무렵 스페인에는 단지 2개의 극단만이 존재하였으나, 세상을 뜰 무렵에는 40개의 극단으로 늘어나 있었다.

로뻬 데 베가는 연극을 통해서 대중을 즐겁게 해 주고, 아울러 계몽도 하는 단순한 형식을 채택하였다. 로뻬는 위대한 극작가로서 끊임없이 작품활동을 함으로써 스페인 민중들을 감동시켰고, 찬사를 보내기 위해 사람들은 무리 지어 극장으로 몰려갔다. 대중의 인기를 끌기 위해서 로뻬는 시간, 장소, 사건의 세 가지 고전적인 경직된 법칙을 깨트리고 예술적인 자유를 주창하였다. 그의 희극작품들은 역사, 투우, 사랑, 기사도적인 테마들, 신화, 목동, 성경, 성자들의 삶, 성찬신비극 등 모든 종류의 내용을 담고 있다.

〈푸엔떼오베후나〉(Fuenteovejuna)라는 역사적인 사실에 기초를 둔 작품을 소개해 보겠다. 꼬르도바에 있는 푸엔떼오베후나 마을주민 전체는 권력을 지나치게 남용하고 있던 봉건 귀족인 영주의 폭정에 대항하여 반란을 일으켰다. 이러한 혁명적인 소란 상태에서 마을 주민들은 영주를 죽이게 된다. 카톨릭 국왕부처(이사벨과 페르난도)는 이 희극에서 봉건주의의 폐단들에 대항하여 정의를 대표하고 있다. 이 희극에서 진정한 주인공은 푸웬떼오베후나의 마을주민 전체이다. 이 작품의 주제는 왕이 파견한 관리와 그 마을주민 사이의 다음 대화에 잘 집약되어 있다.

— 누가 영주를 죽였는가?
— 푸웬떼오베후나입니다, 나리.
— 그러면, 푸웬떼오베후나는 누군가?
— 우리 모두입니다!

3) 뻬드로 깔데론 데 라 바르까

뻬드로 깔데론 데 라 바르까(Pedro Calderón de la Barca, 1600~1681)는 로뻬 데 베가의 극작품 형식을 따랐으나, 동시에 철학적이고 종교적인 고민들을 하고 있는 심오한 인물들을 창조해냈다. 깔데론은 마드리드에서 태어나서 그곳에서 살았으며, 젊은 시절 활발하게 활동한 군인이었다. 그는 알깔라대학과 살라망까대학에서 공부를 하였으며, 51세에 성직자가 되었고 그때 이후 조용한 삶을 살았다.

'깔데론적인 명예'는 모든 시대 스페인 사람들의 삶에 매우 뿌리깊게 자리잡고 있는 가치관이 되었다. 깔데론의 드라마들에서는 남편들, 아버지들, 형제들이 자신들의 명예를 지키기 위해 살인을 한다. 명예는 훼손당했을 때 피로써 복수함으로써 지켜지게 된다고 믿었다. 그의 작품 〈덕망 있는 의사〉(El médico de su honra)에서 주인공인 구띠

에레(Gutierre) 경은 단지 부인의 정절에 의심이 간다는 이유만으로 부인을 죽인다. 깔데론의 명예개념에서는 남성지배사회에서 야기되는 모순들이 잘 드러나 있다. 이러한 모순들을 멕시코의 여류시인 소르 화나 이네스 데 라 끄르스(Sor Juana Inés de la Cruz)는 그녀의 시 〈비난하는 어리석은 남성들이여〉(Hombres necios que acusáis)에서 잘 표현하고 있다. 소르 화나는 여성이 남성 탈선의 원인이라는 생각을 비웃으며 깔데론식 명예에 대해 반박하고 있다.

현재 전해져 오는 깔데론의 극작품들은 약 200개에 달하고 있으며, 그는 역사나 또는 상상에 기초한 드라마들, 투우에 관한 희극들, 종교적이고 철학적인 희극들, 성찬신비극들 그리고 대중적인 작품들을 썼다.

깔데론의 가장 뛰어난 작품은 〈삶은 일장춘몽이다〉(La vida es sueño)라는 작품으로, 중심인물은 폴란드 왕의 아들인 세히스문도(Segismundo)이다. 점성술에 따르면 훗날 그가 괴물이 될 것이라 하였기에, 그가 아직 어렸을 때 사람들에 의해 탑에 가두어졌다. 많은 세월이 흐른 후 왕은 그의 상태를 확인하기 위해 석방해 보았는데, 세히스문도는 자신이 꿈을 꾸고 있다고 믿고, 허황되고 거만하게 그리고 난폭하게 행동한다. 그는 한 하인을 창문을 통해 던져 버렸고, 왕은 그를 다시 감금한다. 세히스문도는 다시 탑에 갇히게 되자 이제는 무엇이 꿈인지 그리고 무엇이 현실인지 분간을 하지 못하게 된다.

삶은 무엇인가? 하나의 난동이지.
삶은 무엇인가? 하나의 환상이지,
하나의 음지, 하나의 허구세계,

그리고 가장 커다란 선은 왜소하지;
왜냐하면 삶 전체는 꿈이기에,
그리고 꿈은 꿈이니까.

그 후 왕위계승 문제가 대두되고 외국인이 왕위에 오르는 것을 원치 않았기 때문에 사람들은 그를 석방한다. 이번에는 세히스문도는 석방되자 진정한 왕으로서 처신을 한다.

삶은 그토록 짧기에,
우리 꿈을 꿉시다, 영혼이여, 꿈을 꿉시다
또다시, 그러나 주의하며, 충고를 받아들이며
우리가 꼭 깨어있어야 한다는…

4) 띠르소 데 몰리나

띠르소 데 몰리나(Tirso de Molina, 1583~1648)는 문학분야에서 세계적으로 널리 알려져 있는 인물인 '돈 환'(Don Juan)의 작가로서 마드리드의 수도사였다. 그의 본명은 가브리엘 떼예스(Gabriel Téllez)로, 그는 로뻬 데 베가 다음으로 많은 작품을 쓴 극작가였다. 그는 400편 이상의 희극들을 썼으나 단지 60여 편만 보존되어 있다. 띠르소는 인간의 심리를 심

띠르소 데 몰리나

오하게 관찰한 작가였으며, 〈불신으로 인해 처벌받은 사람〉(El condenado por desconfiado)은 그의 가장 훌륭한 드라마이다.

띠르소는, 1630년에 쓴 희극 〈세비야의 난봉꾼〉(El burlador de Sevilla)에서, 범세계적으로 널리 알려진 스페인적인 인물 '돈 환'(Don Juan)을 창조해내게 된다. 이 작품의 주제는, 세비야의 오래된 전설에 기원을 두고 있는데, 후대의 문학들에 의해 상이한 방법으로 다루어지고 해석되어진다. 모짜르트의 아름다운 오페라와 소리야(Zorrilla)의 명작 〈돈 환 떼노리오〉도 '돈 환'이라는 테마를 다루고 있으며, 몰리에르(Moliére), 메리메(Mérimée), 발자크(Balzac), 플로베르(Flaubert), 로드 바이런(Lord Byron), 버나드 쇼(Bernard Shaw) 및 그 외 많은 작가들도 같은 테마에 대해 글을 썼다.

6. 황금세기의 시인들

1) 루이스 데 공고라

스페인의 황금세기 시 부문에서 가장 훌륭한 시인 중 한 사람으로, 우선 꼬르도바의 신부였던 루이스 데 공고라(Luis de Góngora, 1561~1627)를 떠올릴 수 있다. 그는 화려한 바로크문학에 기반을 둔 시인이었으며, 대성당의 성가대보다 투우를 더 좋아하여 대주교로부터 문책을 당하기도 하였다.

공고라는 초기에는 단순한 노래들과 대중적인 로망스시(8음절 시)를 쓰기 시작하였으나 후에 〈고독〉(Soledades)과 〈뽈리페모와 갈라떼아의 우화〉(Fábula de Polifemo y Galatea) 같은 긴 시들을 언어학적인 상형문자로 가득한 바로크양식 및 비유적 문체로 썼다. 이러한 시들은 고도의 기교와 아름다움을 지니고 있다. 그의 훌륭한 그러나 매우 난해한 비유들을 해독하기 위해서는 끈기 있고 조심스럽게 시를 읽어야 한다. 공고라의 시들에서는 테이블은 '사각형의 소나무', 새는 '울리는 깃털을 지닌 달콤한 작은 벨', 화살은 '날아가는 독사'로 묘사되어 있다. 이러한 어려운 문체를 공고라주의〔gongorismo, 일명 과식주의(誇飾主義)〕라 부른다. 공고라는 근대 시인들의 우상이었으며, 이들은 대중이 아닌 소수의 선택받은 사람들을 위해 시를 썼다. 한 예로 공고라의 짧은 시 하나를 살펴보자.

우리 지역에서
가장 아름다운 소녀여
오늘은 과부로 외로이
어제는 결혼할 예정이었지
그녀의 눈동자들이
전쟁에 가는 걸 보며
그녀의 불행을 듣고 있는
어머니에게 말하길:
나를 울게 내버려두오
바닷가에서.

2) 프란시스꼬 데 께베도

프란시스꼬 데 께베도

프란시스꼬 데 께베도(Francisco de Quevedo, 1580~1645)는 스페인이 자랑하는 풍자 시인이다. 과식주의(gongorismo)와 께베도의 만화 같은 풍자는 17세기 스페인문학의 바로크 풍을 대표한다. 께베도는 마드리드의 귀족이요 지성인이었으나, 왕의 총신들에 의해 타락해 가는 정치를 비판한 죄로 레온(León)에서 13년간 옥살이를 하였다.

께베도는 산문으로 정치적인, 도덕적인, 철학적인 그리고 풍자적인 작품들을 썼으며, 이러한 작품들 중 〈꿈들〉(Los sueños)이 가장 뛰어나며, 스페인어로 쓰여진 가장 훌륭한 사회 풍자작품이다. 이 작품은 최후심판과 지옥에 대해 다루고 있으며, 그 시대의 여성들, 의사들, 판사들, 성직자들 그리고 수녀들을 만화같이 풍자하여 그리고 있다. 그의 소설 〈사기꾼〉(El Buscón)도 매우 훌륭한 작품으로 악행과 과장된 문체로 가득하다.

께베도는 풍자적이고 서정적인 900편의 시들 덕분에 유명해졌으며, 그러한 시들 중 많은 것들이 오늘날까지도 잊혀지지 않고 있다. 그 중 한 편을 소개하면 다음과 같다.

　힘있는 신사는

'돈'님이어라.
어머니, 저는 금 앞에 기가 죽습니다:
금이 나를 사랑하고, 나도 금을 사랑합니다.
그리고 순수한 연인으로
계속해서 노랗습니다.
금화건 반냥이건 간에
내 원하는 모든 것을 만들어줍니다.
힘있는 신사는
'돈'님이어라.

7. 황금세기의 소설

1) 미겔 데 세르반테스

미겔 데 세르반테스(Miguel de Cervantes, 1547~1616)는 세계적으로 성경 다음으로 많이 읽혀지고 있는 불후의 명작 〈돈끼호떼〉를 저술한 작가이다. 그는 마드리드에서 30㎞ 거리에 있는 조그마한 대학 도시인 알깔라 데 에나레스(Alcalá de Henares)에서 갈리시아 출신의 가난한 시골귀족인 평범한 외과의사의 아들로 태어

미겔 데 세르반테스

났다. 세르반테스는 결코 정규교육을 받아본 적이 없었으며, 살아가면서 그리고 책에서 배우며 스스로 독학한 사람이었다. 그의 어린 시절에 대해서는 거의 알려진 게 없으나, 1568년 마드리드에서 환 로뻬스 데 오요스(Juan López de Hoyos)와 함께 공부하였다는 사실이 알려져 있다. 이 사람은 자유주의자이며 라틴어 선생으로, 세르반테스를 "우리들의 다정하고 사랑스러운 제자"라고 언급한 기록이 남아 있다.

추기경을 섬기며 일하고 있던 세르반테스는 1569년 이탈리아로 갔으며, 르네상스의 요람인 이탈리아에서 5년을 보냈다. 이 기간은 그가 지적으로 그리고 예술적으로 발전하는 데 있어 커다란 영향을 끼쳤다. 그러나 그의 삶에 있어 가장 중요한 사건은 1571년 터키인들의 지중해 진출을 저지하기 위한 그 유명한 레빤또(Lepanto)해전에 참여하였다는 사실로, 그 전투에서 세르반테스는 왼쪽 손을 못 쓰게 되었다. 그 때문에 세르반테스는 '레빤또의 외팔이'(el manco de Lepanto)라고 불리게 되었다.

1575년 스페인으로 귀환하던 중, 세르반테스가 탄 배가 터키 해적들에 의해 공격을 받았고, 그는 포로가 되어, 북아프리카의 항구도시인 아르젤(Argel)로 끌려갔다. 세르반테스는 그곳에서 5년 동안 감옥생활을 한 뒤, 수도사들에 의해 석방되어 1580년에 스페인으로 돌아가게 되었다. 그러나 스페인에 귀환한 이후에도 세르반테스는 평안한 삶을 살지 못했다. 까딸리나 데 빨라시오스(Catalina de Palacios)와의 결혼(1584)에서도 행복하지 못하였으며, 군대생활에서도 별다른 성공을 거두지 못하였다. 1585년 목자소설인 〈라 갈라떼아〉(La Galatea)를 출판하였으나 동시대인들에 의해 거의 평가받지 못하였다. 이후 그는 연극 작품 집필에도 전념하였으나 청중들로부터 호응을 얻지 못하였다.

세르반테스는 안달루시아에서 여러 가지 변변치 않은 직업들을 전전하다가, 무적함대(Armada Invencible)를 위한 연료와 밀을 거두는 책임을 맡기도 하였다. 그는 아메리카에 가기를 원했으나 허락을 받지 못하였으며, 설상가상으로 결산경리 과정에 실수들이 있어 여러 번 감옥에 갇히기도 하였다.

아마도 세르반테스는 그토록 많은 고통들 와중에서 그리고 감옥에서의 고독 속에서, 문학사에 길이 남을 기념비적인 작품 〈동끼호떼 데 라 만챠〉(Don Quijote de la Mancha)에 대한 아이디어를 품게 되었던 것 같다. 이 소설의 1부가 1605년 마드리드에서 출판되자마자, 즉시 스페인에서 전례 없는 성공을 거두었으며, 조금 후 유럽에서 그리고 이윽고 세계적으로 성공을 거두었다. 이 소설은 세계 각국의 언어로 번역되었고, 시간이 흐르자 고전적이고 세계적인 불후의 명작으로 남게 되었다. 이 소설은 근대 소설의 가장 중요한 작품으로 평가되고 있다.

10년 후인 1615년 세르반테스가 이미 68세가 되었을 때, 〈동끼호떼〉의 제2부가 출판되었다. 그러나 이 작품의 성공에도 불구하고, 세르반테스의 경제적인 상황은 크게 호전되지 않았다.

세르반테스는 세상을 뜰 때까지 마드리드에서 살았다. 생애의 마지막 3년 동안에, 늙은 나이에도 불구하고 〈모범소설들〉(Novelas ejemplares), 8개의 희극작품과 8개의 막간극, 짧은 극작품들, 운문서적인 〈빠르나소로의 여행〉(Viaje al Parnaso), 환상적인 모험소설 〈뻬르실레스와 시히스문다의 노동〉(Los trabajos de Persiles y Sigismunda) 등을 집필하였다. 그러나 이러한 작품들 중 어느 것도 명작 〈동끼호떼〉

와는 비교될 수 없다.

위대한 소설가 세르반테스는 1616년 4월 23일 마드리드에서 가난하게 잊혀진 채 세상을 떠났으며, 같은 날 영국의 위대한 문호 셰익스피어도 세상을 떠났다.

2) 〈동끼호떼〉

소설 〈동끼호떼〉의 원래 제목은 〈만챠지역의 영특한 시골귀족 동끼호떼〉(El ingenioso hidalgo Don Quijote de la Mancha)이나 이미 우리에게 익히 알려진 대로 표기하였다. 또 동끼호떼는 원래 스페인어로 DonQuijote라고 표기하며, 돈(Don)은 이름 앞에 오는 경칭이고, 끼호떼(Quijote)가 이름이므로, Don Quijote는 '끼호떼 경'이라고 해야 정확하나, 이미 동끼호떼라는 이름으로 널리 알려져 있어 이를 따르기로 한다. 동끼호떼는 1부(1605년)와 2부(1615)로 나뉘어져 10년의 시차를 두고 출판되었다. 자 그럼, 이름만 들어도 흥미로운 소설 〈동끼호떼〉의 줄거리를 간략하게 살펴보자.

〈동끼호떼〉의 제1부

"내가 지금 그 이름을 기억하고 싶지 않은 만챠지역의 어느 곳에서……"라는 잊을 수 없는 구절로 세르반테스는 그의 영웅, '양민 알론소 끼하노'(Alonso Quijano el Bueno)를 소개하고 있다.

이 인물은 약 50세 가량의 키가 크고 마른 가난한 시골귀족으로 새벽에 일어나고 사냥을 좋아하는 사람이다. 그는 가정부 및 20세가 채 되지 않은 여자 조카와 함께 독신으로 살고 있다.

알론소 끼하노(일명 동끼호떼)는 오늘날의 탐정소설만큼이나 인기 있던 당시의 기사도소설을 탐독하기 시작하였다. 그는 이러한 책들을 너무 열심히 읽은 나머지 판단력을 상실하게 되고 방랑기사가 되겠다고 결심하기에 이른다. 그가 읽었던 책들 속의 방랑기사들이 그랬던 것처럼, 그는 '만챠지역의 동끼호떼'(Don Quijote de la Mancha)라는 새 이름을 사용하기로 한다. 자신의 바짝 마른 말

기사소설을 탐독하는 동끼호떼

에게는 로시난떼(Rocinante)라는 가장 잘 어울리는 이름을 부여한다. 기사는 귀부인이 필요하며, 그 귀부인은 완벽한 사랑과 기사가 추구하던 영광을 상징하게 된다. 그는 자신이 한때 소리 없이 사랑에 빠졌던 엘 또보소(El Toboso)마을의 세탁하는 젊은 여성을 기억해내게 된다. 그녀의 이름은 알돈사 로렌소(Aldonza Lorenzo)이며, 동끼호떼는 그녀에게 '또보소의 둘시네아'(Dulcinea del Toboso, 또보소의 달콤한 여자)라는 시적인 이름을 부여한다. 알론소 끼하노에서 동끼호떼로 이름을 바꾼 주인공은 집을 떠나, 불의를 바로잡고, 이상을 추구하며, 영

동끼호떼와 산쵸 빤사 동상

광을 찾아 세상을 떠돌아 다니게 된다.

그렇게 해서 어느 날 아침 동끼호떼(Don Quijote)는 그의 집 울타리를 벗어나 모험의 길을 떠나게 되고, 미리 정해진 목적지도 없이 만챠지역의 건조한 평원을 통과하며 로시난떼가 이끄는 대로 방랑을 하게 된다. 길가의 어느 주막집에 다다르자 쾌활한 두 젊은 여성들에 의해 영접을 받게 되고, 이 주막집을 그는 성(城)이라고 상상하게 된다. 그는 그 여성들이 공주들이고, 주막집 주인은 기사라고 믿는다. 그러나 그 여성들은 실제로는 창녀들이었다. 동끼호떼는 그들에게 다음의 유명한 로망스시를 암송한다.

나의 마구들은 무기들, 나의 휴식은 싸움,
나의 침대는 험한 바위산들, 나의 수면이란 항상 경계하는 것이니라.

그 주막집 주인은, 장난을 매우 좋아하는 사람으로, 기사도 규율들을 가장한 의식으로 동끼호떼를 기사로 무장시킨다. 그 주막집에서 나갈 때, 동끼호떼는 몇몇 상인들과 마주치게 되고, 그들에게 그가 숭배하는 여성, 그 어느 누구와도 비교할 수 없는 또보소의 둘시네아와 같은 여성은 이 세상에 한 명도 없다는 것을 자백하도록 강요하게 된다. 동끼호떼가 믿음이 없는 사람들이라고 여기는 그 상인들은 자신들이 알지 못하는 사람을 칭찬하고 싶어하지 않는다. 그들은 만챠지역 출신인 가련한 동끼호떼에게 몽매를 휘두르고 마침내 그는 폭행에 견디지 못하고 땅 위에 쓰러진다. 그러나 한 선량한 그의 이웃사람이 그를 도와주어 마을로 데리고 돌아온다.

동끼호떼가 기사도 서적들을 탐독하다가 미치게 되자, 그의 친구들은 그의 서가에 있던 100권이 넘는 책들을 불태워 버린다. 그러나 동끼호떼는 자신의 광기에 반성을 하기는커녕, 두 번째로 그의 마을에서 떠나가게 되며, 이번에는 그의 시동으로 키가 작고 뚱뚱하며 전혀 글을 배우지 못한 농부인 산쵸 빤사(Sancho Panza)를 대동하게 된다. 시동 역을 하는 대가로, 동끼호떼는 기사들이 겪는 상상의 모험들 속에서 자신이 후에 정복하게 될 한 지역의 총독으로 산쵸를 삼겠다고 산쵸에게 약속한다.

동끼호떼는 로시난떼를 그리고 산쵸는 그가 사랑하는 당나귀를 타고서, 만챠지역의 흙먼지 나는 길을 통해 모험을 찾아 여행을 떠난다. 그들은 인간들의 악, 거짓 그리고 위선을 무찌르기 위해 위대한 모험들을 찾아 떠나는 것이다. 동끼호떼는 이상, 꿈, 정신의 표상이고, 산쵸는 삶의 평범한 면, 현실, 육체, 이성을 대변하고 있다. 그러나 그 둘은 항상 서로 보완을 하게 된다. 즉, 그 둘 사이에 항상 논란이 일어나, 서로 분리되지는 않는다. 세르반테스의 생각과 느낌의 정수는 기사와 시동 사이의 대화들 사이에서 나타난다.

그들은 모험을 계속해 가다가, 동끼호떼의 환상적인 상상력으로 사나운 거인들로 바뀌는 여러 개의 풍차들을 발견하게 된다. 들판에 있는 풍차들을 본 동끼호떼가 그의 시동에게 말한다.

저기 보아라, 친구 산쵸 빤사야
30개 또는 그 이상의 지독한 거인들이 보이지.
내 그들과 전투하여 모두 죽여버릴 생각이다…

산쵸는 자신의 주인에게 그것들은 거인들이 아니고 풍차들이라고 경고하나, 동끼호떼는 창으로 그것들을 공격한다. 풍차의 날개들이 그에게 상처를 입혀 땅에 떨어지게 하나, 그는 굴복하지 않는다. 마술사 프레스똔(Frestón)이 그토록 특이한 전투를 승리하는 영광을 그에게서 훔쳐가기 위해 그 거인들을 풍차로 바꾸었기 때문에, 그 프레스똔이 실수한 것이라고 동끼호떼는 설명한다.

풍차가 있는 풍경

관심을 끄는 인물 중의 하나가 이 소설에 등장하는 두 번째 주막집의 아스뚜리아스 출신 하녀인 마리또르네스(Maritornes)로, 그녀는 얼굴이 넓고, 애꾸 눈을 한 선량한 여성이다. 그녀는 주막에 머물고 있는 거친 마부들을 시중들고 있는데, 심지어는 그들의 육체적인 욕구에도 응하며, 그들에게 봉사와 자선의 행위로 정신적인 위안을 주고 있다. 가련한 산쵸가 주막 사용료를 지불하지 않아 뭇매를 맞자, 동정심 많은 마리또르네스는, 그녀 자신이 대신 지불하고, 그에게 물 한 항아리와 포도주 한 항아리를 준다.

그들이 모험을 계속하던 중, 동끼호떼는 길에서 쇠사슬에 묶인 몇몇 사람들을 보게 된다. 그들은 왕의 판결에 따라 조역형(漕役刑)에 처해진 범죄자들이었다. 동끼호떼는 분노하여 고함친다: "그들을 풀어 주거라, 하나님과 자연이 자유롭게 만든 사람들을 노예로 만드는 것은 부당하기 때문이니라". 동끼호떼는 그 범죄자들을 풀어 주고, 그의 여인 둘시네아 앞에 감사의 행위로 무릎을 꿇으라고 그들에게 명령하나, 그들은 이 명령에 따르기를 거부하고, 오히려 그 가련한 동끼호떼에게 돌을 던진다.

많은 우스꽝스럽고 비극적인 모험들을 겪은 후에, 동끼호떼는 한 신부와 한 이발사에 의해 그의 집으로 돌아오게 된다. 그들은 동끼호떼를 광기로부터 치료하고자 계획을 세운다. 그들은 그 가련한 기사를 속여, 그가 마법에 걸렸다고 믿게 한 후 그를 나무로 된 우리에 감금하여 황소가 끄는 달구지로 운반하여 마을로 데려온다. 그렇게 동끼호떼의 제1부가 끝나게 된다.

〈동끼호떼〉의 제2부

〈동끼호떼〉의 제2부는 제1부보다 덜 일화적이나 더 심오하고 분석적이다. 여기서는 어떻게 동끼호떼가, 그와 떨어질 수 없는 산쵸 빤사와 동행한 채, 세 번째로 그의 마을을 떠나는지를 기술하고 있다. 산쵸는 이제 더욱 더 신중해져서, 동끼호떼를 좋아하고 나아가 존중하게 된다. 이 2부에서는 그 유명한 살라망까대학교에서 금방 도착한 학생인 산손 까라스꼬(Sansón Carrasco)가 출현하며, 그는 그의 선량한 친구 동끼호떼를 매우 좋아하게 된다. 그러나 그도 또한 동끼호떼의 위대성을 이해하지 못하고 광기라고 믿고 있다.

사라고사(Zaragoza) 근처에서, 동끼호떼와 산쵸는 〈동끼호떼〉의 제1부를 읽었었다고 얘기하는 어느 백작과 백작부인을 만나게 된다. 동끼호떼의 광기와 산쵸 빤사의 우스꽝스러움을 비웃기 위해, 백작부부는 그들을 진지하게 접대하는 척하여, 동끼호떼를 진짜 방랑기사인양 대우를 하고, 그를 그들의 성으로 데려간다. 이렇게 해서 그 영특한 만챠인, 동끼호떼는 또다시 굴욕적인 우롱을 당하게 된다. 백작부부는 순수한 이상을 이해하지 못하고 조롱을 일삼는 사회계층을 대변하는 인물들이다. 독자는 무지한 몇몇 귀족들에 의해 그 가련한 기사가 고통을 겪는 것을 보며 괴로워하게 된다.

동끼호떼가 산쵸 빤사에게 했던 약속을 이행할 시간이 오게 된다. 백작부부는 조롱 삼아 바라따리아(Barataria)섬이라고 부르는 마을의 총독으로 산쵸를 임명한다. 좋은 총독이 되도록 하기 위해, 동끼호떼는 그에게 현명한 충고를 한다: "깨끗하거라; 마늘과 파를 먹지 말아라; 근면은 좋은 행운의 어머니니라". 산쵸는 선량하고 단순하고 인간적이고 정의로운 총독이 될 자질을 보여준다. 그러나, 마침내 사람들이 그에게 몇몇 가상의 침략자들을 쳐부수기 위해 상상의 군대를 보내도록 요구하자, 그 섬의 통치권을 포기한다. "나는 통치하기 위해서가 아니고 땅을 갈고 파기 위해 태어난 사람이다"라고 산쵸는 얘기한다.

동끼호떼와 산쵸 빤사는 다시 자유롭게 떠돌다가 함께 바르셀로나에 도착한다. 그러나 여기서 그들은 생애에서 가장 슬픈 모험을 겪게 된다. 백월(白月)의 기사(Caballero de la Blanca Luna)로 분장한 까라스꼬(Carrasco) 학사가 동끼호떼를 광기로부터 치료해 주고자 원한다. 무기로 싸워 동끼호떼에게 승리를 거두고, 기사도 규율에 의거, 패배자로 하여금 자신의 평화스런 마을로 돌아가도록 강요한다.

패배하여 슬프고 우울해 하며 동끼호떼는 집에 도착하자마자 앓아 눕게 된다. 눈물을 머금은 채, 모든 사람들은 지금 죽어 가고 있는 의기의 기사를 에워싸고 있다. 죽기 전에, 동끼호떼는 그의 모험들이 경멸스러운 기사도 서적들을 읽음으로써 야기된 미친 짓들에 지나지 않았다는 것을 고백한다. "이제 나는 더 이상 '만챠의 동끼호떼'가 아니며 알론소 끼하노(Alonso Quijano)로, 예전처럼 나는 양민으로 살아가고자 한다"고 말한다. 그러나 그 즈음 동끼호떼의 사상들에 오염이 된 산쵸는 울면서 열심히 그의 주인을 다음과 같이 격려한다: "나의 주인이시여, 돌아가시지 마시고, 제 충언을 들으십시오, 그리고 오래도록 사십시오: 이승의 삶에서 인간이 할 수 있는 가장 큰 미친 짓이, 아무도 죽이지 않는데, 우울증의 손들이 아닌 어떠한 손들이 그를 죽이지도 않는데, 갑자기 죽어가게 내버려두는 것입니다."

그러나 동끼호떼는 그의 얘기를 듣고 있지 않았다. 눈을 허공에 둔 채, 말한다: "조금씩 조금씩 갑시다, 왜냐하면 지난해의 둥지에 올해는 이미 새들이 없으니까". 동끼호떼의 육체는 죽어 가고 있으나, 그의 정신은 영원한 불멸의 정신으로 승화된다.

소설의 중심인물이 단순히 '양민 알론소 끼하노'(Alonso Quijano el Bueno)로 다시 돌아가기 위해 '만챠의 동끼호떼'(Don Quijote de la Mancha)이기를 포기하게 될 때, 그 영웅은 죽어야 하고, 그리고 이 소설은 끝나야 한다. 동끼호떼의 긴 모험 여행을 감동적으로 추적해 오며, 동끼호떼의 이상주의와 지칠 줄 모르는 행동하는 의지를 체험해 온 독자는 그 영웅이 자신의 동끼호떼주의(quijotismo)를 거부하고, 자신의 이상들과 자신의 꿈들을 "미친 짓들"이라고 부르는 것을 보면서 매우 낙담하게 된다.

세르반테스는 그의 작품 속에서 인간의 가장 큰 딜레마인 현실적인 것을 어떻게 이상적인 것과 융화시킬 수 있는지를 보여준 작가로, 이 문제는 모든 시대의 테마이기도 하다.

3) 세르반테스의 〈모범소설들〉

1613년 미겔 데 세르반테스는 자신이 '모범소설'(Novelas ejemplares)이라고 불렀던 일련의 단편소설들을 출판하였다. 그의 소설들은 당시의 삶과 사람들의 특징들에 관해 서술한 단편들이었다. 독자가 제시된 모델로부터 도덕적으로 배울 수 있도록 좋은 또는 나쁜 행동의 예를 제시하고자 시도하였다. 이러한 소설들을 집필함으로써, 세르반테스는 이전의 기사도 소설, 목자소설 그리고 악자소설의 세 가지 유형에 한정되어 있던 소설작법과는 다른 새로운 장르를 창조하였다. 모범소설은 중심인물의 삶에 의해 지배되지 않은 채 서로 닮아 있다. 예를 들어, 〈개들의 대담〉(El coloquio de los perros)에서는 일상적인 생활을 토의하고 풍자하는 두 마리의 개가 등장한다. 〈유리학사〉(El licenciado Vidriera)에서는 한 남자가 자신은 유리로 되어 있다고 믿는다.

4) 마리아 데 사야스

위대한 작가 미겔 데 세르반테스와 동시대에 마리아 데 사야스(María de Zayas, 1600-1650?)라는 여류작가가 있었으며, 그녀는 세르반테스의 모범소설과 같은 단편소설을 개발하였다. 이 여류작가는 스페인에서 최초의 저명한 여성주의자였으나, 불행하게도, 이 특출한 여류작가의 삶에 대해서는 거의 알려진 게 없다.

그녀의 소설들 속에 나타나는 주인공들은 주로 여성이며, 그들 본래의 이미지들은 가끔 충격적인 내용들을 지니고 있다. 예를 들어, 〈농락을 당한 아민따〉(Aminta burlada)에서 그 여류작가는 깔데론적인 명예와 상반되는 면을 보여준다. 남자에 의해 속고 배신당한 여자주인공이 그녀 자신의 손으로 전통적인 피비린내 나는 복수를 하려 한다. 〈벌받은 순결〉(La inocencia castigada)과 같은 서술작품들에서는 남자들의 희생물이 된 여성들을 그리고 있으며, 〈사기당한 조심꾼〉(El prevenido engañado)에서는 통제할 수 있는, 가장 약한 여성들 뒤만 따라 다니는 어리석은 남자들을 묘사하고 있다.

자신의 소설들 중 대부분에서 마리아 데 사야스는 동 시대의 작품들 중 유일하게 여성적인 에로티시즘을 보여준다. 이러한 유형의 작품이 그녀의 단편소설전집의 첫 번째 작품인 〈애정소설들〉(Novelas amorosas)과 두 번째 작품인 〈사랑의 아픈 경험들〉(Desengaños amorosos)이다.

제9장
황금세기 문화예술 III

| 황금세기 건축, 미술, 음악 |

　이 장에서는 황금세기의 건축, 미술, 음악 등의 분야를 살펴보게 될 것이다. 이 당시는 르네상스식 건축, 바로크식 건축 등 양식이 유행하였으며, 세계적으로 유명한 스페인 미술의 지평을 여는 때이기도 하다. 그리스인인 엘 그레꼬가 스페인으로 와서 스페인 미술부문의 선구자로 등장하고, 스페인 사실주의의 대가인 벨라스께스가 자신의 능력을 한껏 뽐낸 시기이기도 하다. 앞장들에서 보았다시피, 스페인의 황금세기는 모든 문화예술 분야에 있어 눈부신 발전을 이룬 시기로 건축과 미술부문에서도 예외가 아니었다.

1. 황금세기의 건축

1) 쁘라떼레스꼬양식

중세에 지배적이던 대성당 건축 붐이 르네상스가 시작되고도 끝나지 않았으며 그 건축 양식이 바뀌게 되었다. 16세기경 스페인에는 쁠라떼레스꼬양식(estilo plateresco)이 지배하게 되었다. 은 세공사가 작업한 은 세공품을 닮아서 쁠라떼레스꼬라고 불렸으며, 고딕예술과 그리스 및 로마의 고전형태들을 혼합한 것이었다. 가장 좋은 예가 살라망까시에 있는 살라망까(Salamanca)대학교의 정면 건물이다. 살라망까대학교는 1218년 건립되어, 현재까지 800여 년 동안 연구와 교육 기관으로 그 명성을 유지해 오고 있다.

살라망까대학교의 정면 건물

2) 르네상스양식

스페인의 가장 중요한 르네상스양식의 건축물은 구아다라마(Guadarrama)산맥에 있는 엘 에스꼬리알(El Escorial) 수도원이다. 이 수도원은 사원인 동시에 스페인 왕들의 묘지이며, 오래된 고본(稿本)들을 소장하고 있는 매우 가치 있는 도서관으로서, 고귀한 예술 박물

엘 에스꼬리알(El Escorial) 수도원

하엔의 대성당

관이기도 하다. 나아가 아구스틴파 교인들의 수도원이자 학교이다. 이 건물은 건축가 환 데 에레라(Juan de Herrera)에 의해 건설되었으나, 실제로는 이 수도원을 건설하게 하고 최초의 주인이 되었던 펠리뻬 2세(Felipe II)의 은둔자적 정신을 더 잘 반영하고 있다.

스페인 건축물 중 두 개의 훌륭한 기념비적 건물들인 엘 에스꼬리알 수도원과 알람브라(Alhambra)궁전을 비교해 보는 것도 흥미로운 일이다. 그라나다(Granada)의 알람브라궁전은 관능미를 지닌 채 동양적 환상을 머금고 있으며, 색의 조화와 우아한 아름다움, 그리고 삶의 즐거움을 표현하고 있다. 이에 반해, 엘 에스꼬리알 수도원은 기념비적이고 장엄하고 엄격하다.

스페인 르네상스 예술을 대표하는 또 다른 유명한 건축물이 안달루시아에 있는 하엔(Jaén)의 대성당으로, 이 성당의 정면 또한 매우 장엄하다. 이 건물은 1500년에 건설되었다.

3) 바로크양식

르네상스의 고전주의에 대한 반(反)고전주의적 경향의 바로크양식이 다시 도입되어, 17세기에 곡선으로 특징지어지는 과도한 장식이 나타났으며, 정성은 들였으나 변덕스러운 면을 지녔다. 호세 데 추리게라(José de Churriguera)는 바로크건축 장식의 변종인 추리게레스꼬(churrigueresco)양식으로 된 진보된 작품들을 내놓았다.

예수교파 사람들은 고딕양식이나 로마네스크양식으로 된 이전 시내의 모든 종교적인 건축물에다 바로크양식을 추가하였다. 즉, 황금빛으로 도금된 조그만 기둥들로 가득한 병풍들을 건축물에 쳐 놓았다. 바로크양식을 대표하는 기념비적인 건물로는 수도 마드리드에 있는 호스삐시오(Hospicio)의 정면, 몬세랕(Montserrat)교회, 산 까예따노(San Cayetano)의 정면 등과 세비야의 산 뗄모궁(Palacio de San Telmo), 바야돌리드(Valladolid)대학 정면 건물 등이 있으며,

바로크양식의 깔다스 데 베야사의 성모마리아성당
(Iglesia de Nuestra Senora de las Caldas de Beyasa)

그 외에도 바로크양식의 건축물들이 많은 지방에 산재해 있다. 또한 바로크양식은 식민지 시대 스페인령 아메리카에 건설된 대성당들과 교회들에서도 지배적으로 나타나 있다.

2. 황금세기의 조각

 스페인의 종교 조각은 극단적이고 지나칠 정도의 사실주의로 특징 지어 진다. 목재를 조각하고 화려하게 색칠한 성상(聖像)들을 만들어 내는데, 이것은 전형적으로 스페인적인 성상제작(imaginería)이라고 불리는 예술이다. 이러한 성상들 중 몇몇은 매년 성주간(Semana Santa)의 그 유명한 종교행렬이 이루어질 때 스페인의 도시 거리들에 나오게 된다.
 이러한 성상들은 모든 스페인 국민들에 의해 사랑받고 존경받는다. 안달루시아(Andalucía)에서는, 이러한 상들이 거리를 줄지어 지나갈 때, 몇몇 사람들은 군중심리 또는 종교적 감동에 충만하여 즉흥적으로 노래를 부르곤 한다. 사람들은 이러한 노래를 아끼고 즐겨 듣는데, 플라멩꼬식 노래의 일종인 사에따(saeta)라고 불린다. 세비야(Sevilla)는 성주간의 행사로 가장 유명한 도시이다. 수만 명의 사람들이, 감동적이고 인기 있는 그곳의 종교행렬 장면들을 보기 위해, 세계 방방곡곡으로부터 세비야로 몰려든다.
 환 마르띠네스 몬따녜스(Juan Martínez Montañés)와 그레고리오 페르난데스(Gregorio Fernández)는 조각상들을 너무나 자연스럽게 마치 살아있는 인간같이 조각하였다. 그러한 조각상 중 일부는 임종의 마지막 순간에 고통으로 일그러진 인간들을 표현하고 있다. 이러한 위대한 조각가들의 작품들은 어떻게 대중적 사실주의가 스페인 예술에서 지배적 위치를 차지하게 되었는지를 보여주는 또 다른 증거이다. 마찬가지로 무르시아(Murcia)인인 살시요(Salcillo)가 조각한 성녀 상들도 감동적이다. 그의 작품들 중 하나가 에인(Hellín) 마을의 〈비탄에 쌓인 성모〉(Dolorosa)상인데, 이 상은 스페인 내란(Guerra Civil) 중에 파괴되었다. 그레고리오 페르난데스는 고문으로 얼룩진 모습을 하고 있는 〈사후 그리스도〉(El Cristo muerto)와 〈자비로운 그리스도〉(Cristo de la Clemencia) 등, 종교적 테마와 결부된 스페인 리얼리즘을 제대로 반영하는 작품을 만들었다.

페르난데스의 〈자비로운 그리스도〉

    유구한 역사를 지닌 스페인은 많은 건축 유물들을 보유하고 있으며, 이러한 성(城)들, 대성당들, 왕궁들 그리고 건물들을 관찰함으로써 스페인의 과거 일부를 엿볼 수 있다. 이런 많은 유적들은 그 내부에 또한 주옥 같은 예술작품들을 보유하고 있어, 오늘날 문화예술 부분의 역사적 탐구에 커다란 도움을 주고 있다.

3. 황금세기의 화가들

17세기는 스페인에서 미술부문에 화려한 발전이 이루어진 시대였다. 이탈리아미술의 이상주의와 비교해 볼 때, 종교, 왕정 그리고 사실주의의 세 가지 요인들이 당시 스페인의 화가들에게 영향을 미치고 있었다. 당시 스페인의 저명한 화가들이 그린 유명한 작품들이 오늘날 스페인 내 수백 개의 사원들과 수도원들, 미술관들 그리고 사립 궁궐들에 보관되어 있으며, 또한 외국의 많은 미술관들에서도 찾아볼 수 있다. 세계적으로 유명한 마드리드의 쁘라도(Prado)미술관에는 당시의 주옥 같은 수많은 명작들이 소장되어 있다. 쁘라도미술관에는 스페인 미술사상 가장 훌륭한 작품들이 소장되어 있을 뿐만 아니라, 스페인이 강대한 제국이었을 때 획득했던 이탈리아와 프랑드르(Flandes)*지역 화가들의 많은 걸작들도 보관하고 있다. 쁘라도미술관에 소장된 많은 그림들 중에서 유명한 프랑드르 화가 루벤스(Rubens)의 그림 66점과 이탈리아의 저명한 화가 티치아노(Ticiano)의 그림 43점도 감상할 수 있다.

1) 엘 그레꼬

엘 그레꼬는 그리스의 크레타(Creta)섬 출신으로, 본명은 도메니코 테오토코풀리(Domenico Theotocópuli, 1542?~1614)였으나, 사람들은 그리스 사람을 의미하는 '엘 그레꼬'(El greco)라는 별명으로 그를 불

---

* 프랑드르(Flandes) : 네덜란드, 벨기에, 프랑스북부 지역의 옛 명칭.

렀다. 이 위대한 화가가 어떠한 인생 여정을 겪었는지를 아는 사람은 거의 없다. 다만, 당시의 편지들과 서류들을 통해 추적해 보면 그가 크레타섬에서 태어났으며, 이탈리아의 베네치아(Venecia)로 갔다가 그 후 로마로 갔다는 사실을 알 수 있다. 그는 로마에서 공부하고, 그림을 그렸으며, 이탈리아의 르네상스 영향들을 받아들이면서 1575년까지 그곳에 머물렀다. 이 이탈리아 체류기간 동안에 엘 그레꼬는 르네상스의 고전적 화가인 티치아노(Ticiano)의 제자로 그림 공부를 하였다.

엘 그레꼬는 이러한 이탈리아 체재기간 동안에 어떠한 걸작도 그려내지 못했으며, 1577년 까스띠야의 전형적인 도시로, 당시 스페인 정신의 상징으로 여겨지던 똘레도(Toledo)시에 도착하였다. 이 도시는 그에게 엄청난 감명을 주었으며, 그 결과 그는 자신의 그림 스타일을 바꾸었다. 엘 그레꼬만의 독창성이 나타나기 시작했으며, 이후 그는 오늘날의 명성을 자신에게 부여한 작품들을 그리게 되었다.

그리스인 예술가인 엘 그레꼬가 이탈리아의 영향을 받은 뒤 스페인의 전형적인 화가가 되었다는 사실은 매우 흥미롭다. 그는 매우 종교적인 테마들을 다루며 어두운 색상들과 우러러보는 인물 표현들을 즐겨 사용함으로써 매우 스페인적인 화풍을 창출해내는 데 기여하였다. 당시 다른 화가들과 마찬가지로 엘 그레꼬도 국왕들에 의해 평가받지 못하였다. 얼마 전까지만 해도, 그의 작품들은 크게 알려지지 않은 스페인의 교회들과 수도원들에 분산되어 있었다. 20세기 들어 사람들은 엘 그레꼬를 재평가하게 되었으며, 그의 작품들의 가치도 제대로 평가받게 되었다.

엘 그레꼬는 어두운 색과 섬세한 색조만을 즐겨 사용하였으며, 하나의 이미지나 느낌을 창조하기 위해서 그림 내에서 빛과 그림자를 동시에 사용하는 방법인 명암법을 주로 활용하였다. 엘 그레꼬는 구도(構圖)의 대가이며, 위대한 삽화화가이기도 하였다. 작품내 주인공의 마음을 제대로 표현하기 위해 이미지의 겉모습을 가끔 변화시키곤 하였다. 항상 정신적인 면을 강조하면서 전통적인 면을 도외시하였다. 그의 작품들 속에 나타나는 성자들은 야위고, 뼈만 앙상한 그리고 긴 얼굴들을 하고 있어 다른 세계의 영혼들처럼 보인다.

〈오르가스 백작의 매장〉(El entierro del conde de Orgaz)은 엘 그레꼬가 그린 걸작으로, 매우 아름다운 그림들 중의 하나이다. 이 작품은 똘레도(Toledo)에 있는 초라한 교회인 산또 또메(Santo Tomé)에 소장되어 있다. 이 그림은 종교적인 전설을 표현하고 있으며, 그 내용이 매우 흥미롭다. 오르가스(Orgaz)의 백작인, 똘레도의 곤살로 루이스(Gonzalo Ruiz)는 산또 또메의 교회를 다시 건축하도록 하였다. 그는 1300년경에 죽었고, 이런 자선행위에 대한 보상으로, 산 에스떼반(San Esteban)과 산 아구스띤(San Agustín)이 이 귀족의 시신을 그의 무덤에 안치시키기 위해 하늘에서 내려왔다. 그 두 성자가 백작에게 감사를 표현하는 순간이 이 그림의 주된 테마이다. 엘 그레꼬는 이 작품을 두 부분으로 나누어, 그림의 위 부분에는 천상(天上)의 것을 그리고 그림의 아래 부분에는 지상의 것을 표현하였다. 그림 위 부분에는 그리스도(Cristo)와 그 옆에 동정녀 마리아

엘 그레꼬의 〈오르가스 백작의 매장〉

(Virgen María) 그리고 산환(San Juan)이 있다. 또한 성서에 나오는 여러 인물들인 모세(Moisés), 노엘(Noé), 산 뻬드로(San Pedro) 그리고 신약성서(Nuevo Testamento)의 다른 성자들도 나타난다. 그림 밑 부분에는 신약성서 시대의 귀족들이 엄숙하고 자비로운 모습을 하고 있다. 그림을 바라보는 사람을 직접 주시하고 있는 인물인 왼쪽에서 7번째 인물이 바로 화가 자신의 모습이다. 중앙 아래 부분에는 그림의 중심 인물인 산 에스떼반, 오르가스의 백작, 그리고 산 아구스띤이 나타난다. 왼쪽에는 엘 그레꼬의 아들일 수 있는 시동(侍童)이 있다.

그 외에도, 엘 그레꼬가 그린 다른 유명한 그림 가운데 〈십자가 처형〉(La crucifixión)이라는 작품이 있으며, 이 그림은 여러 개의 역본(譯本)그림을 지니고 있어, 하나는 쁘라도(Prado)미술관에, 다른 것들은 파리의 루블박물관, 클리브랜드의 예술연구소, 여타의 다른 박물관들 그리고 개인적인 소장품으로 존재한다. 쁘라도미술관에 있는 역본그림에서는 그리스도의 몸이 고통 없이 십자가에 차분히 쉬고 있다. 거의 검은 녹색으로 되어 있는 하늘은 비극을 잘 표현하고 있다. 예수그리스도 옆에는 동정녀 마리아와 산 환(San Juan)이 있다. 중앙에는 마리아 막달레나와 한 천사가 예수그리스도의 상처들을 씻고 있다. 그 장면은 눈물을 흘리면서 그리스도의 발을 씻으며 참회하는 마리아 막달레나의 모습을 생생하게 표현하고 있다.

엘 그레꼬의 〈십자가처형〉

엘 그레꼬의 〈똘레도의 경관〉

이탈리아에서 스페인으로 온 엘그레꼬는 똘레도를 선택하여 그곳에서 생애의 대부분을 보냈다. 그는 이 역사적 도시를 영적으로 표현한 작품 〈똘레도의 경관〉(Vista de Toledo)을 그렸으며, 그 외에도 이 도시에 관하여 매우 감명 깊은 작품들을 그렸다. 〈똘레도의 경관〉은 말년에 엘 그레꼬가 그린 작품으로 그의 예술 창작활동에서 가장 예외적인 그림들 중의 하나였다. 이 작품은 그가 그린 유일한 풍경화로, 이 그림에서 하늘은 곧 폭발할 것같이 표현되어 있다. 화가는 회색과 옅은 녹색으로 초인간적인 그 무엇인가가 도시를 지배하고 있다는 인상을 그려내고 있다.

2) 디에고 벨라스께스

만약 엘 그레꼬가 자신의 작품 속에 스페인의 종교심을 심었다면, 디에고 벨라스께스(Diego Velázquez, 1599~1660)는 종교심과 결합하여 스페인 정신의 총체를 형성하는 자신만의 사실주의화풍을 남겼다. 그는 17세기의 가장 독창적이고 완벽한 스페인의 화가로 여겨지고 있는데, 미술사에 있어서 그 어느 누구도 벨라스께스만큼 자연스럽고 아름답게 삶을 표현하지는 못하였다. 그는 현실을 공정하게 관찰하는 냉정한 사람으로, 감정이 없는 사람이라고 여겨져 왔다. 그러나 벨라스께스 자신은 그의 이상이 미술이 아니라 진실이라고 얘기하였다.

엘 그레꼬는 살아 생전에 크게 평가받지 못하였고 20세기 들어서야 그 가치를 인정받은 반면에 벨라스께스는 왕실화가로 생전에 성공한 삶을 영위한 화가였으며 사후에도 커다란 명성을 누렸다. 벨라스께스는 미천한 부모의 아들로 12세에 미술에 대해 비상한 능력을 보였으며, 당시의 가장 훌륭한 미술선생 중 하나였던 프란시스꼬 빠체꼬(Francisco Pacheco)의 지도하에 미술공부를 하기 시작했다. 화가로서의 빠체꼬는 크게 성공하지 못하였으나 미술선생으로서는 아주 훌륭하였다고 모두가 인정하고 있다. 1618년 벨라스께스는 빠체꼬의 딸과 결혼하였고, 이 결혼으로 그는 화가로서 성공하는 디딤돌을 마련하게 되었다. 빠체꼬는 벨라스께스를 많이 도왔으며, 그를 1622년 펠리뻬 4세(Felipe IV)의 궁정에 들어갈 수 있도록 주선하였다. 궁정에서는 처음에는 그를 크게 환영하지는 않았으나, 그의 그림들 중 몇몇을 이미 감상하였었던 올리바레스(Olivares) 공작이 1623년 그가 그린 그림 한 점을 왕에게 보여주었다. 그 그림을 본 궁정 사람들은 매우 감탄하였으며, 왕은 그를 왕족의 전속화가로 임명하였다.

1629년부터 1631년까지 벨라스께스는 이탈리아 미술을 알아보기 위해 이탈리아로 여행을 하였다. 그곳에서 미겔 앙헬(Miguel Ángel), 라파엘(Rafael) 그리고 티치아노(Ticiano)의 작품들을 보았다. 베네치아(Venecia)의 예술적 분위기는 그를 매료시켜, 몇 년 후 그토록 문화 활동이 활발한 그 곳으로 다시 가게 되었다. 로마에서 그는 자신의 가장 유명한 그림들 중의 하나인, 차갑고 계산적이면서 치밀한 사람인 교황 이노센치오 10세(Inocencio X)의 그림을 그렸다. 그 그림을 보고 교황은 지나치게 사실적이라고 감탄했다고 한다. 벨라스께스의 뛰어난 점이 바로 작품 속에 나타나는 거의 사진 같은 사실주의라 할 수 있다.

펠레뻬 4세(Felipe IV)는 벨라스께스의 인기를 알고는 그를 조국으로 돌아오도록 하였다. 1651년 벨라스께스는 마드리드에 돌아와, 자신의 인생에서 가장 절정기로 여겨지던 때의 대표적인 작품인 〈궁녀들〉(Las Meninas)을 비롯하여 왕녀 마르가리따(Margarita)를 소재로 한 그림들을 그리기 시작하였다.

벨라스께스는 예술기법에 있어서 타의 추종을 불허하였으며, 이 부문에 있어 세계적으로 가장 앞선 사람들 중의 하나였다. 많은 그의 작품들에 나타나는 인물들은 못생겼으나, 벨라스께스에게는 삶에 대한 어떠한 표현도 아름다움이었다. 그는 다양한 기법을 이용하여 실제로는 미운 인물들마저 작품 속에서 아름답게 표현하였다. 육체적으로 결코 아름답지 못했던 펠리뻬 4세(Felipe IV)를 40번이나 그렸으며, 또한 미모와는 거리가 멀었던 마르가리따 왕녀를 대상으로 그림을 그렸다. 그러나 벨라스께스는 그러한 육체적으로 아름답지 못한 인물들을 그렸으나, 그림이 완성되었을 때는 신비스럽게도 그러한 인물들이 아름답게 느껴진다는 사실이다. 그의 작품 속에서 그가 그린 인물들은 밉지가 않았으며, 품위 있고 고상하고 찬탄을 자아내는 인물이 된다. 그러면서도 그의 그림들에는 어떠한 이상적이거나 가식적인 암시도 나타나지 않는다. 벨라스께스가 그린 작품 속의 어릿광대들, 난쟁이들 그리고 천치들은 정말 못생겼으나, 그들이 매우 아름답게 느껴지는 이유는 무엇일까. 벨라스께스의 걸작들은 쁘라도(Prado)미술관에 있으며, 그 중 가장 아름다운 작품들이 〈술주정뱅이들〉, 〈브레다의 항복〉, 〈십자가에 못 박힌 예수그리스도〉 그리고 〈궁녀들〉이다.

작품 〈술주정뱅이들〉(Los borrachos)은 신화적인 면과 사실적인 면을 함께 지닌 일련의 작품 중 가장 전형적인 것이다. 이 그림은 목가적인 여흥을 즐기는 장면을 그리고 있으며, 그 속에는 미소 짓고 즐거워하는 몇몇 농부들과 술통 위에 앉아 있는 술의 신 바꼬(Baco)의 모습이 보

벨라스께스의 〈술주정뱅이들〉

인다. 전면으로 바꼬(Baco) 앞에 군인 한 사람이 무릎을 꿇은 채로 있으며, 바꼬는 그에게 자신의 상징인 월계수관을 씌워준다. 이러한 장면은 불가사의하고 모순적이다. 주정뱅이들의 즐거움이 포착되나, 동시에 그림 뒷면 저편에 술을 남용한 결과를 형상화한, 거지로 보이는 어두운 형상을 그려 넣음으로써 이러한 행위의 위험에 대해서도 암시를 주고 있다.

〈브레다의 항복〉(La rendición de Breda)은 스페인 역사에 있어 영광의 순간을 잘 반영하고 있다. 이 작품은 네덜란드의 브레다시를 스페인 군대가 정복한 뒤 패배한 네덜란드인들이 그 도시의 열쇠들을 스삐놀라(Spínola) 후작과 스페인 장군들에게 건네 주는 것을 표현하고 있다. 재미있는 내용 하나는 그림의 오른쪽 끝에 있는 인물이 벨라스께스 자신이라고 몇몇 비평가들이 믿고 있다는 사실이다. 그림의 오른쪽 반을 차지하고 있는 스삐놀라의 말 몸체와 스페인 사람들 그룹은 왼편의 반을 점하고 있는 네덜란드 군인들의 모습들과 완벽한 균

벨라스께스의 〈브레다의 항복〉

형을 이루고 있다. 그림은 승리자들인 스페인 사람들 영역과 패배자들인 네덜란드인들 영역으로 양분되어 있으며, 그 두 영역 사이에 조화로운 대비가 나타난다. 네덜란드 지휘관인 후스띠노 데 낫소(Justino de Nassau)는 스페인의 후작(marqués) 스삐놀라 앞에 겸허하게 그리고 품위 있게 무릎을 꿇고 있으며, 후작은 브레다(Breda)시의 열쇠들을 받을 때 자상하고 관대한 모습을 보이고있다. 하늘로 창을 높이 치켜세운 스페인 군인들은 패배한 그러나 체면을 잃지 않은 네덜란드인들과 대비를이룬다. 벨라스께스가 이러한 영광스러운 역사적 장면을 스페인제국의 몰락 시기에 그렸다는 사실은 아이러니컬하기도 하지만, 그가 스페인의 부흥을 꿈꾸며 스페인 국민들에게 희망을 불러일으키고자 의도했음을 또한 짐작할 수 있다.

벨라스께스의 또 다른 걸작인 〈십자가에 못 박힌 예수 그리스도〉(Cristo crucificado)는, 같은 주제의 엘 그레꼬(El Greco)의 그림들이나 마르띠네스 몬따네스(Martínez Montañés)의 조각들과 대비해 보면, 객관적이고 거의 차가운 느낌을 준다. 그러나 벨라스께스의 그림에서는 보다 더 섬세한 그리스도의 고뇌가 엿보이며, 그를 둘러싸고 있는 검은 색은 특출한 대비를 이루고 완벽한 고독을 느끼게 한다. 이 그림은 이후 98세대의 선각자인 미겔 데 우나무노(Miguel de Unamuno)의 한 시집에 영감으로 작용하였다.

〈궁녀들〉(Las meninas)은 모든 사람들이 인정하는 벨라스께스의 걸작으로, 그가 이 그림만을 그렸었다고 가정하더라도, 초상화가로서의 그의 명성은 조금도 줄어들지 않았었을 것이라고 얘기한다. 이 작품은 신비스럽고 불가사의한 동시에 매우 사실적인 면을 지니고 있는데, 외형적인 주제는 중앙에 보이는 펠리뻬 4세의 딸인 왕녀 마르가리따와 그녀를 시중드는 두 궁녀들이다.

그러나 아마도 이 작품의 해석에 있어 핵심적이고 흥미로운 점은 그림의 가장자리들에 나타나는 것들일 것이다. 왼쪽에는 화필을 들고 있는 벨라스께스 자신을 볼 수 있으며, 그의 앞에는 캔버스가 있는데 단지 뒷 부분만이 보인다. 뒤 벽에는 국왕 펠리뻬(Felipe)와 왕비 마리아나(Mariana)의 모습을 비추고 있는 거울이 있다. 이 작품이 뜻하는 내용은 그림 내에 있지 않은 것 같으며, 벨라스께스가 그림을 통해 전달하고 싶어한 메시지는 과연

벨라스께스의 〈십자가에 못 박힌 예수그리스도〉

벨라스께스의 〈궁녀들〉

제9장 황금세기 문화예술 III　　195

무엇인가에 대한 궁금증이 더해간다. 거울 속에 보이는 초상들이 왕과 왕비인가? 이 거울에는 실제 모습이 보이지 않고, 반대편 벽에 있었을 그림의 반영이 나타난다고들 해석하고 있다. 거실에 들어오는지 나가는지가 확실치 않은 남자와 궁녀들 뒤에 있는 남녀 한 쌍인 또 다른 인물들도 관심을 끈다. 오른쪽에 있는 난쟁이들은 벨라스께스의 다른 그림들에서도 나오는 전형적인 어릿광대들로, 이들 중 하나는 앞에 조용히 누워 있는 개를 밟고 있다. 결론적으로, 작품 〈궁녀들〉에서 벨라스께스는 화가로서의 자질과 능력을 유감없이 발휘하였다.

벨라스께스는 화가로서 처음부터 끝까지 성공을 거두었으며, 그 시대와 완전한 조화 속에서 살았다. 그는 격정적인 혼을 소유한 예술가는 아니었으며, 아마도 이 때문에 어떤 이들은 차가운 사람이라고 비난하기도 하였다. 그러나 그의 그림들은 하나같이 감동적인 작품들이며, 그것들을 바라보는 사람들의 감성(感性)을 자극하고, 그것들에 대한 무한한 해석 가능성들을 제공하고 있다.

3) 황금세기의 여타 화가들

황금세기의 스페인 미술에 있어, 앞서 언급한 두 거장들 외에도, 다른 훌륭한 예술가들이 있으며, 그 대표적인 예가 프란시스꼬 데 수르바란(Francisco de Zurbarán, 1598~1664)으로 그는 벨라스께스(Velázquez)와 동시대 사람으로 성자들의 종교적 헌신을 차분하고 조용하게 포착하는 데 뛰어난 재능을 보여주고 있다. 이러한 내용을 잘 표현한 작품이 〈산또 세라삐온〉(Santo Serapión)으로, 작품 속에 성자는 두 손이 묶여 있으나 그 표정에는 숭고한 고요가 내포되어 있다.

이러한 작가의 작풍은 또한 작품 〈동정녀 마리아〉에도 잘 표현되어 있다.

바르똘로메 에스떼반 무리요(Bartolomé Esteban Murillo, 1618~1682)는 스페인의 바로크 시대의 또 다른 화가로, 종교적인 주제들을 다루었다. 엘 그레꼬(El Greco)와 마찬가지로 성서의 장면들을 그렸으며, 이를 통해 도덕적 앙양 정신을 표현하였다.

또한 호세 리베라(José Ribera, 1588~1656)를 빠뜨릴 수 없는데, 그는 이탈리아에서 태어났으며 생애의 대부분을 스페인에서 보냈다. 많은 스페인 화가들과 마찬가지로, 이탈리아 화가인 티치아노의 작품들을 연구하였으며, 그러한 영향을 그의 작품에서 볼 수있다. 호세 리베라는 작품 〈성 바르똘로메의 순교〉(El martirio de

수르바란의 〈동정녀 마리아〉

호세 리베라의 〈성 바르똘로메의 순교〉

제9장 황금세기 문화예술 Ⅲ 197

San Bartolomé)에서 세부적 사항들을 매우 사실적으로 그려냈다. 빛과 그림자의 대비를 통해 어두움을 잘 사용하였다. 초기에는 〈성 바르똘로메의 순교〉와 〈예수의 시체를 안고 있는 성모〉(Piedad)에서 보이듯, 열광적이고 충만한 종교적 분위기를 표현하였다. 그러나 성숙기에는 작품 〈산 헤로니모〉(San Jerónimo)에서 볼 수 있듯, 보다 차분하게 정신적인 면들을 표현하게 되었다.

4. 황금세기의 음악

스페인은 음악 부문에 있어서는 전통적으로 많은 유명 예술가를 배출한 국가로 여겨지지 않는다. 그러나 그 내면을 파악해 보면 전혀 음악이 스페인에서 발전되지 않았다고 속단할 수 없는 것 같다. 또마스 루이스 데 빅또리아(Tomás Luis de Victoria, 1540~1611)는 황금세기 전반 르네상스시대의 가장 훌륭한 종교음악 작곡가로, 음악에 신비주의를 도입한 세계 최초의 음악가였다. 그는 로마에서 이탈리아인 지오바니 빨레스뜨리나(Giovanni Palestrina)와 함께 공부했다. 로마에 체재하는 동안에 그는 사제 서품을 받았으나, 그의 정신적인 활동은 항상 음악과 연결되어 있었다. 1598년 또마스 루이스 데 빅또리아는 〈영적 찬가〉(Laudi Spirituali)라는 작품 중 다섯 개 장을 완성하였는데, 그 속에서 종교적인 문맥 내에 스페인과 이탈리아의 민요들을 사용하였다. 그는 또 마드리드의 왕립빈민구제수도원(Convento de las Descalzas Reales)의 합창단 단장으로 임명되었다.

이탈리아 태생의 작곡가 도메니코 스칼라티(Domenico Scarlatti,

1685~1757)는 생애의 대부분을 이베리아반도에서 보냈다. 처음에는 포르투갈에서, 후에는 펠리뻬 5세(Felipe V) 왕실의 보호 하에 스페인에서 생활하였다. 그는 세계에서 가장 많은 작품을 작곡한 음악가들 중 하나이며, 합시코드(평피아노의 전신)용 소나타들로 잘 알려져 있다. 그가 후에 선택한 국가인 스페인의 음악적 전통들은 이 위대한 음악가가 작곡한 작품들에 특징적인 내용이 되었다. 기타와 까스띠야의 민속춤들이 그의 음악에 나타나며, 이는 그 시대의 다른 음악가들의 양식과는 다른 색조와 양식을 그에게 부여하였다.

왕립빈민구제수도원

제10장
18세기와 19세기의 문화예술 I

| 18~19세기의 스페인 |

　18세기와 19세기의 스페인은 프랑스의 부르봉 왕가에 의해 지배되던 시대였다. 오스트리아의 합스부르그 왕가가 1516~1700년까지 스페인을 통치하였으며, 그 마지막 왕인 까를로스 2세(Carlos II)는 왕위 계승자 없이 세상을 떠났다. 이어지는 스페인의 왕위 계승을 위한 유럽 왕가들의 외교적 투쟁에서 프랑스의 루이 14세(Luis XIV)가 승리하였고, 1700년부터 1746년까지 통치한 그의 손자인 펠리뻬 5세(Felipe V)를 필두로 1931년까지 계속해서 스페인을 통치하게 된다.

　당시의 역사적 상황을 도표로 요약하여, 그 내용을 간단히 살펴보도록 하자.

1700~1746	펠리뻬 5세(Felipe V)의 통치기 (왕위계승전쟁: 1702~1713)
1746~1759	페르난도 6세(Fernando VI)의 통치기
1759~1788	까를로스 3세(Carlos III)의 통치기
1788~1808	까를로스 4세(Carlos IV)의 통치기
1808~1814	나폴레옹에 대항한 독립전쟁, 신분제의회(1812년, 까디스)
1810~1824	신대륙에서의 독립전쟁: 멕시코 독립전쟁(1810~22), 아메리카 독립선언(1811, 베네수엘라), 남아메리카 독립전쟁(1811~24)
1814~1833	페르난도 7세(Fernando VII) 통치기의 폭정
1833~1868	이사벨 2세(Isabel II)의 통치기
1873~1874	스페인 제1공화국
1874~1885	알폰소 12세(Alfonso XII)치하의 군주정 복구

1. 펠리뻬 5세의 통치기(왕위계승전쟁 기간 포함)

 1516년부터 1700년까지 오스트리아의 합스부르그 왕가가 스페인을 통치해 오다가 그 마지막 왕인 '넋잃은 남자' 까를로스 2세(Carlos II, el Hechizado)는 정신병으로 고생하다가 왕위 계승자 없이 세상을 떠났다. 이어 무주공산(無主空山)이 된 매력 있는 스페인의 왕위를 계승하기 위하여 당시의 유럽 왕가들은 외교전에 몰두하였으며, 그 결과 프랑스의 루이 14세(Luis XIV)가 승리하였다. 그리하여, 루이 14세의 손자인 펠리뻬 5세(Felipe V)가 부르봉(Borbón) 왕가 사람으로는 최초로 스페인의 왕으로 등극하였고, 1700년부터 1746년까지 통치하였다. 이후 부르봉가는 계속해서 1931년까지 스페인을 통치하였으며, 현재의 스페인 국왕인 환 까를로스 국왕도 부르봉 왕가에 속한다. 한 가지 재미있는 사실은 프랑스에서는 왕정이 사라져 부르봉 왕가가 이미 존재하지 않으나, 스페인에서는 이 왕가가 현재까지 존속되고 있다는 사실이다.

까를로스 2세

 스페인 왕위를 노린 외교전에서 프랑스의 루이 14세가 승리를 하고, 그의 손자인 펠리뻬 5세(Felipe V)가 스페인에 도착하자, 루이 14세는 "이젠 피레네산맥이 존재하지 않는다"라고 얘기하며, 스페인이 유럽의 완전한 일원이 되었음을 선언하였다. 그는 나아가 프랑스와 스페인은 더 이상 분리되어 있지 않고, 앞으로 두 개의 자매 국가가 될 것이다 라고 공언하였다.

그러나 이러한 프랑스의 승리는 곧이어 왕위계승전쟁(Guerra de Sucesión)을 불러일으키게 되었다. 즉, 프랑스의 왕위계승에 반발하여 오스트리아 왕가가 전쟁을 일으켰으며, 이는 브르봉가의 펠리뻬 5세와 스페인 왕위를 노리던 오스트리아의 레오폴도(Leopoldo) 황제의 아들인 대공(大公) 까를로스(Carlos) 사이의 전쟁이었다. 영국과 네덜란드 그리고 까딸루냐(Cataluña)가 대공 까를로스를 지원함으로써 이 전쟁은 내전과 동시에 국제전의 양상을 띠고 있었다. 당시 까딸루냐는 스페인이나 프랑스의 중앙집권주의를 경계하고 있었다.

왕위계승전쟁(Guerra de Sucesión)은 1702년부터 1713년까지 지속되었으며, 이탈리아, 플란드르, 아메리카지역에서도 싸움이 있었으나, 주로 스페인에서 전쟁이 이루어졌다. 마침내 1713년 유트레히트 평화조약이 체결되었고, 모든 국가들이 펠리뻬 5세를 스페인의 왕으로 인정하였다. 그러나 스페인은 이탈리아에서 지배 지역들을 상실하게 되었고, 히브랄따르(Gibraltar)시를 양도하게 되었다. 영국은 대영제국의 여타 지역과의 교역 루트를 보호하기 위해 지중해의 요충지인 히브랄따르를 차지하게 되었고, 그때 이후 현재까지 이 도시를 점령하고 있다. 스페인은 이 영토를 회복하려고 계속 노력해 왔으나, 영국이 전혀 양보할 자세를 보이지 않음으로써 아직까지도 히브랄따르시 문제는 스페인과 영국 사이에 분쟁의 불씨로 남아 있다.

2. 계몽전제주의

부르봉 왕가 소속으로 스페인을 통치한 최초의 국왕들인 펠리뻬 5세, 페르난도 6세 그리고 까를로스 3세는 1700년부터 1788년까지 집정하였다. 전반적으로 국가적 쇠퇴가 계속되었으나, 산업과 상업에서는 어느 정도 발전된 모습을 보여주었다.

18세기 하반기에 스페인은 국가체제를 재건하였고, 1759년에 즉위한 까를로스 3세(CarlosIII, 1716~1788)는 플로리다블랑카 백작을 비롯한 개화한 정치가들이 계몽전제주의에 의거 개혁을 하게 하였으며, 이들은 시민정신과 애국정신으로 경제적 상황을 호전시켰다. 부르봉왕가의 소위 말하는 '계몽전제주의'는 국가의 부를 장려하는데 주안점을 두었으나, 민중들이 통치에 참여하는 것은 허용하지 않았다.

까를로스 3세

1759년부터 1788년까지 통치한 까를로스 3세는 평화를 사랑하였으나, 당시 영국이 아메리카에서의 상업활동에 해적 행위로 항상 스페인을 괴롭혔으므로, 스페인은 재정적으로 워싱톤(Washington) 장군을 돕고, 미국에 무기를 지원하여 그들이 사라토가(Saratoga)전투에서 영국에 승리할 수 있도록 하였다.

농업, 산업 그리고 상업은 17세기 동안에 현저히 쇠퇴하였으나 정부의 적절한 경제정책 덕분에, 18세기에는 다시 회복되기 시작하였다. 중상주의(重商主義) 대신 경제자유주의가 도입되고 공업원료 수입세가 폐지되어 까딸루냐지방에 미국산 원면(原綿)을 이용한 면직물 공업이 발달하였다. 또한 이 시대에는 바스크지방(País Vasco)의 경제적인 발전이 두드러졌으며, 그 지역에는 산업기술과 농지개혁에 관심이 있었던 자유주의자 귀족들이 존재하였다. 상업과 공업의 회복에도 불구하고 대부분의 토지가 귀족 및 교회에 편재되어 있어, 결국 스페인 내 면직물 공업의 발전을 저해하였으며, 시민계급의 성장도 제한하게 되었다.

그 당시까지, 귀족들과 교회가 스페인 땅의 대부분을 소유하고 있어, 소유 토지가 없는 영세한 소작농들은 조세 및 봉건적 지대(地代)에 시달리고 있었다. 가스빠르 멜쵸르 데 호베야노스(Gaspar Melchor de Jovellanos) 등 까를로스 3세의 계몽 각료들은 보다 더 균형 잡힌 토지 분배를 하기 위해 법률을 공포하였다.

당시 스페인에는 절대주의 왕정이 존재하였고, 왕은 하나님의 은총으로만 존재할 수 있는 절대적인 존재였다. 또, 중세에 만들어진 스페인 역사상 민주적인 전통을 이루고 가장 진실로 스페인적인 것은 '신분제의회'(Cortes)로 알려진 민중의회였다. 이 의회는 중세에 만들어졌으나, 합스부르그가 왕들의 폭정 하에 권위와 명성을 잃었다.

18세기 말 프랑스혁명의 자유주의 사상들이 스페인에 들어오게 되며, 또한 민중에 의한 통치에 기반을 둔 공화국인 미국의 예가 어느 정도 영향을 주었다. 스페인의 자유주의자들은 이러한 사상들을 적극적으로 받아들였다. 초기에는 매우 온건하였으며, 단지 입헌군주제를 희망하였다.

3. 나폴레옹의 스페인 침공 및 지배

까를로스 3세에 이어 까를로스 4세(Carlos IV, 1788~1808)가 등장하게 되나 통치에는 관심이 없었다. 그는 유약하고 게을렀으며, 왕비가 후원하는 각료 마누엘 고도이(Manuel Godoy)가 마음대로 통치권을 행사하고 있었다. 고도이는 자신의 영달만을 위해 나폴레옹의 명령에 따르게 되었고, 그의 사주로 스페인의 이익에 전혀 도움이 되지 않는 영국과의 전쟁에 말려들게 되었다. 그러나 프랑스와 스페인의 연합군대는 1805년 스페인의 남쪽에서 치러진 유명한 뜨라팔가르(Trafalgar) 전투에서 영국의 넬슨(Nelson) 사령관에게 패배하였다.

1806년 나폴레옹은 공작의 직위를 주겠다고 고도이를 회유하여 그의 군대가 포르투갈을 정벌할 때 스페인을 가로질러 갈 수 있도록 약속을 받아냈다. 그러나 나폴레옹이 진정 원하였던 것은 스페인 정복이라는 사실을 우둔한 고도이는 전혀 눈치채지 못하였다. 결국, 스페인 민족은 나폴레옹, 고도이 그리고 스페인 왕들에 의해 배신을 당하

나폴레옹

였고, 프랑스 군대가 1808년 반도를 침략하였다.

  나폴레옹은 소설 같은 음모들과 기만술을 이용하여, 까를로스 4세와 그의 아들 페르난도 7세(Fernando VII)를 포로로 잡았다. 이 왕족 포로들이 프랑스에서 편안히 그리고 호화롭게 살고 있는 동안 나폴레옹은 스페인을 침략하고 있었다.

  나폴레옹은 그의 형 호세(José)를 스페인 왕으로 삼았다. 호세는 나폴레옹의 무력에 힘입어 1808년부터 1814년까지 스페인을 통치하였다. 모든 프랑스인들이 술 주정꾼이라고 믿었던 스페인 사람들은 이 왕을 '뻬뻬 보떼이야스'(Pepe Botellas)*라고 불렀다.

4. 나폴레옹의 지배에 대한 독립전쟁

  나폴레옹이 스페인 지배를 실현시키고자 계획하였을 때 그는 한 가지 중요한 내용을 간과하고 있었다. 즉, 그는 스페인 민족의 존엄성을 크게 염두에 두지 않았던 것이다. 그는 스페인 왕들을 마음대로 우롱하였듯이 스페인 민족을 우롱할 수 있으리라 생각했었다. 프랑스 혁명사상을 따르거나 정치적인 이유들로 친불파인 고위층의 몇몇 스페인 사람들만이 나폴레옹에 호의적이었으나, 대다수 스페인 민중은 집단적으로 나폴레옹의 군대에 반기를 들었다. 이들은 스페인 왕과는 전혀 무관하였으며, 잘 훈련된 군대는 더욱 아니었다. 비조직적인 민중으로 그러나 침략자들을 몰아내겠다는 일념으로 똘똘 뭉친 일반

---

* '주정꾼 뻬뻬'로 해석되며, Pepe는 호세(José)의 약칭이고 botella는 술병이다.

고야의 〈5월 3일〉

대중들이었다.

 범국민적인 저항으로 곳곳에서 산발적으로 이루어지고 있던 투쟁은 1808년부터 1814년까지 지속되었다. 남녀노소 모두가 보잘것 없는 무기, 면도칼, 몽둥이 그리고 끓는 기름으로 무장한 채 게릴라전을 완벽히 수행해 나갔다. 나폴레옹과 그에 협력하던 귀족에 대한 저항이 국토회복과 반(反)봉건 투쟁의 성격을 띤 '독립전쟁'으로 발전되었다.

 당시의 전쟁을 프란시스꼬 데 고야(Francisco de Goya)의 그림인 〈5월 2일〉과 〈5월 3일〉에서 볼 수 있다. 〈5월 3일〉은 1808년 나폴레옹 군대에 대항하다 처형되는 스페인 농부들의 모습을 그리고 있다. 희생자들 중 한 사람은 팔을 그리스도처럼 십자로 한 채, 스페인 민족의 숭고한 독립정신을 표현하고 있는 것 같다.

 숫자적으로 우세한 나폴레옹 군대는 스페인의 도시들을 점령하고 약탈하였으나, 결코 점령된 땅을 지배할 수는 없었다. 사방에서 복병들이 일어나, 나폴레옹의 군대를 조금씩 조금씩 전멸시켜 갔다.

스페인 민중이 조국의 독립을 위하여 투쟁하고 있는 동안 스페인의 왕들은 프랑스에 있는 그들의 호화로운 유배지에서 나폴레옹에게 자신의 국가에서의 승리들을 축하해 주고 있었다.

1810년 새로운 의회가 나폴레옹 군대의 지배하에 들지 않은 유일한 주요 도시인 까디스(Cádiz)에서 구성되었다. 이 의회는 까디스의 신분제 의회(Cortes de Cádiz)로 알려져 있는데, 1812년 스페인 최초의 헌법을 공포하였으며, 입헌군주제, 민족의 주권과 여타 자유주의 사상들을 인정하였다.

마침내, 스페인 민족은 웰링턴(Wellington) 공작의 지휘하에 있던 영국 군대의 도움을 받아 나폴레옹의 세력을 스페인에서 추방하였다.

역설적으로, 그 전쟁이 끝난 후 스페인 민족은 까디스의 신분제 의회의 자유주의에 무관심해졌다. 페르난도 7세를 배신자로 벌하는 대신에, "절대주의 왕정이여 영원하라!"(¡Vivan las cadenas!)를 외치면서, 그를 스페인의 절대주의 왕으로 받아들였다. 페르난도 7세(Fernando VII, 1814~1833)의 통치기 전체는 끔찍한 폭정과 스페인의 자유주의적 정신을 말살한 시기였다. 단지 라파엘 델 리에고(Rafael del Riego)대령이 집권한 시기(1820~1823)만이 자유로웠을 뿐이다. 그러나 리에고는 사살되었으며, 다시 폭정이 지배하게 되어, 1833년 페르난도 7세가 죽을 때까지 지속되었다.

5. 스페인계 아메리카의 독립

나폴레옹이 스페인을 침범하고 까디스의 신분제 의회가 구성되고, 페르난도 7세가 폭정을 일삼던 기간 동안에 대부분의 아메리카 식민지들이 독립하였다. 19세기 초의 독립 때까지 3세기 동안 스페인계 아메리카는 식민지 체제하에서 생활을 하였다. 스페인의 절대주의 왕들은 또한 아메리카의 절대주의 왕들이었다. 식민지 총독들인 부왕들(virreyes)은 군주정의 이름하에 독재를 하고 있었으며, 스페인 군주제의 통합된 힘에 의해 식민지 아메리카의 정치적 통일이 유지되었다.

아메리카에서 스페인 사람들은 제국을 위해 많은 광산 개발, 농업과 목축업의 발전, 그리고 거대한 인디오 집단들의 카톨릭화를 위해 노력하고 있었다. 스페인은 아메리카와의 절대적인 독점적 무역을 유지하고 있었으며, 동시에 인디오들을 착취하고, 금을 갈취하여 제국의 종교전쟁들을 지탱하고 있었다.

반면에, 예수교파나 프란시스꼬파 등 종교교단들은 수 천의 교회들과 대성당들을 아메리카지역에 건설하는 데 지칠 줄 모르고 전념하였다. 성직자들은 강렬한 선교정신으로 인디오들의 개종과 교화에 헌신하였다. 9개의 대학들이 하버드대학보다 먼저 스페인계 아메리카에 설립되었다. 가장 중요한 대학들이 멕시코대학(Universidad de México, 1551)과 페루의 리마에 있는 산 마르코스대학(Universidad de San Marcos, 1551)이다.

신대륙의 식민지는, 미국의 먼로주의의 영향 등으로, 1820년대에 태반이 독립하였다. 두 가지 근본적인 이유가 아메리카의 독립을 촉진하였다. 먼저, 북미 식민지들이 독립전쟁에서 승리하였고, 이 사실은 만약 아메리카의 여러 민족들이 공통의 이유로 서로 뭉친다면 독립을 쟁취할 수 있을 것이라는 점을 보여주었다. 많은 지식층의 스페인계 아메리카인들은 "만약 북미의 미국이 성공적으로 통일되고 독립된 국가를 건설할 수 있다면, 스페인계 아메리카의 통일된 민족도 똑같이 이루지 못할 이유가 있는가?" 하고 생각하였다. 두 번째로, 많은 교육받은 애국자들은 프랑스혁명의 내용과 자유, 평등, 박애의 사상을 매우 잘 알고 있었다. 자유주의 사상을 지닌 사람들은 민중이 연합하여 폭군을 무너뜨리고 민족의 중의를 모아 정부를 구성하는 것이 정당하다고 생각하였다.

페루의 산 마르코스대학교

그러나 이러한 고취된 사상들은 단지 아주 소수의 지식층 아메리카인들의 마음속에만 존재하였다. 1808년 나폴레옹이 스페인을 침략하였을 때, 스페인계 아메리카인들은 스페인으로부터 독립할 수 있는 절호의 기회를 맞이하였으나 이를 이용하지 못하였다. 스페인 민족을 위해 모든 역량을 바치며 그들은 나폴레옹을 적으로 간주하였고, 자신들의 독립을 위해 투쟁하는 대신에, 나폴레옹에게 순순히 복종하였던 스페인 부왕들을 반대하는 시민회의들을 결성하였던 것이다. 결국, 그들은 스페인의 국왕들인 까를로스 4세와 페르난도 7세의 명령에 복종하고 있었다.

1) 남미의 독립

　1811년 7월 5일 지금의 베네수엘라에 있는 까라까스(Caracas)에서 스페인계 아메리카의 제1공화국이 선포되었다. 스페인 군대는 국수주의자를 공격하였으며, 아메리카 독립의 위대한 서곡이 시작되었다.

　남미의 독립전쟁은 승리와 패배가 번갈아 이루어지며 13년간 지속되었다. 남미의 위대한 두 해방자인, 시몬 볼리바르(Simón Bolívar)와 호세 데 산 마르띤(José de San Martín)은 엄청난 시련들을 이겨내야 했다. 충분한 무기도 없이, 지휘관들의 개인주의적인 야망들 때문에 분열된 군대를 이끌면서도, 독립에 대한 이상을 굳건히 지녔기에, 그들은 마지막 승리의 순간까지 끈질기게 투쟁을 하였다. 1822년 볼리바르의 북부 부대들과 산 마르띤의 남부 부대들이 에꾸아도르(Ecuador)의 구아야낄(Guayaquil)시에서 의기양양하게 합류하였다. 2년 후에, 아메리카 독립주의자들은 페루(Perú)의 아야꾸쵸

▲ 산 마르띤
◀ 시몬 볼리바르

(Ayacucho)에서 마지막 전투를 승리로 이끌었다.

그러나, 남아메리카 독립의 영웅 중 하나인 시몬 볼리바르는 결코 그의 꿈을 실현시키지 못하였다. 그는 북미의 연합국가인 미국과 유사한 스페인계 아메리카 민족들의 연합국을 창설함으로써 남미의 정치적 통일을 꿈꾸었으나, 남미는 여러 국가로 분리 독립되어 현재에 이르고 있다.

2) 멕시코의 독립

멕시코 독립을 이루는 데 중요한 역할을 한 인물들은 볼리바르나 산 마르띤과 같이 뛰어난 지휘관들이 아니라, 자유를 추구하는 평범한 목사 두 사람이었다. 1810년 미겔 이달고(Miguel Hidalgo) 신부는 "구아달루뻬의 성모 만세 그리고 독립 만세"를 외치며, 소규모 인디언 혁명을 시휘하였다. 그는 곧 부왕의 명령에 의해 처형되었다. 그러나 또 다른 애국 성직자인 호세 마리아 모렐로스(José María Morelos) 신부가 그 혁명을 전국적으로 계속 확대해 갔다. 그도 또한 1815년 처형되었다.

부왕들이 계속 사태를 장악해 가다가, 아구스띤 데 이뚜르비데(Agustín de Iturbide)가 부왕 정부를 전복시키고, 멕시코의 독립을 선포하였다. 그러나 이뚜르비데는 지나치게 야망이 많았고, 1822년 아구스띤 1세(Agustín I)라는 이름으로 자칭 멕시코의 황제로 등극하였으나, 그 '제국'은 1824년 끝나고, 그는 총살되었고, 새로운 공화제가 설립되었다.

오래된 카톨릭 전설에 따르면, 에르난 꼬르떼스(Hernán Cortés)가 멕시코를 정복한 몇 년 후 동정녀 마리아가 1534년 한 미천한 멕시코의 인디오인 환 디에고(Juan Diego) 앞에 나타나는 기적이 일어났다. 그때부터 지금까지, 인디오 얼굴을 한 모습으로 표현되는 구아달루뻬의 성모(Nuestra Señora de Guadalupe)는 멕시코의 수호신으로 멕시코 민족에 의해 존경을 받고 있다.

6. 이사벨 2세 시대

구아달루뻬의 성모

1820년의 혁명은 리에고(Rafael del Riego y Núñez) 장군에 의해 주도된 군대반란에서 시작되어, 각 지역 농민의 반봉건 투쟁과 연계되고, 1821년 봉건적 권리 폐지법안 채택으로 성공하는 것처럼 보였다. 그러나 페르난도 7세가 법안비준을 거부하고 부르죠아계층이 합법적 개혁을 주장하며 농민운동에서 탈퇴함으로써 실패하였다. 그 후 1830년대부터 귀족과 유산계층에 근거한 입헌군주제가 채택되었다.

페르난도 7세 사후 스페인은 정치적으로 2개의 파벌로 나뉘어지게 되었다. 온건자유주의자들은 페르난도 7세의 딸인 3살짜리 여자아이 이사벨(Isabel)이 왕위를 계승하기를 원하였으며, 절대 왕정추종자들은 죽은 왕의 동생인 까를로스(Carlos) 경을 왕으로 옹립하고자 하였다. 결국, 이사벨 2세(Isabel II, 1830~1904)가 왕위에 올랐으며, 1833

년부터 1868년까지 통치를 하였다. 그러나 까를로스 추종자들인 절대왕정 추종자들은 1833년과 1840년 사이, 그리고 1872년과 1876년 사이에 두 번의 잔인한 내란을 일으켰다. 그들 중 많은 사람들이 바스크지방에 살고 있었다. 까를로스 추종자들은 두 내란에서 모두 패하고, 국가는 파산상태에 빠졌으며 국민들은 정치적으로 분열되었다. 이 내란들은 훗날 1936~1939년 사이에 있었던 피비린내 나는 '스페인 내란'의 전초전들이었다.

이사벨 2세

사람들은 이사벨 2세가 경박하며 무시하다고 평가하였고, 그녀의 통치기는 정치 불안과 국가 몰락으로 점철된 혼란기였다. 45년 동안 6번 헌법이 공포되었으며, 41개의 정부가 들어섰고 군부 쿠데타가 15번이나 일어났다. 군부의 소수 장군이 정치를 좌우하였으며, 상황에 따라 보수주의자들을 또는 자유주의자들을 번갈아 지지하였다.

7. 제1공화국

19세기 유럽의 자유주의 사상들이 스페인에 들어와 군부와 자유주의적 중산층 인사들에 의해 잘 수용되었다. 그 결과, 환 쁘림(Jaun

Prim) 장군과 다른 군부지도자들은 이탈리아 왕의 둘째 아들인 아마데오 데 사보야(Amadeo de Saboya)를 입헌군주로 데려왔다. 아마데오는 선량하고 겸손한 사람이었으나 단지 2년간만 통치한 후에 양위하여야 했다. 그는 스페인 사람들의 음모와 정치적 분열을 통제할 수가 없었다. 또, 까딸루냐지방의 노동자들에게 무정부주의가 소개되어 대토지소유제하의 농민과 노동자의 정치의식을 자극하였고, 결국, 1869년 까딸루냐와 안달루시아에서 공화주의자들이 반란을 일으켰다.

그러자, 의회(Cortes)는 1873년 선거를 통해 스페인 제1공화정(Primera República)을 선포하였으나, 단지 22개월밖에 지속되지 못하였고, 그 짧은 기간 동안에 네 명의 대통령이 존재하였다. 그들 모두는 자유주의자 지식인들로, 사심이 없었고 애국자들이었으나 그 어느 누구도 스페인에 널리 퍼진 정치적 무질서를 그토록 짧은 기간에 종식시킬 수는 없었다. 노동자와 농민들은 공화주의에 만족하지 않고 공장 및 토지를 점거하였으며, 혁명을 진압하고자 유산층은 봉건세력과 동맹을 맺었다.

다시 한번, 군부는 또 다른 쿠데타선언을 통해 1874년 갓 태동한 공화정을 말살시켰다. 장군들은 이사벨 2세의 아들인 알폰소 12세(Alfonso XII)를 왕으로 선포하였고, 제1공화정은 숨 쉴 여유도 갖기 전에 질식사하였다.

1873~1874년 사이의 아주 짧은 공화정 실험기를 거친 후, 전통적인 군주정이 복구되었다. 이 시기 동안에 스페인에서 통치한 부르봉가의 왕들은 알폰소 12세(1874~1885)와 그의 아들인 알폰소 13세(Alfonso XIII, 1886~1931)였다. 알폰소 12세의 통치시기는 역사에서 왕정복고기로 알려져 있다.

1876년의 헌법은 입헌군주제와 제한선거제를 담고 있으나, 필요시 헌법을 정지시키는 권한을 정부에 부여하고, 카톨릭을 국교로 규정하였다.

8. 알폰소 12세와 그 이후

1876년 헌법이 공포되고 왕정복고가 이루어졌다. 이 헌법은 보수적이고 온건하였으며, 세습입헌군주제와 상원과 하원으로 된 의회체제로 구성되어 있었다. 이 헌법은 표현과 결사의 자유를 인정하고 있었으며, 카톨릭을 국교로 규정하였으나, 기타 신앙들도 허용하였고, 민사결혼도 또한 인정하였다. 두 개의 정당이 형성되어, 안또니오 까노바스 델 까스띠요(Antonio Cánovas del Castillo)가 보수당을 이끌었고, 쁘락세데스 마떼오 사가스따(Práxedes Mateo Sagasta)가 자유당을 이끌었다. 통치 방법에 있어 서로 정권을 교체하고, 안정과 영속성의 균형을 유지하기로 두 당간에 묵시적 합의가 이루어져 있었다. 즉, '평화적 정권교체'를 하였으며, 두 당 사이에 커다란 차이가 없었다. 중요한 것은 그 두 당 모두 군주정 체제를 유지해야 했다는 것이다.

거의 모든 지방에는 '호족들'이라고 불리는 지역 정치인들이 있었는데, 이들의 임무는 표를 매수하고, 선거 결과를 허위로 작성하고, 유권자에게 보복하겠다고 위협하는 것이었다. 이러한 정치적인 범법행위들은 단죄되지 않았었다. 그 호족들은 마드리드의 힘 있는 정치인들의 후원을 믿고 겁 없이 행동하던 사람들이었다. 이러한 상황에서는 민주주의가 제대로 실현될 수 없었다.

제11장
18세기와 19세기의 문화예술 II

| 18~19세기의 문학과 예술 |

르네상스와 바로크가 지배하던 황금세기가 지난 뒤 종교심과 신비주의에서 이런 테마들과는 멀어지기 시작하는 근대가 도래하게 된다. 이제 사회는 다양한 모습들을 지닌 채 역동적인 실체로 그 자체의 운명을 창조할 수 있게 되었다. 미술과 음악에서뿐만 아니라 문학에서도 이러한 속세의 일들에 그리고 일상의 삶에 대한 새로운 관심이 대두된다.

먼저 18세기와 19세기의 문학조류를 간략히 살펴보자. 모든 문학 부문에서 눈부신 발전을 이룬 황금세기(Siglo de Oro)는 1681년에 깔데론 데 라 바르까의 타계와 더불어 끝나게 되었다. 스페인의 18세기는 계몽전제주의 시대로 프랑스혁명 및 미국의 독립과 때를 같이 하던 시기였다. 이 시기에는 프랑스의 부르봉 왕가의 지배 및 영향으로 엄격한 신고전주의[르네상스시대의 고전주의와 구별하기 위해 신(新)자를 붙임]가 팽배하게 되었다.

그러나 19세기 들어서는 신고전주의를 배척하는 낭만주의 사조가 밀려와 모든 문화활동에 자유로운 사상이 넘치게 되었다. 19세기 후반에는 낭만주의에 대한 반발로 사실주의가 등장하여 스페인의 지역적 풍속이나 분위기를 세밀하게 다루게 되었다.

또한 이 시대에는 세계적으로 유명한 화가인 프란시스꼬 데 고야와 이삭 알베니스, 엔릭 그라나도스 등의 음악가들이 활동을 하였다.

1. 18세기의 스페인 문학

1700년 이후 스페인의 통치권이 프랑스의 부르봉 왕가에 넘어가자, 스페인은 피레네산맥에 의한 유럽으로부터의 지리적 고립에서 벗어나게 되었으며 프랑스의 영향을 많이 받게 되었다. 그러나 문학부문에 있어서, 프랑스의 신고전주의를 지나치게 모방하게 되어 오히려 스페인 고유의 문학이 쇠퇴하게 되었다. 문화나 정치에서는, 갈리시아의 베네딕투스파 신부 페이후(Feijóo)나 가스빠르 멜쵸르 데 호베이야노스(Gaspar Melchor de Jovellanos)와 같은 지식층 진보주의자들이 중심이 되어 유럽의 과학적이고 자유주의적인 사고를 받아들이게 되었다. 특히, 페이후는 여성의 권리를 인정하고 옹호하는 개방된 사고를 지니고 있었다.

1) 레안드로 페르난데스 데 모라띤

18세기의 전형적인 신고전주의 작가로는 레안드로 페르난데스 데 모라띤(Leandro Fernández de Moratín, 1760~1828)을 꼽을 수 있으며, 그는 박식한 자유주의자로 〈스페인 연극의 기원〉(Los Orígenes del teatro español)을 집필하였다. 그는 또한 몰리에르(Moliére)의 작품들을 스페인어로 개작하기도 하였으며, 11음절 사시(史詩)인 〈가톨릭 국왕부처의 그라나다 점령〉(La toma de Granada) 등의 시작품으로 한림원에서 상을 받기도 하였다. 그는 3행시 〈스페인 시에 도입된 해악들에 대한 풍자〉(Sátira contra los vicios introducidos en la poesía castellana)에서 바로크연극을 공격하기도 하였다.

이 작가는 섬세한 아이러니로 넘치는 신고전주의 희극들을 썼으며, 그 예로 〈새로운 희극 또는 커피〉(La comedia nueva o el café)와 〈여자 아이들의 동의〉(El sí de las niñas)를 들 수 있다. 여성의 권리를 옹호하는 작품인 〈여자 아이들의 동의〉에서는 여성 스스로 자신의 남편을 선택할 수 있음을 주장하고 있다.

2) 라몬 데 라 끄루스

18세기 스페인에서는 프랑스의 신고전주의 영향이 지배적이었으나 모든 스페인 작가들이 프랑스의 영향을 따른 것은 아니었다. 라몬 데 라 끄루스(Ramón de la Cruz, 1731~1794)는 마드리드에서 태어나 마드리드에서 세상을 뜬 오랫동안 스페인 민족의 사랑을 받은 극작가였다. 그는 로뻬 데 루에다(Lope de Rueda)와 세르반떼스(Cervantes)의 대중 연극을 계승하여, 많은 희극과 사이네떼(sainete, 희극의 일종)를 썼다. 그가 쓴 약 350편에 달하는 사이네떼들은 당시의 풍속을 매우 잘 그리고 있어 18세기 스페인의 사회상을 들여다볼 수 있는 좋은 자료이기도 하다.

2. 19세기 전반의 낭만주의

스페인의 낭만주의는 유럽으로부터 유입되어 1830년에서 1850년 사이에 성행하였다. 유럽의 낭만주의 사조는 18세기 신고전주의의 엄격함을 배격하고 상상, 느낌, 개인주의 그리고 예술적 자유를 추구하였다.

스페인 낭만주의의 특징은 두 가지로 분류해 볼 수 있다. 하나는 로뻬 데 베가(Lope de Vega)와 사시작가(史詩作家, romancero)의 정신을 이어받아 작품을 썼다는 점이다. 다른 하나는 폭군 페르난도 7세 사후 망명정치가들이 스페인에 돌아올 때 유입된 자유주의 사조였다. 이들 망명정치인들은 영국과 프랑스의 낭만주의자들과 교분을 유지하고 있었으며, 당시 유럽에서는 정치가들이 문학활동을 함께 하고 있었으므로, 이러한 정치적 세계와 미학적 세계의 결합 현상은 스페인 낭만주의에서도 뚜렷이 나타난다.

1) 앙헬 데 사아베드라

앙헬 데 사아베드라(1791~1865) 공작은 정치가요, 동시에 낭만주의 작가였다. 그는 나폴리와 파리에서 대사를 지냈으며, 국무원과 정부 수반도 역임하였다.

그는 〈역사적인 로망스시들〉(Romances históricos)에서 중세 스페인의 전설적인 테마들을 부활시켰다. 그러나 그의 대표작은 〈알바로 경 또는 운명의 힘〉(Don Álvaro o la fuerza del sino)으로 전형적인 낭만주의 극작품이며, 숙명론적이고 통속적인 면을 담고 있다. 이 작품은 그 후 이탈리아 작곡가 지우세뻬 베르디(Giuseppe Verdi)에 의해 오페라 〈운명의 힘〉(La forza del destino)의 주제가 되었다. 이 작품의 주인공인 알바로 경(Don Álvaro)으로, 그는 모험심이 많은 끄리오요(criollo, 아메리카에서 태어난 유럽 혈통의 사람)로, 어느 부왕(副王)과 잉카 공주 사이 태어난 사람이었다. 그의 어머니의 혈통은 드라마가 끝날 때까지 알려지지 않는 비밀이다. 알바로 경은 한 후작의 딸인 레오노르(Leonor)를 납치하기로 계획을 세우고, 레오노르의 두 남자 형제와 결투하여 그들을 죽이게 되고, 그 후에 수도사가 된다. 레오노르의 남자 형제들 중 하나가 알바로 경 여동생의 가슴을 칼로 찔러 복수를 한다. 결국 이 작품은 알바로 경의 자살로 막을 내린다.

2) 호세 데 에스쁘론세다

호세 데 에스쁘론세다(José de Espronceda, 1810~1842)는 낭만주의 시인으로 스페인에서 커다란 인기를 누렸었다. 그는 〈누만시아인들〉(Los Numantinos)이라는 비밀 결사단체를 조직하였으며, 포르투갈의 리스본에서 망명생활을 하였으며 망명생활 중 알게 된 떼레사 만차(Teresa Mancha)에게서 삶과 작품활동에 있어 커다란 영향을 받았다.

자유주의 사상들로 인해 페르난도 7세의 박해를 받았던 이 작가는 다른 여타 낭만주의자들과 마찬가지로 격정적인 삶을 살았으며 여러 여인들과 열정적인 애정관계를 맺으며 살았다. 에스쁘론세다의 장편시들 중 하나가 자신의 장례식에 애인의 해골과 더불어 춤추고 있는 방탕한 젊은이에 관한 작품인 〈살라망까의 학생〉(El estudiante de Salamanca)이다. 다른 작품으로 〈빌어먹을 세상〉(El diablo mundo)이 있으며, 이것은 인류 역사 전체를 묘사하는 서사시가 되기를 갈망한 작품이다. 잘 알려진 작품으로 〈해적의 노래〉(La canción del pirata)가 있으며, 그 후렴을 소개하면 다음과 같다.

나의 보물은 나의 배이어라,

자유는 나의 신이어라,

힘과 바람은 나의 법이리,

바다는 내 유일한 조국이어라.

3) 호세 소리야

호세 소리야(José Zorrilla, 1817~1893)는 법률을 공부한 사람이었으나 시인이며 극작가가 되었다. 스페인의 과거 영광들을 노래하여 국민적인 호응을 받았기 때문에, 사람들은 그를 '국민 시인'이라고 부른다. 그의 시는 오늘날까지 스페인 민족을 매혹시켜 오고 있다. 그는 엄청난 양의 작품을 썼음에도 불구하고 비참한 생활수준에서 벗어나지 못한 채 세상을 떠났다. 그는 로뻬 데 베가(Lope de Vega)처럼 항상 운문으로 된 많은 극작품들을 쉽게 썼다. 소리야는 띠르소 데 몰리나(Tirso de Molina)의 드라마에서 영감을 받아 그의 희극 〈돈 환 떼노리오〉(Don Juan Tenorio)를 씀으로써 스페인어권 세계에서 최고의 인기 작가 중 한 명이 되었다. 이 작품은 1844년 초연 된 이후 지금까지, 매년 모든 성자들의 날에 상연되어진다.

4) 구스따보 아돌포 베께르

구스따보 아돌포 베께르(Gustavo Adolfo Bécquer, 1836~1870)는 낭만주의 물결이 이미 지나간 뒤의 낭만주의자였으며, 또한 상징주의자였고, 그 세기의 가장 세련되고 섬세한 시인이었다. 베께르는, 프랑드르 지방에서 세비야로 이주한 가계의 후손으로, 세비야에서 칠 형제 중

구스따보 아돌포 베께르

다섯째로 태어났다. 청소년 시절 문학을 하고 성공하기 위해 마드리드로 올라와 여러 신문사에서 기자생활을 하기도 하였다.

스페인 낭만주의 시인들 중 가장 낭만적인 시인인 베께르는 그의 작품들이 책의 형태로 출판되는 것을 보지 못하고, 가난하고 병든 채, 34세에 무명으로 마드리드에서 세상을 떠났다. 그 당시의 비평가들은 베께르보다 수준이 떨어지는 다른 시인들을 선호하였으나, 오늘날 그는 19세기의 가장 독창적인 시인 중의 하나로 여겨진다. 근대 스페인과 중남미 시부문의 대표적인 선각자였다.

그의 대표작인 〈서정시집〉(Rimas)은 심지어 그가 죽을 때까지도 출판되지 않았다. 그것은 79편의 짧은 서정시로 된 시집으로, 그 시들의 주제들은 창의적인 영감과 낭만적이고 우울한 모습을 한 사랑이다. 다음은 가장 잘 알려진 그의 서정시들 가운데 일부이다.

시가 무엇이지? 너는 내게 말하지
나의 눈동자 속에 너의 푸른 눈동자를 고정시킨 채;
시가 무엇이냐고? 그래 너는 나에게 그것을 묻고 있니?
시란… 바로 너야.

한번 바라보면, 한 세상;
한번 웃으면, 한 하늘;

한번 키스하면… 난 알 수 없지

한번 키스로 너에게 무엇을 줄 수 있는지?

5) 헤루뚜르디스 고메스 데 아베야네다

　남성 낭만주의 작가들 외에도, 19세기 전반기에는 매우 중요한 여성 낭만주의 작가들이 많이 나타났으며, 그 중에는 헤루뚜르디스 고메스 데 아베야네다(Gertrudis Gómez de Avellaneda, 1814~1874), 꼰셉시온 아레날(Concepción Arenal, 1820~1893) 그리고 까롤리나 꼬로나도(Carolina Coronado, 1823~1911)가 있다. 이들 중 가장 유명한 여류작가가 헤루뚜르디스 고메스 데 아베야네다로, 쿠바(Cuba)에서 태어나 22세 때 스페인으로 이주를 하였다. 그녀는 시, 소설 그리고 극작품을 쓰면서 능력 있는 여성작가로 위치를 굳혔고, 낭만주의 작가들의 마드리드 문학계에서 매우 권위 있는 문학상을 두 번이나 수상하였다. 1859년 쿠바로 돌아갔으며, 그곳에서 사람들은 그녀를 쿠바문화의 위대한 영웅으로 맞아들였다. 그녀의 시는 감동적이고, 약간은 염세적이며, 또한 해방된 여성의 에로티즘을 부각시키기도 하였다. 널리 알려진 그녀의 작품은 시집 〈영혼의 고독〉(Soledad del alma)과 〈마음의 실수〉(Errores del corazón)이다.

6) 로살리아 데 까스뜨로

　사람들이 위대한 낭만주의 시인 베께르(Bécquer)와 비교하는 또 다른 낭만주의 여류작가가 갈리시아인인 로살리아 데 까스뜨로(Rosalía de Castro, 1837~1885)이다. 그녀는 서정적이고 섬세한 시를 썼으며 소설과 수필도 집필하였다. 그녀는 생애의 대부분을 마드리드에서 보냈으나, 항상 그녀의 고향 갈리시아를 잊지 못하고 그리워하였다.

갈리시아는 이 여류 작가의 많은 작품 내에서 주제와 소재로 나타난다. 그녀는 시집 2권을 갈리시아어로 쓰기도 하였다. 환상과 상상으로 가득한 소설을 썼으며, 또한 작품 내에서 사회 비평을 하고, 특히, 그녀의 고향 갈리시아의 가난을 고발하고 있다. 가장 잘 알려진 그녀의 작품은 시집 〈사르의 기슭에서〉(En las orillas del Sar)이다.

7) 까딸루냐의 낭만주의

스페인의 동북부 지역인 까딸루냐에서 낭만주의 사조는 매우 커다란 반향을 불러일으켰으며, 이전에 금지되었던 까딸루냐어를 사용하고자 하는 지역적인 욕구의 분출과 맥을 같이하게 되었다. 19세기 초반에 일어난 이러한 까딸루냐 지역의 낭만주의 문화운동을 일컬어 까따루냐어로 부활을 의미하는 '레나셍사'(Renaixença)라고 부른다.

낭만주의는 이 지역 문학 부문 중 시에서 가장 뚜렷한 발전을 보여주었다. 1833년 보나벤뚜라 까를레스 아리바우(Bonaventura Carles Aribau, 1798, 바르셀로나~1862, 바르셀로나)는 까딸루냐어로 된 장편시를 출판하였으며, 그것은 이 지역의 많은 다른 시인들에게 영감을 주게 되었으며 또한 모델이 되었다. 하신뜨 베르다게르(Jacint Verdaguer, 1845~1902)는 신부였으며, 아주 달콤하고 독창적인 서정시를 많이 썼다. 그는 바르셀로나의 도시생활에 적응하지 못하고 고독하게 살다가 마침내 가난하게 외로이 세상을 떠났다. 조안 마라갈(Joan Maragall,

1860~1911)은 신문기자이며 문학비평가로 까딸루냐어로 된 시집 5권을 썼다. 시 양식으로 볼 때, 조안 마라갈은 후에 번창하게 된 모더니즘 사조와 연관이 있다.

시 부문 외의 여타 까딸루냐어로 된 문학도 19세기에 많이 발전하여, 위대한 산문작가들과 극작가들이 나타났다. 베니또 뻬레스 갈도스(Benito Pérez Galdós)와 비교되는 사실주의 작가 나르시스 오예르(Narcís Oller, 1845~1930)가 그 대표적인 예로 그는 근대 까딸루냐 소설 부문의 선구자였다. 그의 마지막 소설 〈뻴라르 쁘림〉(Pilar Prim)의 여자주인공인 뻴라르 쁘림은 연하의 남자와 사랑을 함으로써 사회로부터 심하게 비난받는 미망인이다. 낭만주의의 가장 순수한 전통적 관점에서, 그녀는 자신의 감정에 충실하는 것으로, 도덕적으로 구제받을 수 있었다. 언어학적 그리고 문학적 '레나셍사'는 또한 연극분야에도 영향을 미쳐, 앙헬 기메라(Angel Guimerà, 1845~1924)에 의해 대표되고 있다. 그의 성공적인 드라마들은 주로 전원생활을 소재로 하고 있으며, 주인공들로는 그곳에 생활 터전을 둔 농부들을 등장시키고 있다.

3. 19세기 후반의 사실주의

19세기 후반 스페인문학은, 낭만주의자들의 주관주의와 환상에 대한 반발로 사실주의가 나타나, 사실주의 소설이 지배하게 되었다. 사실주의 작가들은 스페인 생활의 풍속들, 특히 지역적인 분위기를 아주 상세히 묘사하였다.

스페인의 첫 번째 사실주의 소설은 〈갈매기〉(La gaviota, 1849)로, 이 소설은 독일인 아버지와 안달루시아인 어머니 사이에서 스위스에서 태어난 여류작가인 세실이아 뵐 데 파베르(Cecilia Böhl de Faber, 1796~1877)의 작품이다. 그녀는 당시의 다른 여류작가들이 그랬던 것처럼 남성 필명인 '페르난 까바이예로'(Fernán Caballero)를 사용하였으며 소설 속에서 안달루시아의 풍속들을 그렸다. 19세기의 유명한 사실주의 소설가들은 페르난 까바이예로의 전통을 따랐다.

1) 환 발레라

환 발레라(Juan Valera, 1824, 까브라~1905, 마드리드)는 외교관, 소설가 그리고 문학비평가였다. 그는 외교관으로 나폴리, 비엔나, 리스본, 리오 데 자네이로, 워싱턴과 여타 도시들에서 거주하였다. 환 발레라는 '예술을 통한 예술'을 옹호하였으며 추한 진실보다는 아름다운 거짓을 더 선호하였다. 대중들은 그의 작품들을 별로 좋아하지 않았으나, 그에게는 많은 추종자들이 있었으며, 그들에 의해 둘러싸여 세상을 떠났다.

발레라는 수많은 작품을 쓴 다작의 작가로, 시, 연극, 문학비평을 썼으며, 번역도 하였다. 그러나 그의 작품 중 가장 평가받는 분야는 매혹적인 소설들로 가장 훌륭한 작품이 〈뻬삐따 히메네스〉(Pepita Jiménez)이다. 이 소설은 20세의 부유한 안달루시아인 미망인의 이야기를 다루고 있는데, 그녀의 매력에 사로잡힌 한 젊은 신학도와 그녀를 또한 사랑하는 젊은이의 아버지 사이의 삼각관계를 다루고 있다. 복잡하게 전개되는 상황 끝에, 마침내 젊은 아들이 사랑에서 승리하게 되면서 소설은 결말을 맺는다.

2) 뻬드로 안또니오 데 알라르꼰

뻬드로 안또니오 데 알라르꼰(Pedro Antonio de Alarcón, 1833, 구아딕스~1891, 마드리드)은 극작가며 소설가였으나, 극작품보다는 소설과 단편소설로 유명하게 되었다. 그의 작품 중 스페인 문학사상 사실주의 작품으로 높이 평가되는 것이 바로 〈삼각뿔모자〉(El sombrero de tres picos)이다. 이 작품은 아주 오래된 로망스시(史詩)에 기초한 악자풍의 대중적 이야기로, 그 양식으로 보아 황금세기(Siglo de Oro)의 훌륭한 전통을 이어받은 작품이다. 그 내용은 제분공장주의 부인이 한 늙은 안달루시아 행정관에 의해 괴로움을 당하는 던 끝에 마침내 자신의 남편과 함께 행정관에게 복수를 하게 된다는 것이다.

스페인의 위대한 작곡가인 마누엘 데 파야(Manuel de Falla, 1876~1946)는 〈삼각뿔모자〉(El sombrero de tres picos)에서 영감을 얻어 동일명의 발레 곡을 창작하였다. 파야는 당시 예술분야의 거장들과 협력하여 1919년 이 작품을 상연하게 되었으며, 알라르꼰과 파야의 참여 외에도, 무대 디자인과 의상에 빠블로 삐까소(Pablo Picasso)가, 무용부문에 '러시아 발레'(Bal let russes)의 세르게 디아그힐레프(Serge Diaghilev)가 참여하였다.

3) 베니또 뻬레스 갈도스

베니또 뻬레스 갈도스(Benito Pérez Galdós, 1843~1920)는 정치가로

베니또 뻬레스 갈도스

국회의원을 지내기도 한 작가였다. 19세기의 가장 훌륭한 소설가들 중 하나로 평가받고 있는 뻬레스 갈도스는 스페인 역사소설, 자연주의 성향의 소설 그리고 그의 소설들을 개작한 연극작품들을 썼으며, 과거의 스페인 민족 정신을 작품 속에 가장 잘 반영한 작가였다. 위대한 작가로서 그의 천재성은 세르반떼스와 비교될 정도이며, 영국에서 디킨스(Dickens), 프랑스에서 발작(Balzac)이 차지하는 위치를 스페인 문학에서 갈도스가 차지하고 있다.

 갈도스는 카나리아군도에서 태어났으나, 생활과 소설의 중심지는 마드리드였고, 그곳에서 생애의 대부분을 보냈다. 갈도스는 교권반대주의자로 공화파이며 자유주의자였다. 그는 사랑하는 스페인의 비극적인 사회적 불의를 바라보며 마음 아파하였으며, 사회의 잔혹한 이기주의에 반대하여 그의 펜으로 투쟁하고 있었다. 그 투쟁은 증오가 아니라, 친절, 사랑 그리고 유머를 함께 한 투쟁이었다. 그는 매우 인간적인 인류애에 신념과 희망을 지니고 있었으며, 그러한 인류애는 단지 톨스토이와 같은 위대한 천재들만이 심오하게 느꼈던 것이다. 무질서한 개인주의 가운데서 갈도스는 스페인을 구할 수 있는 유일한 가치는 관용, 화해 그리고 교육이라고 여겼으며, 사막 속의 하나의 고독한 목소리처럼 이를 부르짖었다.

 갈도스는 스페인한림원의 회원으로서의 첫 등장 연설에서 다음과 같이 얘기하였다: "소설은 삶의 이미지이고 그 기법은 삶의 인간적인 특징들인; 열정, 나약함, 위대함 그리고 천박스러움; 영혼과 얼굴, 정신과 물질; 언어, 인종의 구분; 가정, 가족의 상징; 의복, 인간성의 외적인 표현을 재생하는 데 있다. 그러한 재생이 진실과 아름다움 사이에 정확한 균형을 제공해야 한다는 사실을 잊어서는 안 될 것이다". 이러한 원칙은 갈도스의 작품에 잘 반영되어 있다.

갈도스의 작품활동은 매우 왕성하였으며, 그의 글 속에는 전체적으로, 약 8천 명의 인물들이 77개의 소설과 24개의 극작품에 걸쳐 나타나 있다. 그의 기념비적인 작품인 〈국가적 에피소드들〉(los Episodios Nacionales)은 46개의 소설 모음집이며, 그것은 역사적이거나 가공의 인물들 위주로, 19세기 스페인의 잘 알려진 사실들을 언급하면서 현실과 가상을 혼합한 역사소설이다. 〈국가적 에피소드들〉은 스페인 역사를 보여주는 서사시적 업적을 이룬 작품이다. 갈도스는 최소한 한 두 편의 소설을 쓰지 않고는 단 한 해도 그냥 흘러 보내지 않았던 왕성한 창작열을 지녔던 작가였다.

그는 초기에 성직자들의 편협성과 가식적인 종교를 공격하면서, 〈완벽한 여성〉(Doña Perfecta), 〈영광과 레온 록의 가족〉(Gloria y La familia de León Roch)과 같은 소설들을 집필하였다. 또한 이 시대에는 〈마리아넬라〉(Marianela)와 같은 사회적 경향의 작품도 썼는데, 그것은 동시에 감상적인 분위기를 지니고 있기도 하다. 그의 제2기 소설들은 마드리드를 무대로 하고 있으며, 스페인 사람들의 삶과 심리를 매우 충실히 그려내고 있다.

갈도스의 걸작품 중 하나인 〈포르뚜나따와 하신따〉(Fortunata y Jacinta)도 또한 초기 시대의 창작품이다. 이 작품은 하신따(Jacinta)와 결혼한 환니또 산따 끄루스(Juanito Santa Cruz)와 그와는 완전히 다른 사회계층 출신인 가난한 마드리드 소녀인 포르뚜나(Fortuna) 사이의 사랑 이야기를 다루고 있다. 이 소설에서 갈도스는 이루어질 수 없는 사랑을 이야기하면서, 19세기 스페인의 사회적 그리고 경제적 발전을 기술하고 있다. 이 소설 속에는 당시의 사회적 환경과 자신의 문제들을 지닌 개개인들을 동시에 반영하는 인물들의 세계가 생생하게 표현되어 있다.

만년에 갈도스는 연극에 전념하였으며, 그의 연극은 사실주의적이고, 고통받고 있는 사람들에게서 영감을 받아 인간적이다. 일부 비평가들은 갈도스의 자유로운 사상 때문에 그의 연극을 비판하였으나, 민중은 그의 연극을 열정적으로 찬미하였다. 오늘날, 갈도스는 19세기의 가장 뛰어난 극작가 중 한 사람으로 간주되며, 대표적 극작품이 〈할아버지〉(El abuelo), 〈엘렉뜨라〉(Electra)* 그리고 〈현실〉(Realidad)이 있다.

4) 에밀리아 빠르도 바산

에밀리아 빠르도 바산(Emilia Pardo Bazán, 1851~1921)은 매우 교양 있는 귀족의 외동딸로 갈리시아의 라 꼬루냐(La Coruña)에서 태어나 마드리드에서 세상을 뜬 여류작가였다. 그녀는, 매우 박식한 여성으로, 고향인 갈리시아에서 백작이었으며, 이 직책은 그녀의 여러 작품 속에 소재로 사용되었다.

빠르도 바산은 19세기 전체를 통해 작품활동을 가장 활발히 한 여류소설가 중 한 사람이었다. 그녀는 소설 〈우요아의 대저택들〉(Los

---

* 그리스전설에 나오며, 아가멤논과 클리템네스트라의 딸로, 오빠 오레스테스와 함께 어머니와 어머니의 정부를 살해하여 아버지의 원수를 갚은 여자.

Pazos de Ulloa)로 잘 알려져 있으며 많은 단편과 수필을 썼다. 그녀는 또한 스페인의 자연주의 운동에 관여하였으며, 인간의 행동을 결정 짓는 요소인 자연에 관심을 가졌다.

빠르도 바산은 스페인 역사상 처음으로 여교수로 발령을 받아 마드리드 중앙대학교(Universidad Central de Madrid)의 교수가 되었으나, 여교수의 출현에 적응하지 못한 학생들이 수업을 거부하기도 하였다. 페미니스트로서, 그녀는 여성의 교육받을 권리를 강하게 옹호하였다.

에밀리아 빠르도 바산

5) 비센떼 블라스꼬 이바녜스

비센떼 블라스꼬 이바녜스(Vicente Blasco Ibáñez, 1867~1928)는 법학 전공자로 여러 번 국회의원을 지냈으며, 순수한 자유주의 소설가였다. 비록 아주 훌륭한 소설가로는 평가되지는 못하지만, 세계적으로 알려진 근대 스페인 소설가이다.

그는 젊은 시절 활동적인 공화파 신문기자였으며, 당시 자신의 고향인 지중해 연안의 항구도시 발렌시아(Valencia)에 관한 훌륭한 지역 소설들을 썼다. 특별히 〈농촌가옥〉(La barraca)*은 빛과 색으로 가득한, 강렬한 문체로 그린 생생한 문학작품이다.

＊ 지붕이 짚이고 급경사인 지중해 연안 경작지대의 건물.

블라스꼬 이바녜스는 또한 반교단적이고 사회적인 소설 집필에 전념하였으며, 그러한 유형의 작품들이 〈침입자〉(El intruso), 〈대성당〉(La catedral) 그리고 〈술집〉(La bodega) 등이다. 그 후 그는 제1차 세계대전에 관한 소설들인 〈아포칼립시스의 네 기마병〉(Los cuatro jinetes del Apocalipsis)과 〈우리들의 바다〉(Mare Nostrum)로 세계적인 인기를 얻게 되었으며, 투우에 관한 인기 있는 소설 〈피와 모래〉(Sangre y arena)를 쓰기도 하였다. 마지막으로 언급한 세 작품은 헐리우드(Hollywood)에서 영화화되었으며, 이 덕분에 블라스꼬 이바녜스는 백만장자가 되었다.

4. 위대한 화가 프란시스꼬 데 고야

근대 사회의 역동적이고 다양한 창조적 문예사조에서 가장 두드러진 인물이 아마도 프란시스꼬 데 고야(Francisco de Goya, 1746~1823)일 것이다. 18세기에 그를 제외하고는 특출한 예술가나 작가가 존재하지 않는다. 예술적인 전통이나 학파도 없던 당시의 스페인에서, 고야(Goya)는 그 시대 스페인 민족의 모든 자질과 결함을 함께 지니고 있던 진정한 스페인 사람이었다.

고야는 아라곤에 있는 푸엔데또도스(Fuendetodos)마을의 미천한 가정에서 태어났다. 13세에 그는 사라고사(Zaragoza)에 갔으며, 그곳에서 호세 루산 이 마르띠네스(José Luzán y Martínez)의 지도하에 그림을 그리기 시작하였다. 어린 시절 장난스럽고 정서가 불안한 소년이었으며, 이런 성격들은 전(全)생애를 통해 유지되었다. 그는 1766년경 마드리드로 갔으며 거기서 로마로 건너가 1775년까지 살았다. 이 당시의 고야에 대해서는 거의 알려진 게 없으나, 그가 로마에서 몇 번인가 결투와 싸움을 한 적이 있으며 또 종교재판으로 박해를 받았다는 사실이 알려져 있다.

마드리드에 돌아오자 그는 당시 저명한 화가였던 프란시스꼬 바예유(Francisco Bayeu)의 여동생, 호세파 바예유(Josefa Bayeu)와 결혼했다. 바예유의 도움으로 명성을 얻기 시작한 그는 사라고사(Zaragoza)의 삘라르(Pilar)교회의 두 둥근 천장에 종교적인 장면들을 그리게 된다. 1786년에 국왕 까를로스 4세(Carlos Ⅳ)는 그를 왕실 화가로 임명하고, 봉급을 주어 경제적인 문제로부터 해방시켜 주었다. 당시 고야는 수 년 동안 까를로스 4세의 퇴폐한 궁정의 인물들을 그렸다. 망나니 기질과 천부적 재능을 함께 섬비했던 고야는 대범하고 아주 정확하게 왕가 구성원들을 그렸다. 왕가의 모든 모순과 부끄러운 모습들이 그의 그림들에 잘 반영되어 있다. 고야가 그림 속에서 왕실의 치부를 적나라하게 그렸음에도 그를 교수형에 처하지 않았던 것이 이상할 정도다.

고야는 귀족적인 분위기와 대중적 우아함을 동시에 지닌 아름다움의 극치를 보여주던 알바(Alba) 공작부인과 친밀한 우의를 유지하고 있었다. 고야는 공

〈알바 공작부인〉

〈전라(全裸)의 선녀(善女)〉

〈의복(衣服)한 선녀(善女)〉

작부인을 여러 번 그렸으며, 그 중 한 작품〈알바 공작부인〉속에서 우아하고 품위 있는 귀부인의 모습을 엿볼 수 있다.

알바 공작부인과의 교류와 예술적인 경험을 통해서 영감을 얻어 고야는 마침내 그 유명한 2개의 그림인〈전라(全裸)의 선녀(善女)〉(La maja* desnuda)와〈의복(衣服)한 선녀(善女)〉(Lamaja vestida)를 그리게 되었을 것이다. 그러나 이 그림의 모델이 되었던 여성은 알바 공작부

---

* maja라는 단어는 스페인어로 '멋있고 매력적인 여성'을 뜻하며, 우리 나라에서 일반적으로 알려져 있는 '마야부인'이라는 그림 제목과는 거리가 멀다. 따라서 우리는 '선녀(善女)'라는 용어로 번역하였다.

고야의 〈5월 2일〉

고야의 〈5월 3일〉

인이 아니라고 알려져 있다.

생애의 중반기에 고야는 거의 귀머거리가 되었다. 나폴레옹의 군대들이 반도를 침략했던 1808년이 되었다. 군인들이 마드리드에 들어올 때, 고야는 거기에 있었으며, 전쟁의 공포를 목격하였고, 그러한 전쟁 장면들을 그린 그림들이 〈5월 2일〉(El dos de mayo)과 〈5월 3일〉(El tres de mayo)로 전투의 극적인 상황을 그리고 있다. 이 그림에서 화가는 자신의 동포와 함께 뼈저리게 겪은 전쟁의 재앙을 표현하고 있으며, 그 내용들은 후에 〈전쟁의 재앙들〉이라는 스케치 모음집에도 나타난다.

고야는 생애의 말년을 자의에 따른 정치망명객으로 프랑스의 한 지방에서 보냈다. 당시 폭군 페르난도 7세(Fernando VII)는 스페인을 공포하에 두고 있었다. 고야는 망명지에서 살고 있었던 그의 자유주의자 친구들과 함께 하기 위해서 스페인을 떠나기로 결정하였다. 그러나 결코 그림 그리는 일은 포기하지 않았다. 81세에 이 위대한 화가는 그의 조국에서 멀리 떨어진 곳에서 세상을 떠나게 되었다.

비록 고야의 예술이 주로 낭만주의적이지만, 신고전주의 시기에 그린 매우 유명한 작품들도 존재한다. 이러한 작품들은 조화롭고 논리적인 세계를 이상적으로 표현하였으며 1770년과 1790년 사이에 그려졌다. 이러한 예가 〈플로리다블랑까(Floridablanca) 백작〉이란 유명한 그림이며, 사실주의적 양식의 영향이 나타난다. 플로리다쁠랑까는 까를로스 3세(Carlos III) 시대의 유능한 학식을 겸비한 대신들 중의 하나였다. 이 그림 속에는 그가 그린 다른 그림을 플로리다블랑까 백작에게 보여주고 있는 고야 자신을 볼 수 있다. 그 백작이 입고 있는 붉은 황금빛 의복과 섬세하고 예민한 그의 시선은 고야의 위대함을 보여주고 있다. 이 그림은 스페인 땅이 훌륭한 통치하에 있었다는 점을 암시하는 것 같다.

이 낙천주의 기간의 가장 유명한 그림은 아마도 〈술래잡기〉(La gallina ciega)일 것이다. 그 그림에서는 그 당시의 마음가짐에 대해 많

고야의 신고전주의 그림 〈술래잡기〉

은 것이 포착된다. 상류사회의 젊은이들이 순진무구하게 놀고 있는 장면은 자연과 완전한 조화를 이루고 있으며, 자연은 여기서 하나님의 완벽한 창조물로 인식되어진다. 그림 안쪽에 보이는 지평선은 모든 것과 조화를 이루고 있으며, 놀고 있는 사람들의 표정들이나 우아한 모습들도 매우 아름답게 그려져 있다.

신고전주의 양식은 곧 고야의 작품들에서 사라졌다. 고야는 1800년 왕가의 초상화인 〈까를로스 4세의 가족〉(La familia de Carlos IV)을 그렸으며, 이 그림은 아주 훌륭한 것으로 벨라스께스(Velázquez)의 〈궁녀들〉(las meninas)과 매우 흡사하다. 두 그림의 주제가 유사하고, 작품 속에 나타나는 화가 자신의 위치도 거의 꼭 같다. 고야가 벨라스께스에게서 영감을 받았음을 보여주고 있다. 그러나 고야의 초상화 속에는 사회적 비판이 암시되어 있다. 인물들은, 그의 사회적 위치가 요

〈까를로스 4세의 가족〉

구하듯, 귀족풍이 아닌 유산층풍(브르죠아풍)을 하고 있다. 중앙에 왕이 아닌 왕비 마리아 루이사(María Luisa)가 자리잡고 있으며, 다른 모든 가족과 마찬가지로 조소적이고 못생겼다. 까를로스 4세는 자신의 주위에서 일어나고 있던 일들을 모르고 있었던 것 같으며, 실제로 몰랐었다. 왕비를 중앙에 위치시켜 왕비가 실제 통치권을 행사하고 있음을 표현하고 있다. 그러나 군주부처 자신들이 알아차리지 못했던 일 즉, 사회적 논평을 그림에서 표현하는 이외에도, 이 그림에는 그림에 조화와 통일성을 주는 다양한 밝은 색들이 존재한다. 이러한 색들은 각각의 인물을 개별화시키는 데 기여한다.

고야는 또한 훌륭한 에칭들과 스케치들도 남겼다. 〈변덕쟁이들〉(Caprichos)이라고 불리는 많은 분량의 에칭작품집(1799년)에서 볼 수 있듯, 고야의 예술은 풍자적이며, 인간의 이기심, 무지, 시기 그리고 위선에 대해 풍자하고 있다. 80개의 에칭작품모음집 〈변덕쟁이들〉은 에칭의 주제를 정의하는 격언들과 난해한 문장으로 된 부제(副題)들을 지니고 있으며, 이 모음집에서 고야는 그 시대의 정치적, 사회적 그리고 종교적 폐단들을 공격하였다. 이 모음집 속의 한 에칭작품인 〈이성의 꿈은 괴물을 낳는다〉(El sueño de la razón

〈이성의 꿈은 괴물을 낳는다〉

produce monstruos)는 작품 속에는 절망의 몸짓으로 책상 위에 머리를 떨군 채 앉아 있는 인간의 모습을 볼 수 있다. 그 모습 근처에는 악몽 속에서나 나타날 것 같은 머리 위를 날고 있는 환상적인 형태들과 박쥐들이 있다. 작품 속의 문장은 너무나 난해하여, 그 해석을 두고 많은 이들을 고민하게 만들고 있다.

고야는 또한 스케치 모음집인 〈전쟁의 재앙들〉(Desastres de la guerra)을 그렸다. 이 스케치 작품들은 〈5월 2일〉과 〈5월 3일〉과 같은 시기에 그렸으며, 전쟁의 비참함과 광기라는 동일한 테마를 다루고 있다. 그러나 실제 전쟁의 재앙들은 아마도 이 그림들보다 훨씬 더 비관적이었을 것이다. 스케치들 속에는 완전히 폐허로 변한 전장과 전쟁으로 희생된 사람들의 고통이 표현되어 있다. 〈그리고 대책이 없다〉(Y no hay remedio), 〈제 때에 도착하지 않는다〉(No llegan a tiempo), 〈아무도 이유를 모른다〉(Nadie sabe por qué), 〈죽은 자들에 대항하는 놀라운 용맹〉(Maravilloso heroísmo contra los muertos) 등의 스케치 제목들은 그토록 유명한 이러한 일련의 작품들을 창조할 때, 고야가 지녔던 의도를 알게 해준다. 〈전쟁의 재앙들〉(Desastres de la guerra)이라 명명된 스케치 모음집의 일부인 〈그 때문도 아닌데〉(Ni por esas)는 스페인 역사의 참혹하고 격정적인 시대에 고야가 지녔던 염세관을 보여주고 있다. 이 스케치는 흑백으로 되어 있으며 전쟁의 비참함과 고통을 반영하는 것으로, 전쟁과 페르난도 7세(Fernando VII)에 대한 사회 비판적 작품이다.

18세기의 유럽 미술은 대부분 인습적이거나 생생하게 표현하는 것을 피하고 있었다. 고야의 자발적이고 활기찬 스타일은 예술에 있어 혁명을 가져왔다. 고야는 근대 인상파의 대가이자 선구자였다.

5. 18세기와 19세기의 음악

1) 사르수엘라

스페인은 이탈리아의 오페라와 유사한, 일종의 민족적 서정극인 경희가극인 사르수엘라(zarzuela)를 만들어냈다. 그것은 노래, 춤 그리고 대화로 이루어져 있다. 그 이름은 펠리뻬 4세(Felipe IV)가 마드리드 근처에 건설하도록 한, 시띠오 레알 델 라 사르수엘라(Sitio Real de la Zarzuela)라고 불리는 궁궐에서 유래한다고 믿어진다. 거기서 이런 유형의 극이 상연되었기 때문이다.

17세기에 깔데론 델 라 바르까(Calderón de la Barca)가 초기 사르수엘라의 가사를 썼다. 그 작품들은 〈아폴로의 월계수〉(El laurel de Apolo)와 같은 신화적 사건들을 다루고 있다. 18세기에는 라몬 델 라 끄루스(Ramón de la Cruz)가 대중적 유형의 사르수엘라를 썼다. 19세기 중반에 근대적인 사르수엘라가 시작되었고, 그때부터 오늘날까지 3장으로 되어 있는 대(大)사르수엘라(zarzuelas grandes)가 수천 개 이상 쓰여졌다. 또한 하나의 장으로 되어 있는 소(小)장르(género chico) 또는 소(小)사르수엘라도 종종 나타났다.

모든 사르수엘라 중 가장 훌륭하고 가장 고전적인 사르수엘라는 의심할 바

시띠오 레알 델 라 사르수엘라궁

없이 〈빨로마의 전야제〉(La verbena de la Paloma, 1893)이다. 이 작품은 또마스 브레똔(Tomás Bretón)의 음악과 리까르도 델 라 베가(Ricardo de la Vega)의 가사와 함께 쓰여졌으며, 마드리드의 대중적인 풍속들을 잘 반영하고 있다. 전통적으로 전야제는 회전목마들이 돌아가는, 거리에서 사람들이 춤을 추고, 기름에 튀긴 과자들을 먹는 축제 시장과 유사하다. 마드리드에서는 매 여름마다 각각의 구역에서 전야제가 개최된다. 이러한 것들 중 가장 유명한 것이 빨로마전야제이고, 이것은 도심지역에서 개최된다.

 다른 많은 사르수엘라에서와 마찬가지로, 그 줄거리는 사랑의 갈등에 있다. 딜레마는 정직하지만 질투심 많은 남자 훌리안(Julián)과 멋있고 또한 정직한 아가씨 수사나(Susana) 사이에서 야기된다. 그러나 가장 매력 있고 재미있는 인물은 약제사인 음탕한 노인 일라리온(Hilarión)이다. 그는 70세 가까이 되는데, 아직도 그 지역의 소녀들이나 하층 여인들에게 관심이 있다. 그가 관심을 기울이고 있는 여성들 중의 하나가 훌리안의 애인인 수사나이다. 수사나는 남자 친구의 질투에 싫증이 나 있는 상태에서, 그에게 상처를 주기 위해 그 늙은 약제사와 함께 빨로마(Paloma) 전야제에 간다. 훌리안이 분노해 있는 동안에 일라리온옹은 그와 즐기는 젊은 여성들이 어떻게 그를 즐겁게 해주었는지를 익살스럽게 노래한다. 일라리온옹과 수사나와 마주친 훌리안은 그의 애인에게 "머리에 쇼올을 쓰고 어디에 가지?"라고 묻는다. 이어서 훌리안과 수사나가 부르는 듀엣이 나타나고, 이것이 이 작품의 중심 노래로 바뀌게 된다. 이 노래의 멜로디가 지니고 있는 색조, 즐거움, 익살 그리고 재치 때문에 오늘날까지도 많은 스페인 사람들을 감동시키고 있다. 이 사르수엘라는 웅대한 춤으로 절정에 달하며, 그후 마지막으로 그 연인들이 서로 사랑하고 있다는 사실을 깨닫게 된다.

2) 이삭 알베니스

사르수엘라는 스페인 국민들이 매우 좋아하고 찬미한 서정극적인 대중음악이나, 그것은 커다란 음악적 열망은 지니고 있지 않다. 박식한 음악연구가로 작곡가이자 거장인 까딸루냐인인 펠립 뻬드렐(Felip Pedrell, 1841~1922)은 스페인 음악의 수준을 향상시키기 위해서 많은 캠페인을 벌였다. 그는 대중적인 영감을 유지하려고 그것을 보편화시키려고 노력하였으며, 스페인 음악의 위상을 높였다. 그 결과, 20세기에 스페인 음악의 부활이 있었으며, 이는 부분적으로 뻬드렐의 천재적인 세제자, 이삭 알베니스, 엔릭 그라나도스 그리고 마누엘 데 파야(Manuel de Falla)에 의해 이루어졌다.

이삭 알베니스

이삭 알베니스(Isaac Albéniz, 1860~1909)는 피아노를 위한 위대한 음악작곡가였다. 10세에 이미 위대한 피아니스트였다. 알베니스는 역동적이고, 모험적이고, 창조적이고 성공한 사람이었다. 어릴 적에 그는 집에서 가출하여 여러 마을의 카페나 클럽 등에서 연주회를 하였다. 그는 뿌에르또 리꼬(Puerto Rico)로 향해 중이던 선박 안에 숨어 들어, 부에노스 아이레스(Buenos Aires), 쿠바(Cuba), 미국 그리고 유럽으로 이어지는 그의 모험을 시작하였다. 몇몇 경우 찬사와 돈을 얻었으나, 다른 경우 유랑의 가난 속에서 살았다. 1875년 결혼해서 마드리드로 돌아왔다. 단지 15세였다! 그때 그는 스페인을 느끼고, 자료를 구하기 위해서 한 걸음 한 걸음 스페인을 돌아다녔다. 헝가리의 부다페스트(Budapest)에서 프란츠 리스트(Franz Liszt)를 알았으며, 그와 함께 스페인을 여행하였다.

그는 파리의 음악 세계에 정착하게 되었으며, 그곳에서 인상파 예술가인 클라우드 드뷔시(Claude Debussy)를 알았고, 드뷔시는 스페인에 매우 심취된 사람이었다. 이삭 알베니스의 무도곡 모음집 〈이베리아〉(Iberia)는 스페인의 정신, 특히 안달루시아의 정신을 일깨워 준다.

이삭 알베니스는 환 발레라(Juan Valera)의 소설에서 영감을 얻어 오페라 〈뻬뻐따 헤메네스〉(Pepita Jiménez)를 작곡하였다. 그러나 그의 예술의 성숙한 결실은 1906년에 시작된 무도곡 모음집 〈이베리아〉(Iberia)에서 맺어진다. 〈이베리아〉는 가장 섬세한 스페인 풍의 음악으로 작곡된 스페인 지도와 흡사한 작품이다. 작품 속에 나오는 밀라가(Málaga), 뜨리아나(Triana), 엘 뿌에르또(El Puerto), 라바삐에스(Lavapiés), 그라나다(Granada) 그리고 엘 알바이신(El Albaicín) 등 대중음악이 나오며, 드뷔시는 "음악에서 〈이베리아〉의 〈엘 알바이신〉만큼 가치가 나가는 작품은 거의 없으며 …… 스페인의 밤은 카네이션과 달콤한 술의 향기를 발하고 있다"고 평했다.

3) 엔릭 그라나도스

알베니스(Albéniz)의 역동적인 기질과는 반대되는 기질을 지닌 엔릭 그라나도스(Enric Granados, 1867~1916)는 몽상가이자 명상가이며 은

엔릭 그라나도스

둔자이다. 〈스페인 세레나데〉(Serenata Española)와 같은 피아노용 실내악을 작곡하였으며, 스페인 지방의 민속에서 영감을 얻은 〈스페인 무용들〉(Danzas españolas)이라는 모음집을 작곡하였다. 고야(Goya)의 작품에서 나타나는 마드리드의 선남(善男) 선녀(善女)들은 그의 위대한 무도곡 모음집 〈고예스까스〉(Goyescas)의 동기가 되었으며 이 작품집은 나중에 오페라로 바뀌었다. 제1차 세계대전 중에 뉴욕의 메트로폴리탄극장에서 〈고예스까스〉를 상영한 후 귀국 도중에 그라나도스는 그의 부인과 함께 세상을 떠났다. 그들이 승선한 채 여행하던 영국 선박이 독일 잠수함에 의해 어뢰 공격을 받았던 것이다.

오페라 〈고예스까스〉는 뉴욕의 메트로폴리탄극장에서 상연된 첫 번째 스페인 음악작품이었으며 큰 성공을 거두었다. 이 작품은 보편성과 매우 스페인적인 면을 동시에 보여준다. 이 오페라는 몇몇 여성들이 어릿광대를 공중으로 던지며 함께 놀고 있는 고야의 작품 〈꼭두각시〉(El pelele)를 스케치하는 장면과 더불어 시작된다. 그 광경을 바라보는 사람들 사이에 서로 교태를 부리고 있는 한 쌍의 남녀—투우사인 빠끼로(Paquiro)와 마드리드의 아름다운 여성 로사리오(Rosario)가 있다. 빠끼로는 마드리드의 인기 있고 잘 알려진 춤인, 깐딜(Candil)의 춤에 그녀를 초대한다. 이 두 인물의 각 연인들이 이러한 사실을 서로 알게 되었으며 각자 복수를 하자고 맹세한다. 춤추는 장면에서 빠끼로와 로사리오의 애인 페르난도(Fernando) 사이에 결투가 벌어지게 되어, 빠끼로가 승리하고 페르난도가 죽게 된다. 애인이 결투에서 죽자 그의 시체를 바라보며 로사리오는 뒤늦게 그의 질투심을 일깨웠었음을 후회한다. 이 작품이 상연된 뒤, 비평가들은 극찬을 하였으며, 그들은 이 작품의 멜로디, 리듬 그리고 열정적인 스페인의 밝은 스타일을 찬미하였다.

고야의 작품 〈꼭두각시〉

제12장
20세기의 문화예술 I

| 20세기 스페인의 전반적 시대 동향 |

스페인의 20세기는 혼란과 갈등의 시기였으나, 문학이나 미술부문에서는 매우 활발한 활동이 전개되었으며, 세계적인 거장들이 출현하였다.

1886년 알폰소 13세가 왕위를 계승하자, 어머니인 마리아 끄리스띠나 왕비가 1902년까지 섭정하게 되었다. 그러나 1898년 미서전쟁의 패배로 쿠바, 필리핀, 뿌에르또 리꼬를 잃게 되어 스페인 식민제국은 해체되었으며, 모로코와 아프리카의 일부만이 식민지로 남게 되었다.

이러한 상실이 문학계와 지성계에 퇴폐적이고 염세적인 영향을 크게 끼쳤다. 이런 몰락에 반발하여 민중을 일깨우는 선각자들이 나타나 활발한 문학활동을 펼쳤으며, 이들 작가그룹을 "98세대"라고 부른다.

정치적으로 20세기 스페인은 극단적인 갈등을 겪었으며, 민주주의를 갈망하던 고뇌의 시기였다. 스페인내란(1936~1939)이 발발하여 100만 명 이상이 죽었으며, 이후 1975년까지 프랑꼬의 철권 독재체제가 유지되었다.

독재체제에 항거하여 평생 망명생활을 하며, 미술사에 큰 획을 그은 세계적인 화가 삐까소를 비롯하여, 많은 화가들이 열심히 문화예술 활동을 한 시대이기도 하다.

1. 20세기의 역사적 흐름

이 장에서는 20세기의 전반적인 역사적 흐름과 문학적인 내용을 다룰 것이며, 우선 역사적 흐름을 아래 도표와 같이 간략하게 요약하여 제시하고 난 뒤 추후 세부적인 내용을 하나하나 살펴보도록 하겠다.

1876	새 헌법, 1923년까지 유효
1885.11.	알폰소 12세(Alfonso XII)의 사망
1886.5.	알폰소 13세(Alfonso XIII)의 탄생
1885~1912	알폰소 13세의 어머니, 마리아 끄리스띠나의 섭정
1902~1931	알폰소 13세의 통치시기
1914~1918	제1차 세계대전―스페인 중립 유지
1923~1930	쁘리모 데 리베라(Primo de Rivera) 장군의 독재
1931	제2공화정(Segunda República) 선포, 새로운 헌법
1933~1935	온건 공화파들과 카톨릭교도들의 정부들
1934	아스뚜리아스(Asturias)의 혁명
1936	총선에서 인민전선(Frente Popular)의 승리와 내란 시작
1939	내란에서 프랑꼬파들(franquistas)의 승리
1940~1950	굶주림과 폭압의 기간

1) 알폰소 13세 시대

알폰소 13세는 부친인 알폰소 12세(Alfonso XII)가 1885년 11월에 사망한 뒤 수 개월 후에 태어났다. 1886년 5월에 알폰소 13세(Alfonso

XIII)가 등극하였으나 어머니인 왕비 마리아 끄리스띠나(María Cristina)가 섭정을 하다가 1902년에야 알폰소 13세가 통치하기 시작하였다. 왕비 마리아 끄리스띠나는 섭정기간 처음부터 의회에 크게 신경을 쓰지 않았으며, 자의적으로 대신들을 교체하려는 의사를 분명히 하여, 1902년부터 1923년까지 33번이나 정부가 교체되었다.

알폰소 13세가 직면한 가장 큰 문제는 스페인령 모로코

알폰소 13세

(Marruecos)였다. 1906년 알헤시라스(Algeciras)시에서 국제회의가 개최되었는데, 거기서 스페인과 프랑스가 모로코를 공유하도록 결정되었다. 그러나 스페인에 할당된 지역은 프랑스에 할당된 지역의 20분의 1밖에 되지 않는 작은 것으로, 그나마 불모지며 산악지대의 땅 일부였다. 더욱이, 모로코인들은, 노련한 투쟁가인 압드엘크림(Abd-el-Krim)의 정치적 그리고 군사적 지휘하에, 그들의 독립을 위해 노력하고 있었다. 스페인은 모로코에서 재정적으로나 인명 손실에서 아주 값비싼 비용을 치르며 군대를 유지하여야 하였다. 많은 스페인 사람들이 모로코에서의 전쟁을 격렬히 반대하였다.

오늘날 '비극적 주일'(Semana Trágica)이라고 알려져 있는 유혈충돌이 1909년 바르셀로나에서 총파업으로 인해 야기되었고, 수백 명이 사망하였다. 사람들은 모로코에서의 전쟁에 반대하고, 까딸루냐 노동

자들의 징집에 반대하여 투쟁하였다. 그 파업의 일부 행동대원들은 무정부주의자들로, 자본주의자들과 까딸루냐지역의 정치가들에 대항하여 투쟁하였다. 스페인 민족은, 어떤 실질적인 결실도 없이, 그들의 아프리카 내 식민지 때문에 지나치게 높은 비용을 지불하였다.

그럼에도 불구하고, 알폰소 13세의 통치시기는 단지 계속되는 좌절만의 시대는 아니었다. 1914년, 알폰소 13세에게 자신을 실정들에서 구출해 줄 수 있는 일, 즉, 제1차 세계대전(la Primera Guerra Mundial, 1914~1918)이 일어났다. 스페인은 전쟁기간 내내 중립을 유지하였으며, 이러한 중립은 스페인 경제에 매우 유익하였다. 농업과 산업이 발전되었고, 생산품들의 수출이 증대되었다. 부자들은 더 많은 돈을 벌었으며, 가난한 사람들은 그들의 일당을 더 받을 수 있었다. 1차 세계대전이 끝날 무렵, 스페인은 금 보유에 있어 세계 4위의 국가가 되었다.

알폰소 13세는 보수정책을 계속 유지하였으며, 왕가의 특권을 유지하는 데 모든 노력을 경주하였다. 그러나 그는 농업문제, 지방독립운동, 노동자의 요구 등 만성적 위기를 해결하지 못한 채, 쁘리모 데 리베라(Primo de Rivera) 장군의 군부독재(1923~30)하에 정권을 유지하다가, 세계공황으로 경제가 악화되자 군부독재와 군주제가 함께 붕괴되었다. 결국, 그는 1941년 망명지에서 세상을 떠났다.

2) 노조들의 투쟁과 사회적 갈등

1874년 왕정의 복구 이후 제1차 세계대전까지, 스페인은 어느 정도 사회적으로 평화로운 시기를 향유하였다. 그러나 시간이 흐름에 따라

내란 중의 노동자총연맹의 포스터

사회적인 갈등들은 점점 더 격렬해졌으며, 마침내 스페인은 다시 한번, 화해가 불가능한 두 집단인 부르죠아 계층과 노동자 계층으로 분열되었고, 이러한 갈등은 계급투쟁으로 전환되었다.

노동자들은 사회당에 가맹되어 있는 노동자총연맹(UGT)*과 무정부—노동조합주의자 그룹인 전국노동연맹(CNT)*이라는 두 개의 커다란 전국적 규모의 노조를 거느리고 있었다. 스페인에서는 공개적이거나 은밀한 전국적인 강력한 무정부주의운동이 존재해 왔다. 사회적인 투쟁은 1909년의 '비극적 주일'(Semana Trágica)에 산업도시 바르셀로나에서 폭력사태를 야기하게 되었다. 그곳에서는 노동자들의 80%가 국가노동연맹(CNT)에 속해 있었다. 파업이 엄청나게 증가하였으며 노사는 서로의 주장을 굽히지 않으며 극단적으로 서로를 증오하였다.

---

* 노동자총연맹(UGT, Unión General de Trabajadores) : 1888년 빠블로 이글레시아스(Pablo Iglesias)에 의해 창립되어 활동해 오다 프랑꼬(Franco) 시절 지하조직으로 연명했으며 1977년 합법화됨.
* 전국노동연맹(CNT, Confederación Nacional del Trabajo) : 1910년 결성되어 프랑꼬 시절 다수 추방되어 활동이 미약했으나 1977년에 합법화됨.

노동자들은 제대로 생활할 수 없었으며 사주들도 양보를 하지 않았다. 노동자들은 완전한 혁명과 유산층의 제거를 요구하였다. 테러가 바르셀로나 거리에 빈번하였으며 노동자와 사주들은 총을 맞고 죽어갔다. 마드리드의 정부는 모든 스페인 사람들에게 심각하게 영향을 미치고 있던 이 문제를 해결할 수가 없었다.

3) 미겔 쁘리모 데 리베라 장군의 독재

계급투쟁에 더하여 정치적인 상황도 악화되어 갔다. 모로코 문제와 더불어, 지역적인 갈등도 존재하였다. 많은 까딸루냐인들은 자치를 원했으며, 그 중 일부는 완전한 독립을 원하였다. 이러한 악재들을 해결하기 위해, 미겔 쁘리모 데 리베라(Miguel Primo de Rivera, 1870~1930) 장군은 이전 시대의 고전적인 쿠데타 선언들을 생각해내어, 알폰소 13세의 동의하에, 1923년부터 1930년까지 지속된 군부독재를 구축하였다.

쁘리모 데 리베라 장군

모든 사람들은 의회의 무능과 부패에 싫증이 나 있었으므로 처음에는 박수를 치면서 독재를 환영하였고, 심지어는 사회당까지도 독재에 협력하였다. 독재자 쁘리모 데 리베라는 모로코의 반란을 진압하고 훌륭한 도로들을 건설하였다. 그의 통치는 세계적인 잠시 동안의 번영기와 일치하였다. 리베라는 언론의 자유,

노동조합 결성권과 기타 헌법에서 보장하는 권리들을 철폐하였으며, 상원과 하원도 또한 폐지하였다. 그럼에도 불구하고, 지역적 분리주의와 계급투쟁과 같은 중대한 문제들은 해결되지 않고 있었다.

독재시기 말엽에는, 모든 스페인 사람들, 심지어는 군대까지도, 독재자를 반대하고 나섰다. 쁘리모 데 리베라는, 모든 사람들에게서 버림받자, 1930년 사퇴하고 파리로 물러났으며, 몇 개월 후 세상을 떠났다. 쁘리모 데 리베라가 사임한 후, 스페인의 모든 지역에서 단체장 선거가 있었다. 군주정과 공화정 사이의 선택에서 민중은 공화정을 선택하였다. 알폰소 13세는 지지 기반을 잃은 채 홀로 남게 되었고 스페인을 떠나야 하였다. 1931년 4월 14일 스페인의 제2공화정이 선포되었으며, 이것은 무혈혁명이었다. 스페인 민중은 정치적인 자유를 기뻐하며 눈물을 흘렸다. 스페인은 정의가 실현될 수 있는 근대적인 민주국가로 탈바꿈할 수 있었으나, 이는 공허한 꿈에 지나지 않았다.

4) 제2공화국과 사회적 갈등

스페인의 제2공화국(La Segunda República)은 1931년 4월 성립되어 1936년까지 지속되었으나, 격렬하고 어려운 기간이었다. 국가의 사회적 그리고 정치적 조직을 완전히 변모시켜야 했으며, 그러한 목적을 지니고 1931년의 제헌의회가 선출되었다. 공화파 의원들과 사회주의자들이 다수를 이루었다. 부유하고 온건한 카톨릭교도인 니세또 알깔라—사모라(Niceto Alcalá-Zamora)는 초대 공화국 대통령이 되었다. 반교단적 민주인사인, 마누엘 아사냐(Manuel Azaña)는 개혁정신을 지닌 사회주의자들과 공화파 인사들로 이루어진 초대 정부를 이끌었다.

1931년 12월 9일 공화국헌법이 공포되었다. 비록 약간은 지엽적이고 비현실적인 면이 있지만, 유럽에서 가장 진보적이고 자유주의적인 헌법들 중 하나였다. 헌법 제1조는 맹목적인 낙관론으로 스페인은 '노동자들의 공화국'이라고 얘기하고 있다. 그것은 지역 자치주의적이고 평화주의적이고 광범위한 사회 개발 계획을 지닌 진보된 민주헌법이었다. 스페인에서 처음으로 교회와 국가 사이의 분리를 규정하였으며, 이혼, 노동계약, 군대 인원 감축, 여성의 참정권과 같은 스페인에서는 혁명적이라고 여겨지는 법률들이 통과되었다. 또한 소득세와 강제적 토지 경작과 같은 농업개혁들도 선포되었다. 왜냐하면 거대한 규모의 토지들이 경작되지 않은 채 존재하고 있었기 때문이다. 공화국이 이룩한 가장 중요한 업적은 약 2만 개의 공립학교들을 설립한 것으로, 이것은 스페인이 가장 필요로 하던 것이었다.

일반적으로, 군대, 교단 그리고 부자들로 이루어진 우익은 혁명적인 체제를 원하지 않았다. 호세 산후르호(José Sanjurjo)* 장군은 1932년 8월 10일 공화국을 전복시키기 위해 군부 쿠데타를 선언하였으나 실패하였다. 교단 고위층은 결코 교회와 국가의 분리에 동의하지 않았으며, 단지 체제의 변화만을 원하고 있었던 것이다. 몇몇 부유한 자본주의자들은 자신들의 재산을 은행에다가 동결시켜 놓았으며, 공화국 경제를 파산시키기 위해 재산을 외국으로 유출시키고 있었다.

다른 한편, 보다 혁명적인 사회주의자들은 공화국이 지나치게 유산계급화되었고 보수적이라고 여기고 있었다. 그들은 점진적인 개혁에

---

* 호세 산후르호장군은 1936년 내란 발발 당시 군부반란을 지휘하기로 되어 있었던 장군이었으나, 비행기 사고로 세상을 떠났다. 그리하여, 군부는 프란시스꼬 프랑꼬를 혁명사령관으로 임명하게 된다.

동의하지 않았으며, 사회계층체제 제거를 포함하는 완전한 혁명을 원하고 있었다. 이러한 양자간의 배타적인 태도로 말미암아 항상 정치적 그리고 사회적인 긴장이 일게 되었다. 파업, 교회와 사원의 방화, 길거리에서의 데모 등이 이어졌다. 그 당시의 정치인인 디에고 마르띠네스 바리오(Diego Martínez Barrio)가 얘기했듯 '흙, 피, 눈물'밖에 남지 않았었다.

결론적으로, 토지 귀족인 사모라(Zamora) 대통령과 공화주의자인 아사냐(Manuel Azaña) 총리가 이끄는 제2공화국은 민주정치를 실행하기 위한 기반이 되는 토지개혁을 실현할 수 없었다. 그리하여 농민들은 반정부폭동을 빈번히 일으켰고, 이러한 정치불안을 이용, 왕정과 카톨릭주의를 내세운 온건 공화파 인사들과 힐 로블레스(Gil Robles)가 이끄는 카톨릭계 정당인 '대중행동당'(Acción Popular)이 1933년 선거에서 승리, 1934년 우익정권이 들어섰다. 공화파 인사들과 카톨릭계 인사들로 구성된 우익정권은 이후 2년간 지속되었고 좌파주의자들을 무자비하게 억압하였다.

5) 아스뚜리아스의 혁명

1934년 10월에, 사회주의 노동자조직들과 까딸루냐지역의 분리주의자들은 온건공화파와 카톨릭계 우익정권에 대항한 혁명을 하기 위해서 서로 연합하였다. 이러한 움직임이 '아스뚜리아스의 혁명'(la revolución de Asturias)이라고 알려져 있으며, 그 이유는 주요 조직원들이 스페인 북부 아스뚜리아스 지방의 석탄 광부들이었기 때문이다. 아스뚜리아스지역의 광부들은 그곳의 거의 모든 지역들을 점령하는 데 성공하였으며, 그곳에 사회주의 혁명체제를 건설하였다. 이러한 혁명은 단지 2주간만 지속되었다. 광부들과 외국 부대 사이에 격렬한 싸움들이 전개되었다. 혁명분자들을 전멸시키기 위해, 정부가 모로코에서 파견한 모로코 군대들도 동원되어 함께 싸웠다. 수천 명의 포로들이 고문을 당하거나 총살되었다. 스페인의 감옥들은 아스뚜리아스의 혁명분자들로 가득 채워졌다. 스페인 전국에 약 4만 명의 정치범들이 존재하였으며, 그들 대부분은 혁명적인 노동자들이었다.

6) 내란

스페인 내란(La Guerra Civil)은 1936년에 발발하여 3년간 지속되었다. 제2공화국 정부는 아스뚜리아스의 혁명을 진압하면서 권위를 잃고 사퇴를 하게 되었고, 1936년 2월 16일 그 유명한 총선을 실시하게 되었다. 정치적 긴장은 1936년 초 그 절정에 달하였다. 1936년 사회당 계열의 노동자총연맹(UGT)과 무정부주의적 색채의 전국노동연맹(CNT)이 제휴하여, 사모라 대신 아사냐를 대통령으로 추대하였다. 인민전선이 470만 표를 얻어 근소한 차이로 승리하였으며, 우익은 약 400만 표를 획득하였다. 이런 연유로, 공화주의자들은 강력한 정부를 구성할 수 없었다.

인민전선을 선택한 이후에도, 정치적 상황은 혼란스러웠다. 사람들은 유혈혁명을 무서워하였다. 몇몇 사람들은 이전에 여러 번 그러하였듯이 군부가 반란을 일으킬 것이라고 믿었다. 또 다른 사람들은, 노동자농민혁명정부를 요구하던, 무산계층의 대중들을 무서워하였다.

스페인 역사에 있어 다시 한번 군부가 주도권을 잡게 되었다. 봉건

프랑코 총통

세력을 등에 업은 군부가 스페인의 고전적인 쿠데타 선언으로, 1936년 7월 17일 내란을 일으켰다. 쿠데타 선언은 프란시스꼬 프랑꼬(Francisco Franco) 장군에 의해 지휘되었고, 그를 그 후 '총통'이라고 불렀다. 후에 프랑꼬는 36년간 스페인의 독재자가 되었다.

스페인의 거의 모든 정치 세력들은 화해할 수 없는 두 파벌집단으로 나뉘어져 분열되었다. 갈등은 매우 빨리 동시에 내전과 사회혁명으로 바뀌었다. 프랑꼬 편에 팔랑헤(Falange)당*, 군부, 교단(바스크 지방의 대다수 성직자들은 제외) 그리고 사회 상층부가 있었다. 공화파 편에는 사회주의자들, 공화파 인사들, 소수의 공산주의자, 가난한 노동자농민 계층과 중산층 일부, 특별히 자유주의 지성인들이 있었다. 양 집단 사이에서 방황하는 많은 중립 집단들이 또한 존재하였다.

내전 초 몇 주 내에 프랑꼬는 모로코, 안달루시아, 에스뜨레마두라, 갈리시아, 아라곤 그리고 까스띠야 북부를 점령하는 데 성공하였다. 그러나 여타 스페인의 지역에서는 성공을 거두지 못하였다. 주요 도시들인 마드리드, 바르셀로나 그리고 발렌시아에서는 비조직적인 민중이 승리하였다. 투쟁은 한 지역에서 다른 지역으로의 지리적인 방

---

* 팔랑헤당(Falange Española) : 전독재자 미겔 쁘리모 데 리베라(Miguel Primo de Rivera)의 아들인 호세 안또니오 쁘리모 데 리베라(José Antonio Primo de Rivera)에 의해 1933년에 창설되었다.

향으로 전개되지 않고, 이데올로기적인 방향으로 전개되었다. 우파 인사들은 스페인의 모든 구석구석에서 좌파 인사들에 대항하여 투쟁하고 있었다. 마드리드와 바르셀로나는 공화주의자들의 중심 도시들이었으며, 부르고스(Burgos)와 살라망까(Salamanca)는 프랑꼬 추종자들의 중심 도시들이었다.

정부는 그러한 전쟁시기에 사회적 질서를 유지하기에는 너무 취약하였다. 민중은 격렬하고 무차별적으로 우파인사들을 살해하면서, 붉은 혁명을 진행하고 있었다. 프랑꼬 추종자들의 지역에서도 또한 좌익분자들과 공화주의자들을 어느 정도 조직적으로 그러나 마찬가지로 잔인한 방법으로 살해하고 있었다.

또한 스페인 내전은 국제전의 양상을 보였으며, 이는 외국의 개입으로 구체화되었다. 스페인 내전은 히틀러와 무솔리니가 1936년 8월에 프랑꼬주의자들을 위해 무기, 자원병과 비행기를 보내 개입하기 시작하면서, 제2차 세계대전의 실험전쟁으로 바뀌었다. 몇 주 후에 러시아와 멕시코가 공화주의자들에게 무기들을 보내기 시작하였다. 내전 중에 스페인에는 약 4만 명의 반파시스트 자원병들, 특히 공산주의자들이 도착하였으며, 그들은 국제군대여단을 형성하였다. 링컨여단(Brigada Lincoln)의 약 3천 명의 미국 자원병들을 포함하여, 세계의 모든 국가들로부터 병사들이 오고 있었다.

영국, 프랑스 그리고 미국과 같은 민주주의 강대국들은 불개입의 수동적 정책을 채택하였으나, 전체주의 국가들은 계속해서 개입하였다. 독일은 여타 개입 국가들보다 더 많고 좋은 무기들과 더 많은 기술자들을 보냈다. 이런 식으로, 불개입정책은 위선적인 광대놀이가 되었다. 공화주의자들은 훈련받지 못한 사람들이었으며, 전쟁에서 승리하는 것보다 혁명을 하는 데 더 큰 관심을 지니고 있었다. 마침내 그들이 노선을 바로 잡았을 때는, 이미 너무 늦은 때였다. 앞서 언급한 모든 것이 프랑꼬주의자들의 승리에 도움을 주었다.

프랑꼬측은 팔랑헤당이 주축이 되었으며, 1937년 4월에는 프랑꼬(Francisco Franco, 1892~1975) 장군의 주도하에 '국가노동자 공격단 및 전통주의자의 스페인 팔랑헤당'(Falange Española Tradicionalista y de las Juntas de Ofensiva Nacional Sindicalista)이라는 단일 국가정당으로 재편되었다. 마침내, 1939년 4월 1일, 프랑꼬 장군은 공화주의자 군대들을 제압하고 수도 마드리드를 점령함으로써 내전을 종식시켰다.

1939년 4월 1일까지 거의 3년 동안 지속된 내전의 결과들에 대해 살펴보자. 통계는 단지 추정치였기 때문에, 얼마나 많은 스페인 사람들이 죽었는지 정확히는 알 수 없을 것이다. 전선(戰線)에서 약 백만 명의 사망자가 있었다고 여겨지며, 약 20만 명의 스페인 주민들이 때론 사소한, 정치적 혹은 사회적 이유들로 암살되었다. 전쟁이 끝날 무렵 약 100만 명의 스페인 사람들이 스페인에서 떠나야 하였다. 대부분이 프랑스로 갔으나, 많은 사람들이 스페인계 아메리카로 갔다. 50만 채의 집들과 약 2천 개의 교회들이 파괴되었으며, 13명의 주교들과 7천명의 성직자들이 좌익분자에 의해 암살되었다. 16명의 바스크 지역 사제들이 프랑꼬주의자들에 의해 처형되었다.

역사적 싸움이 끝난 뒤, 승리자들은 약 20만 명의 사람들을 총살하였다. 스페인의 물질적인 파괴는 엄청났으며 모든 경제적 그리고 재정적 재원들은 고갈되었다. 이러한 무질서 속에 있는 스페인을 원조하는 곳은 어디에도 없었다. 그리고 항상 내전에서 야기되는 가장 나

전사자들의 계곡

뿐 결과가 나타나, 스페인 사람들은 승리자와 패배자의 두 그룹으로 양분되었다. 스페인 내전은 모든 시대를 통틀어 가장 무시무시한 스페인의 비극이었다.

　내란이 끝난 후 싸우다 전사한 사람들을 추모하기 위하여 대규모의 위령 묘역을 건설하였으며, 이것이 바로 '전사자들의 계곡'(El Valle de los Caídos)으로, 엘 에스꼬리알(El Escorial)수도원 가까이 있는 구아다라마(Guadarrama)산맥에 있다. '전사자들의 계곡'은 전쟁 포로들과 공화주의자 정치범들에 의해 건설되었으며, 그곳에 프랑꼬 장군도 묻혀 있다.

　내란이 끝난 뒤 스페인은 억압과 압제의 시기를 맞이하게 된다. 거의 3년 동안의 싸움, 혁명, 기아 그리고 살육을 겪은 후에, 스페인 민족은 탈진해 있었다. 스페인 사람들은 평화와 그런 재앙 후에 그들을 단결시킬 수 있는 능력을 지닌 정부를 원하였다. 그러나 국가적인 화해의 체제 대신에, 자칭 '신의 은총에 따른 스페인의 총통'인 프란시스꼬 프랑꼬의 전체주의체제가 성립되었다. 스페인 사람들을 단결시키는 대신에 패배자에 대한 보복적인 폭압이 이루어졌다. 내전 이후 초기 10년 동안에, 스페인 민족은 모든 세계로부터 버림받은 채 고립되어 있었으며, 그 긴 역사에 있어 전례가 없는 기아와 좌절을 겪었다. 사람들은 스페인에서의 40년대를 '배고픈 시대'라고 부른다.

제2차 세계대전 동안에, 프랑꼬는 매우 외교적이고 잘 계산된 정책을 채택하였다. 나치독일로부터 예전에 받은 원조에 답하기 위해 히틀러를 도왔다. 그러나, 동시에 연합군 측의 강대국들에게 전쟁을 선포하지는 않았다.

스페인의 반파시스트 민중은 히틀러의 몰락이 스페인에서의 이상적인 민주주의자들의 승리를 의미할 것으로 확신하고 있었다. 그러나, 히틀러는 몰락하였으나, 전체주의체제는 1975년까지 스페인에서 계속되었다. 프랑코는 1936년 10월 1일 국가수반과 군총사령관으로 모든 권력을 독점한 채, 40년 장기 독재의 길을 열었으며, 국민운동당(Movimiento Nacional)* 외의 모든 정당활동을 금지시켰다. 그는 1969년 현재의 스페인 국왕인 브르봉가의 환 까를로스(Don Juan Carlos de Borbón)를 왕자로 임명하였으며, 1975년 11월 프랑꼬의 사후 왕정이 복구되었다.

2. 20세기의 스페인문학: 98세대

1898년 미서전쟁의 패배로 쿠바, 필리핀, 뿌에르또 리꼬를 잃게 되

---

* 팔랑헤당에서 유래하여 태어난 정당.

어 스페인은 강대한 제국으로서의 마지막 식민지들을 잃게 되었다. 이러한 스페인제국의 몰락은 문학 여정을 시작하던 젊은 지성인들 사이에 퇴폐적이고 염세적인 영향을 크게 끼쳤다. 이런 몰락의 시대에 활발한 문학활동을 펼친 작가들 그룹을 '98세대(La Generación del 98)'라고 부르고 있다. 그들 중 가장 대표적인 작가가 미겔 데 우나무노(Miguel de Unamuno), 삐오 바로하(Pío Baroja), 라몬 델 바예―잉끌란(Ramón del Valle-Inclán), 아소린(Azorín) 그리고 안또니오 마챠도(Antonio Machado)이다. 비록 그 당시 모두가 마드리드에 함께 있었지만, 그 어느 누구도 마드리드를 중심으로 한 스페인 중부지역인 까스띠야지역 태생이 아니었다.

이러한 작가들은 스페인이라는 테마에 깊은 관심을 기울이며, 스페인의 현재, 과거 그리고 심지어는 미래까지 검토하기를 원했다. 그들 모두는 정부의 쇠퇴기 정책들과, 그들이 19세기 문학에서 지배적이었다고 생각하는 수사학과 피상적인 면에 대해 반기를 들었다. 그들의 움직임은 스페인의 지성인 사회에, 그리고 문학계에 커다란 변화를 불러일으켰다.

1) 미겔 데 우나무노

98세대의 가장 대표적인 작가로 미겔 데 우나무노(Miguel de Unamuno, 1864~1936)를 꼽을 수 있는데, 그는 사상가, 소설가 그리고 시인으로서 바스크지역의 빌바오 출신이었다. 그는 살라망까대학의 그리스어 교수였으며, 후에 동대학의 총장을 역임하였다. 우나무노는 반항적이고 전투적인 정신의 소유자로, 전(全) 생애를 통해 왕, 독재,

우나무노

공화정, 마르크스주의 그리고 파시즘을 맹렬히 공격하는 글을 썼다. 그의 수필 모음집 중 하나인 〈이것과 저것에 반대하며〉(Contra esto y aquello)가 그러한 사실을 잘 반영하고 있다. 우나무노는 독재자 쁘리모 데 리베라에 의해 1924년 카나리아군도로 추방되었으며, 그후 1930년 독재정권이 무너지고 스페인이 그를 맞이할 때까지 프랑스에서 자원하여 망명생활을 하였다.

우나무노의 영원한 관심사는 불멸에의 욕구, 즉, 죽지 않으려는 열망이었다. 사상가로서 그의 대표작은 〈(사람과 동포들이 느끼는) 생의 비극적 감정(에 대하여)〉(Del sentimiento trágico de la vida en el hombre y en los pueblos)이다. 그 작품 속에서 '뼈와 살의 인간', '태어나, 고통받다가, 죽어 가는—필연적으로 죽어야만 하는—인간', '먹고 마시고, 그리고 놀고, 그리고 잠자고, 그리고 생각하고, 그리고 사랑하는 인간'을 철학의 대상으로 연구하였다. 그에 의하면, 이성과 삶 사이의 투쟁에서 교리가 아닌 믿음이 생기게 된다. 또한 냉철하고 비판적이며 이성주의적인 의심이 아닌, 그가 '의심스러운 믿음'이라고 부르는 의심이 솟아나게 된다. 우나무노는 다른 수필에서, '비록 내가 살아 있는 동안에 그것들을 발견할 수 없을 것임을 알고 있음에도 불구하고, 나의 종교는 삶 속에서 진실을 그리고 진실 속에서 삶을 찾는 것이다'라고 설명하였다. 생의 비극적 감정이란 정확히 마음과 이성 사이의 영원한 투쟁으로, 마음은 영혼의 불멸을 믿으나, 이성은 인간이 불멸하지 않다고 우리들에게 알려준다.

유럽의 문화조류에 함께 동참하는 대신에, 우나무노는 독창적인 까스띠야 문화를 개발하고자 하였다. 1905년 그는, 동끼호떼에 대한 독창적이고 주관적인 해석인 〈동끼호떼와 산쵸의 삶〉(Vida de Don Quijote y Sancho)을 집필하였다. 우나무노에게는 동끼호떼주의(quijotismo)가 스페인의 철학이다.

우나무노의 소설들은 그의 철학을 반영하고 있다. 그의 소설들은 사실주의적인 방법으로 풍경, 풍속, 사물에 관하여 서술하지 않으며, 내적인 삶의 열정들에 의해 고통받는 인간들의 투쟁과 갈등을 그리고 있다. 그리하여, 〈아벨 산체스〉(Abel Sánchez)는 질투에 관하여, 〈뚤라 아주머니〉(La tía Tula)는 모성애에 관하여, 그리고 〈순교자, 성 마누엘 부에노〉(San Manuel Bueno, mártir)는 자기 자신이 설교하는 내용을 믿지 못하는 한 사제의 믿음의 결핍에 관하여 깊이 있게 분석하고 있나. 〈안개〉(Niebla)에서는 사랑을 다루고 있으나 보다 중요한 주제는 불멸의 삶에 대한 추구로, 작가와 주인공 사이에 삶에 대한 근본적인 논쟁이 벌어지고, 주인공이 작가에 대해 반기를 드는 새로운 소설 양식을 보여주기도 하였다.

우나무노의 시는 마드리드의 쁘라도미술관에 있는, 벨라스께스의 유명한 그림에서 영감을 받은 장편 시 〈벨라스께스의 그리스토〉(El Cristo de Velázquez)에서 보듯 처절한 고통의 절규이다. 때론 그의 시는 까스띠야의 척박한 풍경에 대한 찬사를 이야기하기도 한다.

동끼호떼적 사상가인 우나무노는 종이새 접기를 좋아하였으며, 내란 중에는 공화파와 군부 양편을 모두 공격하였다. 그는 살라망까의 집에서 1936년의 마지막 날 스페인의 비극에 낙담한 채 세상을 떠났다.

2) 삐오 바로하

우나무노와 마찬가지로 바스크인인 삐오 바로하(Pío Baroja, 1872~1956)는 마드리드에서 의학을 공부하였으며 수 년 동안 의사 생활도 하였다. 바로하는 학문적인 진실에 대한 열정에서 거지들, 부랑아들, 모험가들 등 불행한 사람들의 삶을 주의 깊게 관찰하였다. 그는 소설들의 자료를 수집하기 위해서 유럽의 주요 도시들을 열심히 그리고 반복하여 여

삐오 바로하

행하였으며, 대부분의 스페인 작가들이 그랬듯이, 문학생활을 마드리드에서 시작하였고, 그곳에서 생애의 대부분을 보냈다. 삐오 바로하는 전후 스페인 소설에 커다란 영향을 끼쳤다.

바로하는 거의 아무것도 믿지 않았던 허무주의적인 회의주의자였다. 그는 정치인, 군인, 민주주의, 귀족정치, 사회주의, 교수, 카톨릭교도, 여성주의자, 유태인, 부자 그리고 가난뱅이 등 모든 것을 공격하였다. 그는 자신의 자서전 〈자화자찬, 젊음〉(Juventud, egolatría)에서 삶에 대해 무기력해지게 하는 견해들을 많이 제시하고 있다. 그러나, 동시에 그의 작품은 자유로운 정신을 표현하고, 억압받는 사람들과 무정부주의자들에게 커다란 동정심을 보여준다. 바로하는 이 세상은 사악하고 이기주의적이고, 악은 피할 수 없는 것이라고 믿고 있었다. 그에 대한 유일한 대안이 무료하게 죽지 않기 위한 행동이라고 생각하였으며, 그 때문에 그는 염세주의적이지만 매우 매력적인 소설들

의 집필에 매달렸다. 그의 문학적 특징은 수사학이나 불필요한 장식이 없는 짧은 문장들로 된 간결한 문체에 있다.

헤밍웨이(Ernest Hemingway)는, 노벨문학상을 받은 후, 바로하를 방문하였으며, 그에게 겸손하게 다음과 같이 말했다: "노벨상을 당신에게 주었었어만 했습니다. 왜냐하면 저는 당신에게서 소설 쓰는 법을 배웠기 때문입니다".

바로하는 약 80권의 소설을 썼으며, 그가 젊은 시절에 쓴 가장 훌륭한 소설로는 〈모험가 살라까인〉(Zalacaín el aventurero), 〈완벽한 길〉(Camino de perfección) 그리고 〈학문의 나무〉(El árbol de la ciencia)가 있다. 〈행동하는 인간의 기억들〉(Memorias de un hombre de acción)이라는 의미 있는 제하의 24권의 연작물을 쓰기도 하였으며, 여기서 까를로스파에 의해 야기된 전쟁 기간 사람들이 겪은 삶을 기술하고 있다.

3) 라몬 마리아 델 바이예 — 잉끌란

바로하와는 완전히 반대로, 바이예—잉끌란(Ramón María del Valle-Inclán, 1869~1936)은 문체주의자였으며, 그의 주요 관심사는 내용보다는 형식과 언어구사였다. 그의 주옥 같은 소설들은 복잡한 문체로 이루어져 있으며, 그 속에서 작가는, 산문에서 미학적인 효과를 만들어내기 위해 신중하게 선정한 단어들을 사용하는 등 인내심을 가지고 작업을 했다.

그는 자신의 고향 갈리시아의 분위기를 재생하면서, 여러 권의 소설과 환상적인 연극을 썼으며, 그것들은 신비스럽고, 서정적이고, 미신적이고 그리고 관능적인 작품들이다. 그는 1920년에 새로운 문학장르를 창조하여, "에스뻬르뻰 또"(esperpento)*라고 불렀다. 가장 빼어난 그의 에스뻬르뻰또적인 작품은 〈보헤미아의 빛〉(Luces de Bohemia)이다. 말년에는 극작품들과 이사벨 2세(Isabel II) 하의 스페인 몰락과 정치적인 부도덕성에 관한 두 권으로 된 작품 〈이베리아의 회전〉(El ruedo ibérico) 등 단지 에스뻬르뻰또만을 썼다.

4) 아소린

아소린(Azorín, 1873~1967)은 수필의 대가인 호세 마르띠네스 루이스(José Martínez Ruiz)의 필명이다. 그는 약 80권의 책을 집필했는데, 거의 모두가 수필 모음집들이었으며, 이 글들은 50년 동안 스페인과 아메리카의 신문과 잡지에 게재되었다.

아소린의 수필들은 스페인의 과거에 관한 감동적인 회상으로, 가장 빈번한 주제가 마을, 풍경, 시골생활, 대성당, 옛 도시, 까스띠야정신이다. 까스띠야정신은 스페인 문학사상 많은 위대한 작품들의 배경이 되었다. 그러나 아소린은 웅장한 것이나 기념비적인 것을 기술하지 않았으며, 사소한, 그러나 생생한 단 하나의 세부상황에 관심을 집중하였다. 그에 따르면, 그러한 세부상황을 통하여 오늘날 모든 과거의 혼을 느낄 수 있다고 한다.

아소린은 스페인은 변하지 않으며, 대성당들의 종소리와 마찬가지로, 수세기를 통해 항상 똑같다고 믿고 있었다. 이러한 삶의 반복을

---

* 괴상하고, 일그러지고, 웃기는 풍자적인 문학을 지칭하며, 원래 의미는 '촌스러움'을 뜻한다.

통해, 아소린은 현재의 풍속들 속에서 모든 과거를 보았으며, 아마도 그 때문에 가장 아름다운 글들 중 몇몇은 〈셀레스띠나〉(La Celestina)와 같은 전통적인 문학의 가치를 재평가하는 작품들이다. 그의 작품들에서 〈스페인〉, 〈까스띠야〉, 〈마을들〉, 〈동끼호떼의 여정〉 그리고 문학비평서인 〈고전작가들의 언저리에서〉(Al margen de los clásicos)가 특히 눈에 띈다. 그는 또한 〈옛스페인〉(Old Spain), 〈브랜디〉(Brandy)와 같은 다수의 극작품들도 썼다.

아소린

5) 안또니오 마챠도

위대한 서정시인 안또니오 마챠도(Antonio Machado, 1875~1939)는 세비야(Sevilla)에서 태어났으나, 많은 세월을 까스띠야의 여러 도시들에서 보냈다. 그는 프랑스어 교사였으며, 자유를 몹시 사랑하였다. 내란의 비극을 깊이 애석해 했던 마챠도는 내란이 발발한 후 망명지인 프랑스에서 세상을 떠났다.

안또니오 마챠도

그는 까스띠야의 풍경에 대해 노래한 시인으로, 다음의 시에서는 소리아(Soria)에 대한 애정어린 감정을 노래하고 있다.

차가운 소리아여! 접견실의 종이
　　한 시를 알리고 있구나.
　　까스띠야의 도시, 소리아
　　너무나 아름답구나! 달빛 아래서.

　그러나, 안또니오 마챠도는, 98세대의 다른 작가들과 마찬가지로, 헐벗게 된 그의 조국의 몰락한 그리고 무관심한 모습에 가끔 극적으로 절규를 하곤 하였다.

　　어제는 지배자였던, 가련한 까스띠야여,
　　누더기들에 둘러싸여, 미지의 것을 멸시하는구나.
　　기다리는가, 잠자는가 아니면 꿈을 꾸는가? 흩뿌린 피가
　　기억나게 하는가, 장검의 열기를 지녔던 때를?

　또한 그는 다음과 같은 철학적인 시들을 썼다:

　　나그네는 그대의 흔적들이네
　　길이고, 그리고 더 이상 아무 것도 아니네;
　　나그네여, 길이란 존재하지 않는 법,
　　걸어갈 때 길은 만들어지지.

3. 20세기의 스페인문학: 여타 작가들

1) 환 라몬 히메네스

환 라몬 히메네스(Juan Ramón Jiménez, 1881~1958)는, 자칭 '세계적인 안달루시아인'으로, 생애의 대부분을 마드리드에서 보냈다. 내란 중에는 뿌에르또 리꼬, 쿠바, 그리고 그 후 미국으로 거처를 옮겼으며, 그곳에서는 여러 대학에서 강의를 하였다. 그는 1956년 노벨문학상을 수상하였다.

히메네스의 시는 완벽성을 끊임없이 추구하며, 발가벗은 그리고 순수한 시의 정점에 도달하기를 원하였다. 그는 또한, 아픔을 느끼는 사람만이 살아 있다고 하듯, 심오한 슬픔, 고

환 라몬 히메네스

독과 달콤한 우수(憂愁)를 즐긴 시인이었다. 또한 동시에 연약하고, 감상적이고 그리고 지적인 강렬한 내적 삶을 살았다. 〈슬픈 아리아들〉(Arias tristes), 〈아득히 먼 정원들〉(Jardines lejanos), 〈여름과 영원한 것들〉(Estío y Eternidades)과 같은 작품에서 볼 수 있듯, 그는 자연에 형언할 수 없는 사랑을 느꼈다. 그의 〈쁠라떼로와 나〉(Platero y yo)는 스페인문학에서 군계일학의 위치를 점하고 있다. 이 작품은 그의 고향마을과 조그마한 당나귀인 쁠라떼로의 잊을 수 없는 모습을 산문으로 승화시킨 작품이다.

2) 페데리꼬 가르시아 로르까

천재적인 시인 페데리꼬 가르시아 로르까(Federico García Lorca, 1898~1936)는 38세라는 젊은 나이에 팔랑헤당원들에 의해 암살되었고, 이로써 세상은 한 특출한, 다재다능한 그리고 잊혀질 수 없는 예술가를 잃었다. 내란이 시작될 무렵 일어난 이 암살사건은 가르시아 로르까가 결코 적극적으로 정치에 참여하지 않았음에도 불구하고 정치적인 증오 때문에 저질러졌다.

가르시아 로르까

로르까는 그라나다지역의 한 마을에서 태어났고, 그가 사랑하는 안달루시아지역 도시의 아랍 및 집시풍 분위기들에 젖어 성장하였다. 그는 다음과 같이 시를 통하여 스페인의 기타 소리를 포착하였다.

    기타의
    울음이 시작되는구려.
    새벽의
    잔들이 부서지는구려…
    그것을 침묵시킬 필요가 없으리.
    오, 기타여!
    다섯 개의 긴 칼에
    심한 상처 입은 심장이여.

그의 작품은 대중들의 극찬을 받았다. 가르시아 로르까는 시인과 극작가로 알려져 있으나, 그의 능력은 문학에만 한정되지는 않았다. 그는 작곡가, 피아니스트와 기타리스트, 감독과 삽화화가였다.

가르시아 로르까는 집시들과 사회에 의해 소외된 사람들을 노래한 시인이었다. 뉴욕의 흑인들, 동성연애자들 그리고 전통적인 가치들의 무게 아래 좌절된 여성들에 대한 그의 관심은 많은 그의 작품들에 나타나 있다. 로르까는 스페인 대중시(大衆詩)의 정수와 토속적인 우아한 미를 누구보다도 잘 소화·흡수하였고, 동시에 스페인 대중시에 개인적인 독특한 색조를 부여하였다. 우아함과 아름다움으로 가득한, 색깔과 음악이 있는 감동적인 이미지들을 통해, 사물과 삶에 시적인 관조를 할 수 있는 기교가 그의 장점이다. 전통적인 시들인, 〈집시 사시집(史詩集)〉(Romancero gitano)에 다음의 구절들이 나타난다.

    달이 대장간으로 온다.
    월하향으로 장식하고서.
    아이는 달을 바라보고, 바라보는구나.
    아이는 달을 계속 바라보고 있구나.

    — 도망치는구나, 달이, 달이, 달이
    만일 집시들이 왔었더라면,
    그대의 가슴으로 만들 수 있었으리
    하이얀 반지들과 목걸이들을

전형적인 안달루시아인으로, 가르시아 로르까는 투우를 몹시 좋아하였다. 그의 절친한 친구인 유명한 투우사 익나시오 산체스 메히아스(Ignacio Sánchez Mejías)의 비극적인 죽음 이후에 그는 〈익나시오 산체스 메히아스를 위한 울음〉(Llanto por Ignacio Sánchez Mejías)을 창작하였는데, 이 시는 죽음에 대한 비극적 관조와 그 뛰어난 리듬성으로 근대시에서 전무후무한 명작으로 평가받고 있다.

가르시아 로르까는 1929년 미국을 여행하였다. 뉴욕의 하렘(Harlem)구역은 그에게 깊은 감명을 주었으며, 동시에 그를 낙담하게 하였다. 그가 느낀 생생한 인상들이 그의 시 〈뉴욕에서의 시인〉(Poeta en Nueva York)에 영감을 주었다. 그 시는, 의심할 바 없이, 스페인 문학사상 가장 훌륭한 초현실주의 시이다.

가르시아 로르까는 그의 시를 연극에 도입하였으나, 운명은 그가 연극작품 활동을 확대할 충분한 시간을 허락하지 않았다. 그럼에도 불구하고, 그가 남긴 드라마들은 유럽과 아메리카의 많은 국가의 연극 관중을 매혹시키는 데 성공하였다. 그 중 가장 잘 알려진 것들이 〈피의 결혼식〉(Bodas de sangre), 〈황무지〉(Yerma) 그리고 〈베르나르다 알바의 집〉(La casa de Bernarda Alba)이다. 그의 드라마들의 주된 요소들은 심오한 열정, 열정적 사랑의 좌절, 증오 그리고 육체적인 욕망들에서의 해방이다.

4. 내전과 내전 후의 문학

1) 내전 중의 문학

내전 중에 스페인의 많은 작가들은 공화파나 프랑꼬파 중 어느 한편에 가담하여 작품활동을 하여야 하였으며, 물질적인 어려움으로 인해 작품활동에 큰 어려움을 겪고 있었다.

라파엘 알베르띠(Rafael Albertí, 1902~)와 미겔 에르난데스(Miguel Hernández, 1910~1942)는 공화파의 운동과 사회 투쟁에 전념하였다. 전쟁에서의 승리의 중요성에 관한 알베르띠와 에르난데스의 시들과 사시(史詩)들은 매우 유명하다. 에르난데스의 〈군인 남편의 노래〉(Canción del esposo soldado)는 공화파를 위해 가족을 두고 싸우러 가는 농부를 노래하고 있다.

막스 아웁(Max Aub, 1903~1971), 프란시스꼬 아얄라(Francisco Ayala, 1906~) 그리고 라몬 센데르(Ramón Sender, 1902~1980) 등은 내전의 와중에서도 집필활동을 계속한 소설가들로, 1936년 이전에 문학활동을 시작하여, 내전 중에 그리고 내전 후에 계속 집필활동을 하였다. 그들 모두는 내란에서 패배한 후 조국을 떠나야 했으나, 망명지에서 집필활동을 계속하였다. 내전의 경험은 모든 스페인문학의 주요한 테마들의 하나였으며, 그것은 내전 후 스페인 밖에서도 테마로 다루어졌다.

2) 내전 후의 문학

1939년 내전이 끝나자 스페인의 삶과 문화는 승리자와 패배자 사이에 양분되게 되었다. 많은 지성인들은 패배자와 함께 하였으며, 비판적이고 염세적인 글을 썼다.

그 한 예가 로사 차셀(Rosa Chacel, 1898~)이다. 그녀는 전쟁기간 나타났던 원숙한 지성인들 중 가장 위대한 지성인이었다. 여러 문화예술잡지들에 기사를 쓰면서 활동을 시작한 그녀는 소설, 단편, 수필, 시, 비망록 그리고 자서전 등 많은 작품들 중 대부분을 망명지에서 썼다. 〈환상적인 지역〉(Barrio de las maravillas)으로 시작하는 소설 연작물에서 20세기 초반의 스페인 지성인의 삶을 기술하고 있다. 그녀의 가장 뛰어난 야심작은 〈엉터리〉(Sinrazón)로, 어린 시절의 순진무구함을 되찾고 싶어하는 한 지성인을 다루고 있으며, 1918년과 1941년 동안의 내면적 독백형식으로 구성되어 있다. 망명생활에서 돌아온 뒤 차셀은 계속 왕성한 집필활동을 하였다.

내전 후의 대표적인 까딸루냐인 작가로는 로도레다와 깝마니를 들 수 있다. 까딸루냐 여성인 메르세 로도레다(Mercé Rodoreda, 1908~1983)는 스페인에서 20세기의 가장 중요한 작가들 중 하나이다. 전쟁이 끝날 무렵 그녀는 일단의 까딸루냐 지성인들과 함께 프랑스로 갔으며, 그후 스위스 제네바로 갔다. 프랑꼬 사후 로도레다는 까딸루냐로 돌아왔으며, 그곳에서 세상을 떠났다. 그녀는 비록 시와 드라마 작품을 썼지만, 주로 소설가로 알려져 있으며, 많은 소설을 까딸루냐어로 썼으며, 그 대부분이 스페인어로 번역되었고, 영어로도 번역되었다. 그녀의 단편소설들은, 사회적 사실주의적 접근과 병행하여 나타나는 환상으로 가득하며, 라틴아메리카의 붐(boom)소설 작품들과 비교될 수 있다. 그녀의 소설 내 주인공 중 많은 수가 상이한 연령과 사회계층의 여성이다. 비록 여성주의자라고 공표하지는 않았지만, 그녀의 대표작 〈다이아몬드 표찰〉(La plaça del diamant)은 내란 중 소박한 여성으로 묘사되는 소설 속 여자주인공이 직면하는 정치적·인간적 장애물들을 깊이 있게 다루고 있다. 이 소설에 바탕을 둔 영화가 제작되기도 하였다.

  길고 다양한 경력의 또 다른 까딸루냐 여성이 마리아 아우렐리아 깝마니(Maria Aurélia Capmany)이다. 그녀는 많은 다른 동료들과는 달리 망명생활을 겪지 않았으며, 그 때문에 그녀의 삶과 작품은 승리자들과 패배자들 사이의 가교 역할을 하였다. 가장 억압이 심한 기간 중에까지도 그녀는 집필활동을 계속하였으며, 그녀의 작품들 중 일부는 프랑꼬주의자들의 검열 때문에 훨씬 늦게까지 출판되지 못하였다. 오늘날 그녀는 비판적인 목소리와 그토록 많은 젊은 여성 작가들에게 지성과 삶의 표본이었다는 이유 때문에 높이 존경받고 있다. 그녀는 많은 작품들을 썼으며, 소설, 수필 그리고 연극 등 다양한 장르를 개척하였다. 버지니아 울프(Virginia Woolf)에게 헌사한, 그녀의 소설 〈낌 끼마〉(Quim Quima)에서 불의가 지나쳐 참을 수 없게 되자 여성에서 남성으로 성 전환하는 여자주인공을 그리고 있다. 또한 그녀는 서간장르에도 관심이 많았으며, 그 편지들은 자신의 상황을 서술하거나, 그녀에 대해 항의하는 많은 사회계층과 다양한 연령의 여성들에게서 모은 것들이다. 그리고 〈이베리아 남성에게 보내는 공개서한〉(Carta abierta al macho ibérico)에서 그녀는 스페인의 부계제도의 문제점을 검토하고, 그것을 다른 나라들의 유사한 현상들과 비교하고 있다.

3) 까밀로 호세 셀라

내란 이후에, 공식적인 검열이 문학활동을 제한하였으나, 이러한 억압에도 불구하고, 당시의 스페인 소설가들은 삶의 가장 가혹하고, 혼란스럽고, 억압적이며 격렬한 테마들을 즐겨 다루었다. 이러한 거친 사실주의 조류를 '공포주의문학'(tremendismo)이라고도 한다. 그 뿌리에는, 전후시대의 고뇌에 찬 그리고 비참하고 더러운 분위기를 반영하고 있다.

까밀로 호세 셀라(Camilo José Cela, 1916~)는 그러한 작가 중 특출한 위치를 점하고 있다. 그의 두 소설인 〈빠스꾸알 두아르떼가(家)〉(La familia de Pascual Duarte)와 〈벌떼〉(Colmena)는 전후 스페인에서 큰 성공을 거두었으며, 그는 1989년 노벨문학상을 수상하게 된다.

까밀로 호세 셀라

〈벌떼〉는 346명의 인물들의 삶의 편린들을 교차적으로 모아 놓은 것이다. 그들 모두는 전후 압제하에 있던 마드리드의 남자와 여자들이다. 셀라 자신이 얘기하듯이, "그것은 단지 일상적인, 가혹한, 내면적인 그리고 고통스러운 현실의 창백한 반영이요, 희미한 그림자이다".

여러 언어로 번역된, 셀라의 또 다른

중요한 소설 〈빠스꾸알 두아르떼가(家)〉에서는, 중심인물이 부도덕한 남자로, 모든 종류의 범죄들을 저지른다. 그는 범죄자적 본능들을 억누를 수 없으며, 항상 스스로 판단을 한다. 빠스꾸알은 단지 신만이 선이 어디에 있고 악이 어디에 있는지를 안다고 믿는다. 자신이 저지른 범죄 때문에 사형에 처해질 때, 그의 마지막 참회를 들은 사제는 빠스꾸알이 단지 "삶에 의해 구속되고 겁먹은 순한 양"일 뿐이다라고 얘기한다.

4) 루이스 마르띤 – 산또스

40년대와 50년대의 격렬하고 객관적인 사실주의의 반복 시기를 지난 후, 1962년에 스페인 소설의 방향과 양식을 바꾼 소설이 출판되었다. 이러한 혁신적인 소설이 〈침묵의 시간〉(Tiempo de silencio)으로, 루이스 마르띤 – 산또스(Luis Martín-Santos, 1924~1964)에 의해 쓰여졌으나, 그는 불행하게도 1964년 자동차 사고로 세상을 떠났다. 이 소설은 풍부한 표현과 복잡한 문체로 유명하며, 프랑꼬시대 동안 억압적이고 독재적인 체제에 수동적으로 굴종하고 있던 사람들을 격렬히 비판하고 있다.

5) 까르멘 마르띤 가이떼

심리소설과 사회적 사실주의 전문가인 까르멘 마르띤 가이떼(Carmen Martín Gaite, 1925~)는 문체에 세심한 지성적 여류작가이다. 그녀는 교수, 비평가 그리고 소설가로, 소설의 주인공들로 대부분 여성을 채택하였다. 예를 들어, 〈온천장〉(El balneario)은 일상생활과 마찬가지로 외부의 공간들을 통해서 자신의 실체와 존재이유를 찾고 있는 한 여성을 그리고 있다. 그 과정을 통하여 작품 속에서 주인공의 내적 삶이 밝혀진다. 그녀의 크게 성공한 또 다른 작품이 〈뒷방〉(El cuarto de atrás)이다. 작가와 매우 유사한 여자주인공은 검은 옷을 입은 신비한 한 남자와 밤이 새도록 인터뷰를 한다. 결과적으로, 그 여자주인공은 그 '악마적인' 남자에게 그녀가 얘기하고 있던 바로 그 인터뷰에 관한 얘기를 쓰고 있다. 그것은, 그렇게 부를 수 있다면, 환상소설이며, 실재 사건들의 비망록이기도 하며, 환상적인 '초허구'(超虛構, metaficción)의 예이기도 하다.

6) 환 고이띠솔로

환 고이띠솔로(Juan Goytisolo, 1931~)는 가장 최근의 작품들에서 마르띤—산또스의 문체론적 경향 중 대표적인 몇 가지를 채택하였다. 〈신상증명서〉(Señas de identidad)나 〈훌리안 백작의 부활〉(Reivindicación del conde don Julián)과 〈토지 없는 환〉(Juan sin tierra)은 실험소설들이다. 이 소설들의 등장인물들은 문화적인 현상들, 사건의 상징들 또는 역사적이거나 신화적인 인물들이다. 예를 들어, 〈훌리안 백작의 부활〉에서 작가는 훌리안 백작의 역사적 모습을 재현하는데, 백작은, 전설에 의하면, 아랍인들이 스페인을 침략하도록 도와준 인물이었다. 이 작품은 사랑과 증오로 가득 찬 소설이라고 할 수 있다.

오늘날 이러한 '새로운 소설' 양식을 따르는 여타 작가들이 〈지방으로 돌아가거라〉(Volverás a Región)의 저자 환 베넷(Juan Benet)과 〈만약 내가 넘어졌다고 사람들이 네게 말하면〉(Si te dicen que caí)의 저자 환 마르세(Juan Marsé)이다. 그러나, 환 고이띠솔로의 가장 잘 알려진 작품인 〈떼레사와 지낸 최근의 오후들〉(Últimas tardes con Teresa)에서는 매우 전통적인 기법을 채택하고 있다.

제13장
20세기의 문화예술 II

| 20세기의 미술 |

이미 앞 장에서 살펴보았다시피, 스페인의 20세기는 혼란과 갈등의 시기였으나, 문학부문에서는 매우 활발한 활동이 전개되었으며, 유명한 작가들이 많이 나타났다. 마찬가지로, 이 장에서 다룰 미술 부문에서도 빠블로 삐까소, 살바도르 달리, 조안 미로와 건축부문에 안또니 가우디 및 기타 부문에 안드레스 세고비아 등 세계적인 거장들이 출현하였다. 이들의 삶과 예술활동 및 그들의 훌륭한 걸작들을 감상해 보기로 하자.

1. 20세기의 화가들

18세기 세기의 화가 고야(Goya)가 나타난 이후 스페인에는 이렇다 할 탁월한 수준의 화가가 나타나지 않다가 발렌시아인 호아낀 소로야(Joaquín Sorolla, 1863~1923)가 나타나 명성을 떨치기 시작하였다. 그는 스페인의 눈부신 태양을 주 테마로 삼은 화가로, 태양의 혜택이 부족한 국가들의 미술관들은 "우리에게 스페인 태양의 일부를 보내주세요"라고 호소하며 소로야에게 그림을 요청하였다. 소로야는 쉬운 기법을 사용하여 첫 눈에 보이는 대로 사물들을 그려나갔다. 뉴욕의 스페인협회(Sociedad Hispánica) 미술관에 소로야의 그림들이 가장 많이 수집·보관되어 있다. 호아낀소로야의 〈해변의 아이들〉(Niños en la playa)은 밝은 햇볕이 비치는 해변에서 놀고 있는 밝고 해맑은 아이들의 모습을 잘 표현하고 있다. 다른 그림들 중에는 환 라몬 히메네스(Juan Ramón Jiménez)의 초상화와 스페인 각 지방을 표현하는 태양과 색으로 가득한 13점의 기념비적 그림들이 있다.

익나시오 술로아가(Ignacio Zuloaga, 1870~1946)는 바스크지방인으로 매우 영리한 사람이었으며 인상파적 화풍을 비교적 적게 반영한 작품을 그렸다. 그는 미술관에서 엘 그레꼬, 벨라스께스, 고야 등 과거 화가들의 작품을 공부했다. 극적인, 광적인 그리고 로맨틱한 스페인의 주제들 —신부들과 투우사들, 집시들과 종교 재판관들,

소로야의 〈해변의 아이들〉

성자들과 하층 미녀들, 거지들과 여성 댄서들—을 담고 있는 400개 이상의 그림을 그렸다. 스페인협회(Sociedad Hispánica)는 그가 그린 우나무노(Unamuno)의 초상화를 지니고 있다.

2. 빠블로 삐까소

엘 그레꼬(El Greco), 벨라스께스(Velázquez), 고야(Goya), 빠블로 삐까소(Pablo Picasso, 1881~1973) 등은 세계 미술사에서 중요한 위치를 차지하는 스페인 화가이다. 삐까소는 프랑스 화가 브라끄(Georges Braque)와 더불어 입체파(cubismo)의 아버지로 알려져 있으며, 많은 제자들이 있었다.

삐까소는 스페인의 남쪽 해안도시 말라가(Málaga)에서 태어났다. 그의 아버지는 평범한 미술관 관리인이었으며, 이러한 생활배경이 화가가 될 삐까소의 성장에서 영향을 미쳤음이 분명하다. 15세에 삐까소는 그의 가족과 함께 스페인 동북부의 도시 바르셀로나로 갔으며, 그곳에서 본격적으로 그림을 그리기 시작하였다. 그의 초기 작품들은 1897년에 전시되었다. 젊은 삐까소는 바르셀로나의 지성적 활동에 참여하였으며, 바르셀로나의 성가(聖家, Sagrada Familia)대성당을 건설한 까따루냐인 건축가 안또니 가우디(Antoni Gaudí)를 알

삐까소의 〈자화상〉

게 되었다.

삐까소는 비록 스페인에서 태어났지만 19세 때 당시 세계적 예술 중심지 프랑스의 파리로 가 그곳에서 생애의 대부분을 보냈다. 예술의 도시 파리의 영향이 없었더라면, 삐까소가 세계적인 거장으로 성장하지는 못하였을 것이다. 그러나, 삐까소의 예술혼은 결국 스페인을 바탕으로 삼았으며, 결코 스페인과 분리될 수 없는 것이었다. 그를 프랑스인으로 여길 수는 없으며, 프랑스는 삐까소에게 단순히 작품활동을 하는 장소였다. 그는 자주 그의 고향 땅으로 돌아가, 우정을 나누었으며, 유년기와 청소년기의 낯익은 장소들을 돌아다녔다. 1918년과 1940년 사이에 삐까소는 유럽에서 가장 특출한 화가로서 명성을 얻었다. 그는 그림으로 유명하였으나, 조각, 데생, 종이 접기, 도자기 등으로도 작품영역을 확대하였으며 20세기 최대의 예술가가 되기까지 모든 표현방법들을 두루 섭렵하였다.

당시 혁명적이고 혁신적인 격동의 스페인은 삐까소를 정신적으로 불안하게 하였고 결국 그는 다른 예술적 안식처를 찾아 떠나야 했다.

삐까소의 그림은 그 양식 및 특징에 따라 여러 시기로 구분이 되며, 그림 양식은 생애를 통해 많이 바뀌었다. 청색 시기(época azul, 1901~1904)에는 죽음과 슬픔에 초점을 맞추었으며, 장미빛 시기(época rosa, 1904~1906)에는 보다 차분하고, 젊고 연약한 면을 부각시켰으며, 입체주의 시기(el cubismo, 1907~1917)에는 그를 세계적 거장의 반열에 올려놓는 새로운 미학 개념을 창안하였다.

1) 삐까소: 청색 시기

청색 시기(1901~1904) 그림 속 대부분의 색은 푸른색으로, 절망, 고독 그리고 슬픔을 표현하였다. 이 시기에 삐까소는 매우 슬펐으며, 우울하였다. 그가 그토록 슬퍼한 이유는 함께 작업하곤 했던 절친한 친구인 까를로스 까사헤마스(Carlos Casagemas)가 1901년 2월에 자살을 했기 때문이다. 삐까소는 차갑고, 우울한 색깔로, 즉, 대부분 푸른색을 사용하여 그림을 그리기 시작하였다. 또한 이 시기의 그림은 가난하고, 추방된 사람들에 대한 동병상련의 감정도 보여주고 있다.

그에게 푸른색은 고통의 감정을 표현하는 데 가장 적절한 색이었으며, 4년 이상 지속된 이 시기에서 시간이 지날수록 더욱 단색화되어 갔다. 이 시기는 〈초혼—까사헤마스의 매장〉(Evocación-El entierro de Casagemas, 1901)과 함께 시작되었으며, 이 그림은 그의 작품활동 속에서 우정의 종말과 새로운 창조의 단계로의 진입을 뜻한다. 그림은 죽은 친구에 대한 추모로, 성자를 매장하는 정도에나 사용될 수 있는 표현으로 친구의 매장 장면을 그린 것이다. 그러나, 일면 백마에 의해 실려 가는 영혼을 둘러싸는 천사들의 합창단 대신에, 단지 스타킹만 입은 창녀들이 나타나는 등 어느 정도 세속적인 면도 나타난다. 육체는 지상에 있으나, 영혼은 창녀들과 함께 말을 타고 있다. 이 그림은 이 시기의 그림들에 나타났던 슬픔

〈초혼—까사헤마스의 매장〉

과 기쁨을 보여준다.

청색 시기에 삐까소는 인물의 도덕적 그리고 육체적 쇠락을 구현하기 위해, 인간의 모습을 왜곡시켜 표현하였다. 가늘게 늘어진 사지와 손가락, 뼈만 앙상한 육체를 그렸다. 이런 양식의 그림은 삐까소가 마드리드에서 보았던 엘 그레꼬(El Greco)의 양식과 유사하다. 이 양식의 작품으로 〈늙은 기타연주가〉(El guitarrista viejo, 1903)와 〈두 인물〉(Dos figuras, 1904)이 있다. 오직 스페인 사람만이 〈늙은 기타연주가〉와 같은 그토록 전형적인 스페인 정신이 담긴 그림을 그릴 수가 있었을 것이다. 비록 삐까소가 오랫동

〈늙은 기타연주가〉

안 프랑스에서 살았지만, 그의 영감은 스페인에서 왔다는 것을 보여주고 있는 것이다. 이 작품에는 머리를 아래로 숙인 채, 스페인의 기타 줄 위에 우아하고 섬세한 손을 올리고, 얼굴에는 모호한 황홀한 표정을 한 가련한 늙은이를 볼 수 있다. 기타는 그의 신체 일부를 형성하고 있는 것 같다. 결론적으로, 파리가 삐까소에게 기법을 제공했다면, 스페인은 그에게 영감과 정신을 부여하였다.

2) 삐까소: 장미빛 시기

장미빛 시기(1904~1906)에는 삐까소의 인생에 변화가 있었고 따라서 그의 화풍에도 변화가 나타났다. 그는 처음으로 사랑에 빠졌고, 그

의 정신세계는 경쾌하고 밝은 기운으로 가득 찼던 것 같다. 우연히, 첫 번째 동거녀인 페르난데 올리비에(Fernande Olivier)를 만났고, 이후 7년간 관계를 지속하였다. 그는 그녀와 결혼하고자 하였으나, 그녀는 허락하지 않았다. 그녀는 이미 유부녀였다.

 이 시기에 삐까소는 보다 인간미 넘치고, 보다 생생한 색으로 그림을 그리기 시작하였다. 당시의 그림들은 그의 환희를 반영하고 있으며, 그는 푸른색에서 탈피하여, 장미빛, 오렌지색 그리고 붉은색 등의 색상을 사용함으로써, 이 시기의 그림들은 다른 시기들보다 더욱 생동감 있고 서정적이게 되었다. 그림 속의 인물들도 바뀌어, 그가 알게 된 메드라노 서커스단(Circo Medrano)의 단원들과 그 가족이 나타난다. 이 그림들은 고상하고 섬세한 행복을 표현한다. 삐까소는 서커스단원들의 민첩성과 용기를 좋아하여, 이들을 많이 그렸다. 〈원숭이가 있는 마술사 가족〉(Familia de saltimbanques con mono, 1905)은 장미빛 시기 그림의 가장 완벽한 표본으로, 애정과 정감을 잘 표현하고 있다.

〈원숭이가 있는 마술사 가족〉

 이 시기 말엽에 삐까소의 그림들은 고정된 테마를 잃기 시작했다. 그는 그림의 특정한 특성을 제거하였으나, 그때까지도 즐거움과 상냥스러움을 표현하고 있었다. 그러나, 그 어느 그림도 실제의 장소나 시간의 의미를 지니고 있지는 않았다. 시간, 날짜, 시기는 방향성을 잃은 상태였으며, 그림의 인물들도 진정한 정체성을 지니고 있지 않았다. 개성과 감정이 없는 얼굴을 하고 있으며, 이런 유형의 그림이 〈부채를 든 여인〉 (Mujer con un abanico, 1905)과 〈말을 모는 소년〉(Muchacho conduciendo un caballo, 1906)이다.

3) 삐까소: 입체주의 시기

입체주의 시기(1907~1917)에는 새로운 미학 개념을 창안하여 삐까소가 세계적으로 유명하게 되었다. 예술의 중심지 파리는 그에게 예술적 사명을 완수하는 데 필요한 것을 주었으며, 그는 동료 화가들 사이에서 가장 훌륭한 화가로 그 명성도 점차 높아지고 있었다. 1906년에 그는 이전의 작품들과는 매우 상이한 그림을 그리기 시작하였으며, 다음해인 1907년에 〈아비뇽의 아가씨들〉(Las doncellas de Avignon)이라는 입체파의 첫 작품을 완성하여, 세계 미술사에서 하나의 커다란 분기점을 형성하였다.

이 그림을 그리기 위해 삐까소는 30개 이상의 밑그림을 작성하였다. 이 그림이 완성되었을 때, 그 반응은 믿을 수 없을 정도로 냉담하였으며, 많은 시간이 흐른 후에야 제대로 평가받을 수 있게 되었다. 그림 속에는

〈아비뇽의 아가씨들〉

화가를 향해서 차분하게 바라보는 젊은 누드 여성들이 보인다. 그녀들 앞에는 포도 한 송이가 있으며, 모자 같은 것 속에도 다른 과일들이 있다. 그러나 이러한 인물 모습들은 심하게 이지러져 있다. 셋은 만화 같으며, 나머지 둘은 가면을 쓰고 있다. 그것은 잘 설정된 기하학적 형태들인 원과 삼각형 및 사각형과 더불어 그려져 있다. 화가는 여인들의 모습을 뒤틀었으며, 얼굴 용모를 바꾸고, 앞면과 뒷면을 동시에 보여주고 있다. 이 작품을 통해서 삐까소가 그 이후 계속 추구하게된 입체파의 노선을 설정하게 되었다. 파리의 예술계에서 이 그림에 대한 평가는 매우 다양하였다. 초기에는, 그것을 이해하는 사람이 거의 없었다. 그러나 제1차 세계대전 이전 수 년 전부터 높아지기 시작한 삐까소의 명성은 세계대전이 치러지는 동안에 엄청나게 높아졌다. 그때 이후 그는 유럽에서 가장 저명한 화가 중의 한 사람이 되었다.

 삐까소는 인간의 표현방법에서 질서와 특성을 지녀야 한다는 개념을 바꾸어 버렸다. 원근법을 파괴하였으며, 인물의 모습에는 심오함이 존재하지 않는다. 공간의 개념이 분위기를 대체하였고, 그림의 주체는 기하학적인 형태들이었다. 원근법 대신에 다양한 각도에서 동시에 물체를 재현하였다. 그것은 현실에 대한 새로운 인식이고, 기존 틀의 단절을 가능하게 하는, 진실을 창조하는 새로운 방법이었다.

 삐까소가 그의 초기 입체주의 작품을 만들고 있을 때, 당시의 또 다른 화가인 브라크(Braque)가 자신의 고유한 입체주의 관점에서 작업을 하였다. 브라크의 그림에 나타난 형태들은 물통(cubo) 같았으며, 여기서 입체주의(cubismo)가 유래하게 되었다. 인물 그림 외에 삐까소는 입체파양식으로 풍경도 그렸으며, 〈다리가 있는 풍경〉(Paisaje con un puente, 1909)과 〈구릉 위의 집들〉(Casas en el cerro, 1909) 등이 있다.

삐까소의 세계적인 유명작품 중 하나가 스페인 내란 중에 그린 작품 〈게르니까〉(Guernica)이다. 〈게르니까〉는 동일 명칭의 도시에 대한 나치의 폭격을 묘사하고 있다. 마드리드의 공화정 정부는 전쟁을 추도하기 위해서 그에게 유화 한 점을 위임하였다. 처음에, 삐까소는 어떻게 그림을 그려야 할지 몰랐으나, 바스크지방에 있는 무방비의 소도시 게르니까를 나치가 폭격한 사실을 안 뒤, 열성적으로 작업을 하기 시작하여 그 결과 나타난 작품이 그 도시 이름을 그대로 간직한 그림 〈게르니까〉이다.

◀ 〈다리가 있는 풍경〉
▼ 〈게르니까〉

이 그림은 놀랍고, 공포로 가득 찬 작품으로, 고야의 인본주의적이고 전쟁에 반대하는 전통을 이어 가고 있다. 이 작품이 주는 첫인상은 무질서하고 비이성적이다. 사물들과 인간들이 논리에 맞지 않는 방식으로 그림 전체에 흩뿌려져 있다. 왼쪽에 여러 방향을 동시에 바라보는 용감한 투우, 죽은 아들을 안고 있는 한 여인, 칼을 거머쥐고 땅에 누워 있는 군인 하나가 있다. 중앙에는 태양이 있고, 그 태양 속에는 전구 하나가 있으며, 막 쓰러지려는 말 한 마리도 있다. 오른쪽에 어떤 사람의 머리가, 그 재앙을 더 잘 보려고 손에 촛불을 든 채, 창문을 통해 바라보고 있다. 또한 불타고 있는 집과 두 팔을 든 채 두렵고 놀란 표정의 사람이 있다. 거의 모든 인간의 모습들은 두려움에 떨며 위를 향해 바라보고 있으며, 그것은 폭탄의 낙하를 의미하고 있다. 각각의 세부 사항은 그 상황의 공포를 강조하고 있다. 눈, 손, 화염이 원초적이고 단순한 방법으로 그려져 있어 비인간적인 힘, 아마도 자의성이나 비이성(非理性)이 그 배치를 책임지고 있다는 인상을 준다.

1937년 파리에서 전시된 후, 〈게르니까〉는 뉴욕에 있는 근대예술박물관에 건네졌으며, 그곳에서 프랑꼬시대 동안 머물렀다. 삐까소는 프랑꼬가 권좌에 있는 동안에는 자신의 작품이 스페인에 있는 것을 원하지 않았다. 독재자가 죽은 후 〈게르니까〉를 스페인에 가져오기 위한 준비들이 이루어졌다. 1981년 많은 토론들과 논의들을 거친 후에, 〈게르니까〉는 마드리드에 있는 쁘라도미술관(Museo del Prado)에 옮겨졌다. 그러나 〈게르니까〉가 있어야 할 진정한 안식처는 마드리드가 아니고 바스크지방의 바로 그 문제의 도시인 게르니까라는 주장이 계속 제기되고 있다.

제2차 세계대전 후에, 삐까소는 세계에서 가장 중요한 현대 화가로 여겨졌으나 프랑꼬(Franco) 독재정부와의 관계는 계속 적대적이었다. 삐까소는 스페인으로 돌아가지 않고 계속 파리에 머물렀지만, 조국은 삐까소에게 계속 영감을 불어넣었다. 1957년 엘 그레꼬의 〈오르가스 백작의 매장〉(Entierro del conde de

삐까소의 〈궁녀들〉

Orgaz)과 벨라스께스의 〈궁녀들〉(Las meninas) 등 스페인의 고전적 그림들을 개작한 여러 작품들을 그렸다. 삐까소의 이런 개작 작품들은 단순한 모방작품들이 아니었으며, 옛 작품에 강렬한 현대적 특성을 부여한 것이었다.

생애 말기에도, 삐까소는 젊은 시절의 정열을 그대로 간직한 채 정력적으로 작품활동을 하며 살다가, 92세에 프랑스에서 세상을 떠났다.

3. 초현실주의 화가들: 달리와 미로

당시 삐까소 외에도, 스페인 미술에 있어 중요한 위치를 점하는 여러 화가들이 있었다. 입체파 화가인 환 그리스(Juan Gris, 1887~1927)도 파리에서 예술활동을 하고 있었다. 그는 미국의 전위주의 여성작가인 스타인(Gertrude Stein)과 매우 절친한 사이였으며, 당시 파리의 많은 예술가들과 마찬가지로, 새로운 인식방법들을 찾고 있었다.

초현실주의운동이 이 시기에 유럽에서 시작되고, 환 그리스, 살바도르 달리, 조안 미로, 레메디오스 바로 등 초현실주의 화가들이 등장하게 되었다. 스페인의 초현실주의자들 가운데, 살바도르 달리(Salvador Dalí, 1904~1989)가 두드러지며, 〈기억의 영속〉(La persistencia de la memoria)이라는 유명한 그림을 그렸다. 이 그림은 가장 전형적이고 유명한 초현실주의 작품들 중 하나이다. 이 그림이 가장 강력히 암시하는 것은 꿈과 비현실성의 분위기이다. 또한 이 작품에는 시간에 대한 작가의 강박관념이 잘 나타나 있다. 인위적인 요소들인 시계들은 이상한 특성을 지니고 있어, 부드러운, 액체 같은 물질로 만들어진 것 같다. 안쪽에 있는 벌레들과 섬은 무엇을 의미하는가?

까딸루냐지역 출신인 조안 미로(Joan Miró, 1893~1983)도, 초현실주의 경향의 화가로, 원초적 자연의 개념을 표현하는 풍부한 상징물들을 그렸다. 그의 작품 중 대표작은 〈네덜란드의 국내〉(Interior holandés)로, 이 작품은 조안미로가 20년대에 네덜란드를 여행한 뒤 그렸으며, 그림은 원초적 자연의 개념을 표현하는 상징물들로 가득하

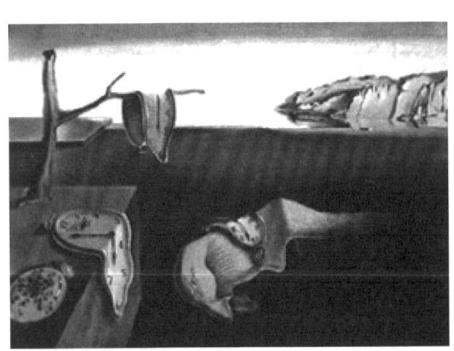

살바도르 달리의 〈기억의 영속〉

조안 미로의 〈네덜란드의 국내〉

다. 그림 속 모습들은 각각의 관람자가 부여하는 의미에 따라 그 어떠한 의미라도 수용할 수 있고 각자 나름대로 해석되어질 수 있는 모양을 하고 있다.

레메디오스 바로(Remedios Varo, 1908~1963)는 초현실주의 여류화가로 마드리드에서 태어났으나, 내란 이후 스페인에서 탈출하여야 했다. 파리에서 2년을 보낸 후, 다시 멕시코로 망명하였으며, 그곳에서 죽을 때까지 그림을 그렸다. 그녀는 작품들 속에서 연금술, 신비주의, 과학 그리고 마술에서 차용한 이미지들을 사용한다.

초현실주의자들은 꿈의 세계, 환상의 세계 그리고 인간의 정신의 산물인 시간의 세계에 관심이 있었다. 위대한 거장 삐까소를 포함해서 이러한 모든 혁신적인 화가들이, 국외에서 자신들의 유명한 그림들을 창조하였다는 것이 흥미롭다.

4. 안또니 가우디

안또니 가우디(Antoni Gaudí, 1852~1926)는 스페인의 까딸루냐지역 출신으로 현대 건축 분야에서 세계적 명성을 지닌 최고의 인물이다. 모든 전통적인 건축양식을 섭렵하고 이를 채택하여, 풍부하고 천재적인 상상력을 바탕으로 새로운 건축 형태와 양식을 창조하였다. 그는 자신이 태어난 도시 바르셀로나시 도처에 가치 있는 기념물들을 남겨놓았다. 그 당시의 중요한 예술운동인 모더니즘이 까딸루냐지역의 모더니즘과 관련을 맺고 있었다. 가우디의 모더니즘 건축물 중 하나가 〈밀라의 집〉(Casa Milá, 1907)이다. 가장 유명한 그의 건축 작품은 신고

▲ 가우디의 〈밀라의 집〉
▶ 가우디의 〈성가(聖家)〉

덕양식의 대성당, 〈성가〉(聖家, La Sagrada Familia)로 1882년 건축가 프란시스꼬(Francisco de P. del Villard)에 의해 건설이 시작되어, 가우디가 이어받아 〈탄생의 정면〉(La Fachada del Nacimiento) 등 여러 부분들을 건설하였으며, 아직까지도 건축이 진행 중이다.

5. 20세기의 스페인 음악가들

1) 마누엘 데 파야

　마누엘 데 파야(Manuel de Falla, 1876~1946)는 까디스(Cádiz)에서 태어났으며, 어린 시절 그곳에서 음악 공부를 시작하여, 20세기 스페인 제1의 작곡가로 성장하였다. 알베니스(Albéniz)와 그라나도스(Granados)가 특별히 피아노를 위한 음악을 창작한 반면, 파야는 주로

마누엘 데 파야

오케스트라를 위한 음악을 창작했다. 그는 안달루시아, 특히 그라나다의 대중음악에서 영감을 받았으며, 쉽고 피상적인 것을 따르지 않고, 성실하게 정해진 방식대로 일하였다. 스승인 뻬드렐(Pedrell)의 충고에 따라, 안달루시아 음악의 정수를 정화시키는 데 헌신하였다. 처음에 그는 한 쌍의 사르수엘라(zarzuela)를 작곡하였으나 실패하였고, 1904년 안달루시아를 기반으로 한 오페라 〈짧은 삶〉(La vida breve)으로 대성공을 거두게 되었다.

1907년, 일주일을 보낼 의도로 파리에 갔다가, 라벨(Maurice Ravel), 드뷔시(Debussy) 그리고 알베니스(Albéniz)를 만나게 되어, 그곳에서 7년간 머물렀다. 파리에서 그는 그라나다와 집시예술 향기가 물씬 풍기는 교향악적 작품 〈스페인 정원에서의 밤〉(Noches en los jardines de España)을 작곡하였다. 스페인에 돌아온 그는 집시 가수겸 무용수인 빠스또라 임뻬리오(Pastora Imperio)를 위해 1915년 집시발레인 〈요술사랑〉(El amor brujo)을 작곡했고, 이 중 한 장(章)인 〈화의식무〉(火儀式舞, Danza ritual del fuego)는 커다란 성공을 거두었다.

피아노곡인 〈베띠카의 환상〉(Fantasía bética*)은 피아니스트 아르뚜로 루빈스타인(Arturo Rubinstein)에게 증정되었으며, 그는 이 곡을 미국에 소개하였다. 1928년 파야는 까딸루냐의 시인 하신트 베르다게르(Jacint Verdaguer)의 서사시에 근거한 교향곡 〈낙토〉(樂土, La

* bética : 안달루시아지역의 옛 명칭.

Atlántida)를 작곡하면서 본격적으로 작곡에 몰두하기 시작했다. 파야가 1946년 아르헨티나에서 세상을 떴을 때, 이 작품은 거의 완성되어 있었으며, 1962년 바르셀로나의 그란 떼아뜨로 델 리세오(Gran Teatro del Líceo)에서 마침내 상연되었다. 이 작품은 유럽 각지에서 커다란 감동을 일으키며 대성공을 거두게 되었다.

2) 호아낀 로드리고

발렌시아인 호아낀 로드리고(Joaquín Rodrigo, 1902~)는 내전 후에 스페인으로 돌아왔으며, 유명한 작품 〈아랑후에스 음악회〉(Concierto de Aranjuez)를 1940년 대성공리에 상연하였다. 오케스트라의 전통적인 악기들과 조화를 이뤄 기타를 사용함으로써 그의 음악은 민속적인 내용이 배제된 스페인적 향기를 지니게 된다. 로드리고는 장님이었으나, 이런 육체적인 결함이 그가 모든 유형의 음악을 작곡하는데 방해가 되지는 못하였다. 그는 또한 스페인어와 까딸루냐어로 된 대중가요들도 작곡하였다.

3) 안드레스 세고비아

안드레스 세고비아(Andrés Segovia, 1894~1987)는 까를로스 몬또야(Carlos Montoya, 1903~)와 함께 고전음악을 가장 훌륭하게 연주한 기타연주가였다. 그들의 손 안에 있는 기타는 교향악단의 오케스트라와 같았다.

안드레스 세고비아는 20세기에 기타를 콘서트용 악기로 만드는 데 매우 중요한 역할을 하였다. 세고비아는 초기의 비우엘라(vihuela)*나 클라비코오드(clavicordio)*를 위해 쓰여진 150개의 작품들을 편곡하여, 기타의 연주목록에 추가하였다.

4) 빠우 까살스

안드레스 세고비아

까딸루냐인 빠우 까살스(Pau Casals, 1876~1974)는 세계적으로 훌륭한 첼로연주가로, 진정 불가사의한 인물이었다. 스페인 내란이 끝난 후, 까살스는 스페인 국경을 마주한 프랑스의 한 작은 마을에 은둔하며 살았다. 1958년 그는 거주지를 뿌에르또 리꼬(Puerto Rico)로 옮겼고, 그곳에서 국제적인 성격의 성대한 음악제들을 지휘하였다.

까살스는 정치적인 이유를 내세워 스페인에서 프랑꼬 장군의 정권이 끝날 때까지 자신의 은거지 밖에서는 공연하기를 거부하였다. 이러한 그의 정치

빠우 까살스

적 자세에서 하나의 예외가 1962년 케네디 대통령을 기념하기 위해 워싱턴의 백악관에서 음악회를 개최한 것이었다. 불행하게도, 까살스는 프랑꼬보다 오래 살지 못하였고 새로운 스페인의 민주주의를 보지 못하고 세상을 떠났다.

* vihuela : 옛날 기타
* clavicordio : 피아노가 발명되기까지 쓰이던 건반악기.

제14장
현대 스페인의 문화예술 I

| 현대 스페인의 전반적인 동향 |

현대 스페인은 다양한 문화와 활발한 예술활동이 이루어지는 사람이 살기 좋은 여유 있는 민주국가이다. 입헌군주제로 환 까를로스 1세 국왕이 존재하고, 내각제로 수상이 실제 행정전반을 관장하고 있다.

매년 스페인의 다양한 지역에서 전래의 축제행사가 연중 쉼 없이 행해지며, 성주간에는 전국이 종교행렬과 관광객으로 붐비게 된다. 유럽 및 세계 각지로부터 태양의 해변이 있는 스페인의 남쪽 해안, 지중해 연안의 해변, 지중해의 발레아레스군도, 아프리카 북부 연안의 카나리아군도 등으로 피서객들이 몰리고 있다.

이번 장에서는 현대 스페인의 정치 사회의 흐름과 현재까지도 찬란하게 빛나고 있는 스페인의 전통적인 문화예술, 즉 성주간의 종교행렬, 투우, 플라맹꼬, 파야스축제, 하이알라이, 동아리모임 등 전반적인 모습을 간략하게 살펴보기로 하겠다.

우선, 20세기 중반 이후의 시대적 흐름은 다음과 같다.

1955~현재	50년대 이후 "관광붐" 정책으로 세계적인 관광국
1959	바스크지역 분리주의자들의 테러단체인 ETA의 활동개시
1968	부르봉가의 환 까를로스 왕자가 프랑꼬의 계승자로 임명되다.
1968~1975	학생들의 수업 거부와 소요사태
1975	프란시스꼬 프랑꼬 사망
1977/1978	총선(1977)과 새 헌법(1978)
1982	펠리뻬 곤살레스와 사회당의 총선 승리
1986	북대서양조약기구 가입(국민투표)/ 유럽경제연합 가입
1992	바르셀로나 올림픽

1. 20세기의 중반 이후의 역사적 흐름

스페인 내란 이후 집권한 프랑꼬(Franco) 총통은 1975년까지 권력을 유지하다가 세상을 뜨게 되고 이후 민주화의 길을 착실히 걸어온 스페인은 지금은 완전한 서구민주주의 국가로 탈바꿈해 있다.

1975년 11월 프랑꼬 장군이 죽고 장기 독재가 끝나게 됨에 따라, 새로이 왕정이 복구되었으며, 부르봉가의 환 까를로스 1세(Juan Carlos I)가 국왕으로 취임하여 지금까지 국왕으로 계속 재임해 오고 있다. 프랑스의 부르봉 왕가는 1589년 엔리께(Enrique) 4세에서 시작, 프랑스 대혁명(1789~1799년)을 거쳐 1830년 까를로스(Carlos) 10세에 끝나며, 그 분가인 스페인 왕가는 1700년 펠리뻬 5세 (Felipe V)에서 시작, 세기 반 지속되다가 1868년 이사벨 2세의 퇴위로 막을 내렸다가 1874년 알폰소 12세(Alfonso XII)와 함께 재개되었다. 제2공화국 시기(1931~1939년)와 프랑꼬체제(1939~1975년)의 공백기 이후, 프랑꼬의 직접 지명에 의해 왕조가 복구되고, 현재의 까를로스 1세가 왕위에 오르게 되었다.

젊은 국왕은 프랑꼬주의의 잔재를 청산하고, 조심스런 정치개혁을 시작함으로써 스페인을 서구적 민

까를로스 1세와 소피아 왕비

주주의로 유도하였다. 임시내각인 아리아스 나바르로(Arias Navarro) 체제를 지나, 1976년 7월 아돌포 수아레스(Adolfo Suárez)가 두 번째 수상이 되어, 폭넓은 사회적 지지를 얻게 되었으며, 그는 민주화를 주도하여, 공산당 등 정당들의 자유를 인정하고, 노조를 합법화하였으며, 정치범을 사면하였다. 1977년 6월 15일, 최초의 민주적 국회의원 선거가 이루어졌으며, 수아레스가 이끄는 민주중도연맹(Unión de Centro Democrático)이 승리하였다. 새 국회에서 새 헌법이 통과되어, 1978년 12월 6일 국민투표로 인준되었다. 새 헌법에 따라 1979년 총선이 실시되어 다시 민주중도연맹(UCD)이 집권하게 되었다.

1980~1982년 사이, 까딸루냐, 바스크지방, 갈리시아, 안달루시아가 자치법령을 통과시키고, 각각의 의회를 갖게 되었다. 그러나, 보수파들에 의해 민주중도연맹이 분열하게 되고, 마침내 1981년 1월, 정부수반인 아돌포 수아레스가 사임하였다.

이어서, 레오뽈도 깔보—소뗄로(Leopoldo Calvo-Sotelo)가 취임하게 되고, 국회 인준 투표 중 군부쿠데타 기도가 있었으나 실패로 돌아갔다. 1982년 8월 27일, 깔보—소뗄로는 국왕에게 국회 해산령과 같은 해 10월 28일의 총선을 제청하였다. 이 선거에서 스페인사회노동당(PSOE, Partido Socialista Obrero Español)이 하원의석 350석 중 202석, 즉 유효투표의 48%를 획득, 승리하였으며, 12월 2일 사무총장인 펠리뻬 곤살레스(Felipe González)가 국회 투표를 통해 정부수반이 되었다.

이 선거에서 민주중도연맹이 패배하여, 소속 의원들이 대거 탈당하고, 결국 당이 분열되었다. 스페인공산당(Partido Comunista de España)도 패배하였다. 마누엘 프라가(Manuel Fraga Iribarne)가 총재였던 대중연맹(Alianza Popular)이 106석에 유효투표 26%를 획득하여 제2당이 되었다. 스페인은 1986년 3월 12일에 투표를 실시하여, 북대서양조약기구(OTAN)에 가입하였다.

1986, 1989, 1992년 연이어 스페인사회노동당(PSOE)이 총선에서 승리하였으며, 호세 마리아 아스나르(José María Aznar)가 이끄는, 대중연맹에서 개명한 대중당(Partido Popular)이 제2당이 되었다. 이후 부수상이던 알폰소 게르라(Alfonso Guerra)와 그의 동생 환 게르라(Juan Guerra)의 불법 정치자금 스캔들과 내무부에서 GAL(반-ETA테러단체)을 창립했다는 의혹 등이 겹쳐 집권당의 인기가 하락하였고, 이러한 여파로 1992년 총선에서는 스페인사회노동당이 승리는 하였으나 과반수 의석 획득에는 실패하였다. 마침내, 1996년 총선에서는 야당인 보수 색깔의 대중당(PP)이 승리, 호세 마리아 아스나르가 집권하게 되어, 이후 지금까지 정권을 유지하고 있다.

2. '관광붐' 정책

1939년 스페인 내란 이후 약 10년간 스페인은 폭압에 시달리며, 전 세계로부터 고립을 당한 채 기아와 좌절로 신음하고 있었다. 50년대가 시작될 무렵, 프랑꼬의 독재정부는 상업활동에서 더 이상 파시스트적인 자급자족프로그램이 유지될 수 없으며, 그동안 겪어온 경제침체가 더 이상 계속되어져서는 안 된다고 판단했다.

프랑꼬는 다른 나라들과의 경제적인 교류를 확대하는 것이 국익에 도움이 될 것이라는 사실을 깨닫게 되었다. 그리하여, 외국 자본의 투자 유치뿐만 아니라 관광객을 유치하기 위한 캠페인이 시작되었다.

관광은 당시 가난하고 낙후된 스페인을 경제적으로 회복시키는 구세주 역할을 하였다. "스페인은 다르다"라고 프랑꼬의 신임 각료들과 관료들이 선전하였으며, 여기에는 국가의 경제와 기술에 관심을 가지고 있었던 종교조직인 '오쁘스 데

스페인 남쪽의 '태양의 해변'

이'(Opus Dei)*의 회원들도 참여하였다. 이들은 어떠한 유럽국가의 중산층도 스페인에서 휴가를 보내고 태양을 즐길 수 있다는 점을 부각시키며 스페인이 물가가 싼 국가라는 이미지를 갖게 하였다. 그리하여 몰려들게 된 관광객들은 스페인의 경제에 생기를 불어넣을 수 있을 정도의 돈을 사용하고 갔다.

1950년대에 스페인에서 상대적으로 빈곤한 지역이었던 에스뜨레마누라와 안달루시아 사람들은 일자리를 찾아서 주로 영국과 독일 그리고 스페인의 북부, 특별히 까딸루냐로 삶의 터전을 옮겨가게 되었다. 1955년 이후에는 스페인 사람들의 생활수준이 실질적으로 많이 향상되었다. 이렇게 1950년의 스페인 경제는 거의 전적으로 외국 자본의 유치로 지탱되고 발전되었다는 사실이 특기할 만하다.

그러나 이러한 경제적인 발전에도 불구하고, 검열, 추방 그리고 억압은 계속되었으며, 1975년 독재자 프랑꼬의 사망 때까지 지속되었다. 정보관광부(Ministerio de Información y Turismo)의 후원하에 검열은 억압적 도구로 이용되었다. 프랑꼬 독재정권은 스페인이 다른 민

---

* Opus Dei : 사제 호세 마리아 에스끄리바 데 발라게르에 의해서 1928년 마드리드에서 조직됨.

주국가들의 사상이나 자유주의 이념에 의해 물들지 않아야 한다는 전제조건하에서만 그들 국가들과 경제적 그리고 문화적 교류를 하고 싶어하였다.

1966년 마누엘 프라가 이리바르네(Manuel Fraga Iribarne)*가 정보관광부 장관직을 맡게 되었으며, 그는 검열을 자체검열로 전환하였다. 작가, 기자, 영화감독 등 대중매체와 관련된 인사들은 프랑꼬, 군부 그리고 교회를 모욕하지 않는 범위 내에서, 스스로 알아서 자신들의 직무를 수행하여야 하였다. 당시, 출판인들과 작가들은 정보관광부의 감시하에 있는 검열관의 암묵적인 규제를 따라야 했다.

그러나 프랑꼬체제의 말년에 들어서자 사회적 그리고 정치적 비판이 격렬해졌다. 〈승리와 대화용 노트들〉(Triunfo y Cuadernos para el Diálogo)과 같은 반체제 잡지들이 나타나고 공개적으로 정부를 비판하는 글을 싣게 되었다. 노동자들은 정부의 지배를 받지 않는 노동조합의 구성을 요구하며 파업을 하였고, 학생들은 더 많은 정치적 자유를 요구하며 시위와 항의집회를 하였다.

3. 스페인—민주국가로 향하다

1) 민주화 과정

스페인 민중이 민주주의에 목말라하고 있던 1975년 11월 20일 프랑

---

* 마누엘 프라가 이리바르네는 1975년 프랑꼬 사후 보수파의 대통령 후보가 되었다.

꼬가 긴 투병 생활 끝에 세상을 떴다. 독재자 프랑꼬가 이미 스페인은 다시 군주국으로 돌아갈 것이라고 선포하였었기 때문에, 많은 스페인 사람들은 그 진의를 의심하고 있었으며 또다시 내란이 일어나지 않을까 걱정하고 있었다.

그러나, 알폰소 13세(Alfonso XIII)의 손자인, 새로운 국왕인 부르봉가의 환 까를로스 1세(Juan Carlos I de Borbón)는 민주주의로의 길을 열었다. 그는 아돌포 수아레스(Adolfo Suárez)를 수상으로 임명하였으며, 수상은 1936년 이후 스페인 최초의 총선을 준비하는 데 전념하였다. 많은 정치범들이 석방되었고, 바스크 지방기(地方旗)도 합법화되었다. 1976년 9월에는 까딸루냐인들이, 프랑꼬시대 동안에는 금지되었었던, 그들 지역의 경축일 행사를 치렀다. 그 다음해에는 스페인공산당(Partido Comunista Español)이 합법화되었다. 1977년의 총선은 스페인의 전체 역사상 매우 중요한 사건으로, 민주주의를 굳건히 하고 지속적으로 발전시키는 데 중대한 전환점을 마련하였다. 자유에 대한 확신이었고 억압에 대한 고발이었던 그 총선을 치르는 순간, 스페인 민중들은 희망에 차 있었으며, 전체 유권자의 80% 이상이 투표를 하였다.

이 선거에서 스페인 사람들의 정치적 성향들이 뚜렷이 나타났다. 구(舊)프랑꼬 추종자들과 구(舊)독재체제의 장점과 업적을 확신하는 우익 인사들은 마누엘 프라가 이리바르네(Manuel Fraga Iribarne)가 이끄는 현재의 대중당(Partido Popular)의 전신인 대중연맹(Alianza Popular)에 참여하였다. 민주중도연맹(UCD, Unión Centro Democrático)이 총선에서 승리하였고, 아돌포 수아레스(Adolfo Suárez)가 새로운 국가 스페인의 초대 수상이 되었다. 펠리뻬 곤살레스(Felipe González)가 지휘하는 제3의 정치집단인 스페인사회노동당(PSOE,

Partido Socialista Obrero Español)은 28%의 득표를 하였다.

그러나 이후 1982년에 실시된 총선에서는 스페인사회노동당이 절대다수로 승리하였으며, 펠리뻬 곤살레스가 수상이 되었다. 사회주의자들은 자신들이 공산주의자들이 아니라고 공언하였으며, 당의 명칭에 '사회주의'라는 단어조차도 사용해서는 안 된다고 주장하는 부류도 있었다. 그들은 사회민주주의, 의회민주주의를 주창하고, 정부에 의해 재정지원을 받는 공공부문을 지닌 자유시장을 옹호하는 사람들이다. 스페인은, 많은 유럽국가들과 마찬가지로, 의료혜택을 포함하는 사회보장을 제도화하였으며, 병원에 입원하는 경우 비용의 대부분은 무료이다.

1977년의 총선으로 선출된 새로운 국회의원들은 새로운 헌법의 구체적인 내용들을 준비하였다. 이 새로운 헌법은 1978년 국회에서 인준된 뒤 국민투표에 붙여져 통과되었다. 이 헌법은 민주주의를 수호하기 위해 요구되는 기본적인 문제들을 해결하였다. 예를 들어, 스페인의 통치형태는 입헌군주제라고 규정하고, 국왕의 권리, 수상의 권리 그리고 의회의 권리를 상세히 기록하고 있다. 국왕은 정부의 군사부문 총수이나, 그밖의 행정적인 권리는 많이 보유할 수 없다. 단지 국회에서 확정된 수상을 형식적으로 임명할 수 있을 뿐이다. 국회는 하원과 상원의 양원으로 구성되며, 하원(Congreso de Diputados)위원은 보통선거에 의해 선출되며, 상원(Senado)은 각 지방 4명의 대표자들에 의해 구성된다.

이러한 헌법에도 불구하고, 이베리아반도의 많은 정치적인 그리고 역사적인 문제들은 쉽게 해결되지 않고 있다. 헌법을 책임진 사람들은 복수정당제를 채택하고, 이전에 언급된 모든 정당들의 이데올로기를 일체화하려고 시도하였다. 그러나 이러한 시도는 어느 정도의 모호성과 비효율성을 야기하게 되었다. 일부 지역이 자치주 법으로 자치를 할 수 있게 되었으나, 갈리시아, 바스크 그리고 까딸루냐와 같은 자치단체들은 고유한 특징을 지니고 있어 지역 주민들이 이에 만족하고 있지 않고, 거의 독립국가 수준의 자치를 요구하고 있다.

또한 스페인은 국교가 없다고 공언함으로써 정교분리가 이루어졌다. 상세한 관계를 규정하지 않은 채, 교회의 근본적인 역할을 인정하였다. 그러나 이 헌법은 이혼할 수 있는 조항을 마련함으로써 카톨릭의 전통적인 정서를 외면하고 있다.

수아레스는 자치단체들의 문제를 해결하려고 노력하였다. 그는 바스크의 지도자들과 바스크지방이 자체의 의회, 경찰 그리고 사법체계를 구성할 수 있는 자치안을 협상하였으며, 이 안은 1979년 10월 또 다른 투표에서 가결되었다. 그럼에도 불구하고, ETA는 그 안을 바스크지방을 식민시화하려는 정부의 부정직한 기도로 보았다. 이후 수 년간 수아레스와 민주중도연맹(UCD)은 다른 모든 정당들로부터 공격을 받았으며, 마침내 1981년 겨울, 수아레스가 사임하게 되었고, 레오뽈도 깔보 소뗄로(Leopoldo Calvo Sotelo)가 권력을 계승하였다.

1982년 8월 27일 레오뽈도 깔보 소뗄로는 국왕에게 국회 해산을 요청하였으며, 같은 해 10월 28일 총선에서 페인사회노동당(PSOE)의 펠리뻬 곤살레스가 유효투표의 48%, 하원의석 350석 중 202석을 얻어 집권하게 되

펠리뻬 곤살레스

었다.

1984년, 곤살레스 정부는 반테러법을 통과시켰으며, 이것은, 몇몇 사람들에 따르면, 헌법에 명시된 민주주의 원칙들에 위배될 수 있다. 예들 들어, 경찰이 테러범죄 용의자를 체포하고 어떤 범죄로 그를 고발하지 않고도 그를 심문할 수 있다. ETA가 테러행위를 계속하고, 이와 연관된 자치단체들이 여러 가지 사항들을 중앙정부에 요구하고 있어, 이를 어떻게 해결하느냐가 스페인 중앙정부의 당면과제가 아닌가 여겨진다.

2) 쿠데타 기도와 좌절

스페인의 민주화 과정에는 위에 언급한 것 외에도 빠뜨릴 수 없는 사건이 하나 있다. 1981년 2월, 수아레스가 사임한 직후, 소위 "골빠소"(golpazo)라고 불리는 군부 쿠데타 기도가 있었다. 시경찰의 중령인, 안또니오 떼헤로 몰리나(Antonio Tejero Molina)는 기관총과 소총으로 무장한 150명의 경찰을 이끌고 하원에 난입하여, 국회의원들을 인질로 삼았다. 이 쿠데타는, 민주주의를 철폐하고자 기도된 것이었으나, 희극적인 면들도 없지 않았다. 아무도 떼헤로에게 관심을 기울이지 않았고, 그는 국회의원들이 그에게 관심을 갖게 하려고 두세 번 권총을 발사해야 하였다.

발렌시아에서는 떼헤로의 쿠데타와 연계하여, 하이메 밀란스 델 보쉬(Jaime Milans del Bosch) 대위가 권력을 잡을 준비를 하고서 탱크를 몰고 도시로 진입하였다. 그러나 이 두 개인이 쿠데타의 유일한 주동자들은 아니었으며, 약 30명의 부대장들이 그 계획을 알고 있었다. 그들 모두는 국왕의 발표를 기다리며 각자의 주둔부대에서 대기하고 있었다. 그러나 국왕 환 까를로스 1세는 군인들의 정치적인 그리고 도덕적인 불명예를 지적하면서 헌법을 수호하겠다고 천명하였다. 그러한 국왕의 태도를 보고, 군인들은 굴복을 하였으며 민주주의의 적법한 절차에 따라 체포되었다.

그토록 드라마틱하고 긴장된 이러한 쿠데타 기도 이후, 스페인에서 민주주의가 어느 정도 정착되었으며, 쿠데타에 의해 표현된 이데올로기는 스페인에서 이미 흘러간 구시대의 낡은 것이었음이 입증되었다.

4. 스페인이 해결해야 할 당면 과제

1) 분리독립투쟁과 테러단체 ETA

스페인의 북부 산간지방인 바스크지역은 전통적으로 스페인의 중앙정부와 많은 갈등을 빚어 오고 있는 지역이다. 이 지역은 스페인 민족과는 상이한 바스크 민족으로 순수한 혈통을 유지한 채, 그들만의 고유한 언어인 바스크어를 사용하고 있다. 이들 바스크 민족은 여타 유럽 민족과는 전혀 달라 그 기원이 모호하며, 그들의 언어인 바스크어도 유럽언어 대다수가 속해 있는 인도유럽어족에 해당되지 않는다. 이들 바스크인들은 예나 지금이나 자신들의 독립을 열렬히 추구하고 있다.

현재, 바스크지방 외에도 바르셀로나를 중심으로 한 까딸루냐지역, 갈리시아지역 등에서 보다 많은 자치를 요구하는 등 지역적인 갈등이

ETA에 항의하는 집회 광경

현존하고 있는 것이 사실이다. 지역적인 정체성(正體性)을 유지하고 완전한 자치를 하겠다는 열망이 지나쳐, 국가 전체의 정치적인 안정을 위협해 오고 있다. 이러한 문제는 특별히 바스크지방(Euskadi)에서 심각하다.

    1959년 일부 바스크인들은 테러단체 ETA(Euskadi Ta Askatasuna, '바스크와 자유')를 조직하였다. ETA는 중앙집권주의적인 프랑꼬 정부에 대항하여 납치, 육탄공격, 암살 그리고 시경찰 건물들에 대한 무장 습격 등으로 잔인하게 그리고 은밀하게 투쟁을 전개하였다. 프랑꼬 정부는 테러용의자 체포, ETA 조직원이나 혐의자의 처형 그리고 모든 바스크지역에서의 엄중한 경찰 감시로 대응하였다. 1970년 이루어진 유명한 '부르고스의 공판'에서 프랑꼬정부는 두 명의 사제를 포함한 16명의 테러피의자들을 처형하였다. 스페인뿐만 아니라 서방세계의 여러 지역에서 이러한 처형에 반대하는 많은 항의집회가 있었다. 이런 저런 이유들로 바스크인들은 프랑꼬 경찰을 '점령군'이라고 불렀었다.

    1973년 12월에 테러사상 유례없는 무모하고 끔찍한 사건이 발생하였다. 일단의 바스크 젊은이들이, 극단적 전통주의자요 카톨릭교도며 반자유적인 사상으로 매우 유명한 스페인 총리 해군제독 루이스 까레로 블랑꼬(Luis Carrero Blanco)를 암살할 목적으로 마드리드에 도착하였다. 스페인 사람들은 이 집단을 '식인귀'(食人鬼, Ogro)라고 불렀었다. 이들 ETA 멤버들은 테러를 계획하면서 마드리드에서 수 개월을 보내는 동안 제독의 움직임을 파악하였다. 그가 미사에 참석한 후 매일 지나가는 도로 밑에 터널을 뚫고 그 중앙에 다이너마이트를 설치하였다. 까레로 블랑꼬의 승용차가 그 위를 지나갈 때, 그들은 그 다이너마이트를 폭발시켰다. 폭발이 얼마나 컸던지 차가 흔적도 없이 날아가 버렸으며, 수 시간이 지난 뒤 근처 건물의 옥상에서 그 잔해가 발견되었다. 테러범들은 마드리드에서 프랑스로 도망친 뒤 자신들이 그 테러의 주범들이라고 발표하였다.

까레로 블랑꼬는 프랑꼬와 프랑꼬의 각료들에게 오랜 세월 동안 가장 친밀한 친구였으며, 그의 죽음은 독재 질서의 안정과 유지에 커다란 손실을 초래하였다. 아이러니컬하게도, 이 사건으로 ETA는 프랑꼬의 장기집권 계획을 무너뜨렸다. 원래의 프랑꼬 정권의 장기집권계획에 따르면 까레로 블랑꼬가 프랑꼬 총통이 죽은 후 국가의 최고수반이 되도록 되어 있었다. 프랑꼬는, 1968년 부르봉 왕가의 환 까를로스(Juan Carlos) 왕자를 자신의 후계자로 이미 선포하였음에도 불구하고, 그의 절친한 동료 까레로 블랑꼬를 진정한 국가수반으로 삼을 예정이었다.

이 테러사건의 진범들은 발견되거나 체포되지 않았으나, 이 사실이 프랑꼬 정권으로부터의 보복 행위가 없었음을 의미하지는 않는다. 1975년 다섯 명의 ETA 행동대원들이 새로운 '반테러'법하에서 처형되었다.

2) 지방자치단체들의 자치권

이미 스페인의 여러 가지 문제점들을 살펴보았으나, 아마도 가장 중

집중연합당 모임 장면

대한 문제 중 하나가 '자치단체'의 문제가 아닌가 생각된다. 이미 보았다시피, 1978년의 헌법은 '자치단체'에 기초하여 국가를 재조직하고 재건하여 이베리아반도 내의 극단적인 지리적 그리고 문화적 다양성의 문제를 해결하고자 하였으나 결실을 거두지 못하였다.

즉, 1979년 이후 시행되어 온 이러한 재조직화는 지역적 문화적 차이를 강조하는 각 지역 주민을 만족시키지 못하였다. 지역자치에 대한 열망이 줄어들기는커녕 크게 증대되었다. 특히, 스페인의 동북부 바르셀로나시를 중심으로 한 까딸루냐지역에서 매우 튼튼한 정치적 뿌리를 내린 조르디 뿌졸(Jordi Pujol)이 이끄는 '집중연합당'(Convergéncia I Unió)과 바스크지역의 '바스크지역당'(PNV, Partido Nacionalista Vasco)은 최근 선거에서 커다란 성공을 거두었다. 그리고 비록 바스크인들이나 까딸루냐인들만큼 강경하지는 않았지만, 갈리시아인들도 자신들의 자치권을 점차 강하게 요구하고 있다. 이런 지방자치 문제를 해결하는 것이 분리독립투쟁 문제 해결과 더불어 스페인이 당면한 최대 과제가 아닌가 여겨진다.

5. 스페인과 유럽

그동안 추진되어 온 스페인의 유럽화는 오늘날 정치인·기업가를 포함한 많은 스페인 사람들에게 그리고 스페인 국가에 긍정적인 영향을 끼쳤다. 이 문제는 98세대 시기 등 스페인 역사상 여러 번 논의되었으나, 최근 10년 사이에 다시 뜨거운 논란거리로 등장하였다. 그러나 이전의 논의들과는 달리, 지금은 스페인이 유럽의 일원으로 경제나 정치적으로 완전히 합체해 가고 있는 것이다. 스페인은 유럽경제연합(CEE, Comunidad Económica Europea)과 북대서양조약기구(OTAN, Organización del Tratado del Atlántico del Norte)에 가입하였다.

1) 유럽경제연합 가입

스페인의 유럽경제연합 가입은 경제적으로 매우 긍정적인 영향을 준다고 믿는 사람들이 있는가 하면, 그렇지 않다고 믿는 사람들도 있는 게 사실이다. 이미 30~40년 전부터 스페인의 유럽경제연합 가입에 대한 논의가 이루어져 왔으나, 프랑스, 독일 등이 비민주국가였던 스페인을 불신하여 경제동맹국으로 끌어들이기를 망설였다. 프랑꼬 사후 스페인에 민주주의가 정착되자 그러한 태도가 바뀌어, 사회당

(PSOE)의 곤살레스 정부는 1986년 스페인을 유럽경제연합(CEE)의 일원으로 가입시킬 수 있게 되었다.

유럽경제연합의 가입이 스페인의 국익에 미친 득실을 속단할 수는 없지만, 이후 스페인의 상품에 대한 시장이 새로이 증가했다는 사실은 분명 국익에 많은 도움이 되고 있음을 의미한다. 외국 정부나 외국 기업이 스페인 상품에 관심을 갖고 스페인에 투자하고 있다.

또한 스페인 사람들은 물가에 대비 봉급 상승이 균형을 이루지 못하고 인플레이션이 확대되지나 않을까 걱정하고 있다. 많은 스페인 사람들은 높은 물가에 대해 불평을 하나, 아직은 구매력이 상실될 수준은 아니다. 불행하게도, 브레이크가 듣지 않는 인플레이션은 스페인 사람들 사이에서 "이제 우리들은 유럽인들이야"라고 말하는 또 다른 이유가 된다. 그러나 전반적으로 스페인 경제는 그동안 많이 호전되었고, 환율도 안정적이어서 긍정적이다라고 평가할 수 있다.

2) 북대서양조약기구 가입

스페인 사람들은 또한 북대서양조약기구(OTAN)와 미군기지들에 대해서도 뜨거운 논쟁을 벌이고 있다. 미군기지들은 스페인에 오랫동안 존재해 오고 있으나, 스페인은 레오폴도 깔보 소뗄로(Leopoldo Calvo Sotelo)의 정권을 이양하던 1982년까지, 북대서양조약기구에 가입돼 있지 않았다. 스페인사회노동당(PSOE)의 일부를 포함 몇몇 좌파 및 반미 진영들의 항의가 있었으며, 북대서양조약기구 가입 추진은 당시 집권당인 민주중도연맹(UCD)측에 의해 의도된 반민주적 조작이라고 사람들은 주장하였다. 1982년의 총선전에서, 스페인사회노동당의 펠리뻬 곤살레스 후보는 북대서양조약기구 문제에 대한 국민투표를 약속하였다. 또한 그는 북대서양조약기구 가입이 스페인에 가져다 줄 실익에 관해 민주중도연맹의 지도자들과 의견을 달리하고 있음을 주장하였다. 많은 스페인사회노동당 사람들은 스페인이 냉전과 연관된 어떠한 정치 또는 군사 문제에도 중립을 지켜야한다고 주장하고 있었다.

1982년 스페인사회노동당의 곤살레스 후보가 압도적으로 승리한 후 그러한 자세가 바뀌었다. 이미 약속한 북대서양조약기구 가입에 대한 찬반투표는 1986년까지 실시되지 않았으며, 그러던 동안 스페인사회노동당은 태도를 바꾸어, 경제적인 이유를 들어 북대서양조약기구 가입에 찬성한다고 선언하였다. 서방세계의 방어에 스페인이 동참함으로써 프랑꼬체제 때문에 겪었던 고립을 끝낼 수 있다고 본 것이다. 반면에, 미군기지 비주둔 옹호자들, 평화주의자들, 공산주의자들, 지성인들 중 좌파 인사들 그리고 젊은 사람들은 북대서양조약기구가 미국에 의해 조종되는 그리고 유럽이 아니라 미국의 군사적 이익들을 옹호하는 군사조직이라고 반발하였다.

그러나 펠리뻬 곤살레스와 부수상인 알폰소 게라(Alfonso Guerra)는 북대서양조약기구와 유럽경제연합이 경제적으로 연결되어 있다고 주장하며, 스페인이 북대서양조약기구를 외면하면 스페인 경제는 많은 일자리를 잃게 될 것이라고 경고하였다. 스페인사회노동당의 주장들은 결실을 맺어, 투표결과 찬성이 약 52%, 반대 40%였으며, 나머지는 기권을 하였다. 이 투표 이후 1986년 6월 총선에서 곤살레스는 큰 어려움 없이 또다시 승리하였다. 그러나 북대서양조약기구에 잔류할 필요성에 대한 스페인 사람들 사이의 논란은 (1990년에 폐지된) 바르샤

바조약기구의 국가들에서 커다란 정치적인 변화가 일 때까지 계속되었다. 또한 많은 사람들이 스페인 땅에 미군기지들이 존재하는 것은 불필요할 뿐 아니라 미국의 제국주의적 지배의 또 다른 증거라고 주장한다.

3) 바르셀로나 올림픽

또 다른 강력한 경제적 반향을 일으킨 요인이 신대륙 발견 500주기 기념행사와 더불어 개최된 1992년의 바르셀로나 올림픽 경기이다. 올림픽을 계기로 경제가 많이 활성화되고, 스페인과 스페인계 중남미의 문화와 사회에 관심이 고조되었다. 그러나 스페인의 유럽경제연합 가입과 올림픽 개최가 가져온 긍정적인 경제적 영향을 지속시켜

바르셀로나 올림픽의 마스코트인 '꼬비'(Cobi)

장기적인 경제발전으로 연결될 수 있도록 하는 것이 오늘날의 스페인이 안고 있는 과제다.

6. 현재의 스페인 사회

현재 스페인은 경제적으로 절정기에 있는 것 같다. 그렇지만, 현재의 경제와 정치에 대해 심하게 비판하는 이들도 없지 않다. 1986년 반북대서양조약기구(anti-OTAN) 투쟁 이후 스페인의 좌익은 하나의 정

당, '좌익연합'(IU, Izquierda Unida)으로 통합되었다. 이 당은 정당들과 진보성향의 인사들이 합쳐진 것으로, 공산주의자들, 노동조합주의자들, 인문주의자들, 평화주의자들 그리고 스페인사회노동당의 프로그램에 실망한 몇몇 사회주의자들의 집합체이다. 비록 좌익연합은 소수정당이지만, 정부를 심하게 비판하였으며, 가끔은 정당에 소속되지 않은 많은 사람들의 지지를 받곤 한다. 예를 들어, 그들은 물가는 제동 장치 없이 치솟는데 근로자들의 임금은 오르지 않는다고 말해 왔다. 그리고 비록 1986년 미국과 스페인의 협정 조인으로 미군부대의 수가 감소하였으나 아직도 존재하고 있으며, 핵무장을 한 미군의 존재를 대부분의 스페인 사람들이 좋아하지 않는다.

오늘날 세계적으로 문제가 되고 있는 환경문제는 스페인에서도 예외가 아니다. 생태학자들을 연계시키는 특별한 조직은 없지만, 관심은 지대하며 심지어 환경문제들에 관심이 있는 정당들까지도 나타났다. 바스크지방에서는 원자력발전소의 건설 계획이 심한 항의로 수포로 돌아갔다. 또한 따라고나(Tarragona) 근처 한 마을에 원자력발전소가 건설되었으나, 잦은 사고와 오염물질 유출로, 마을 주민들과 생태계보호단체들의 격렬한 데모 및 항의집회를 불러일으킨 끝에 마침내 폐쇄되었다.

일부 생태학자들은 유럽경제연합(CEE) 가입으로 스페인에서의 환경문제가 호전될 것으로 생각한다. 유럽연합에서는 납이 없는 가솔린 사용 등 안전과 환경오염에 관련된 상세한 규정들을 회원국들에게 요구하고 있으며, 스페인도 이를 준수해야 하기 때문이다. 현재 생태계 보호운동은 스페인뿐만 아니라 전세계 모든 국가에서 관심을 불러일으키고 있다.

최근 스페인에는 페미니스트 활동이 활발해지고 있다. 전통적으로 스페인에는 남성우월주의가 팽배하고 여성을 평가절하하는 고정관념들이 존재하고 있다. 스페인이 돈 환(Don Juan)과 남성우월주의 국가라는 점을 어느 정도 인정한다 하더라도, 예나 지금이나 여성에 대한 남성 지배에 반대하여 투쟁하는 여성들이 끊임없이 나타나 여성자신의 지위 향상을 위해 다방면에서 열정적으로 노력하고 있다는 사실은 평가할 만한 일이다.

제2공화국 시절이던 1931년 이미 끌라라 깜뽀아모르(Clara Campoamor), 빅또리아 켄트(Victoria Kent)와 마르가르따 넬켄(Margarita Nelken)과 같은 여러 페미니스트들이 의회에 진출하였다. 페데리까 몬뜨세니(Federica Montseny)는 라르고 까바예로(Largo Caballero) 대통령의 내각에 여성장관으로 임명되었다. 또한 여성의 지위를 향상시키기 위한 여러 가지 개혁들도 이루어졌다. 1932년의 헌법은 이혼할 권리를 허가하였으며, 상속, 정치적 계보 그리고 성별에 기초한 특권들을 불법적이라고 규정하였다.

그러나 이러한 여권 신장은 프랑꼬파가 내전에서 승리함으로써 제동이 걸렸으며, 나아가 뚜렷이 퇴조하게 되었다. 예를 들어, 프랑꼬시대의 민법에서는 여자의 간통은 범죄로 여겨졌으나, 남자의 간통은 그렇게 여지지지 않았다. 그러나 민주주의가 발전함에 따라 성별간 사회적 차이를 시정하려는 새로운 시도가 이루어졌다. 요즈음 스페인에서는 이혼이 허용되며, 낙태도 매우 제한된 경우 합법화되어 있다. 이러한 제한 낙태에 대해 많은 페미니스트들이 항의하고 있다.

오늘날 리디아 팔꼰(Lidia Falcón)의 페미니스트당(Partido Feminista)과 같은 페미니스트 단체들이 존재하나, 페미니스트들은 여성의 현재

그리고 미래의 권리들에 대한 여성의 의식을 고취할 필요가 있다고 주장한다. 아주 잘 알려진 소설가이며 신문기자인 로사 몬떼로(Rosa Montero)는 자주 스페인 여성의 지위에 대해 글을 쓰고, 남성적 계급제도에 관련된 문제들에 대한 비판적 의견을 대변하고 있다. 또한 까딸루냐에는 마리아 아우렐리아 깝마니(Maria Aurélia Capmany), 몬쎄르라트 로익(Montserrat Roig) 그리고 까르메 리에라(Carme Riera)와 같은 여성들과 여류작가 그룹이 존재한다. 이러한 여성들은 글이나 일상생활 속에서 여성에 대한 편견들을 시정하고자 노력하고 있다.

제15장
현대 스페인의 문화예술 II

| 현대 스페인의 축제 및 대중문화 |

현재의 스페인은 완전히 민주적이고 현대화된 국가로, 현대적인 면모는 많은 문화적인 현상과 일상생활 속에서 관찰된다. 그러나 동시에 스페인은 오랫동안 그들이 지녀온 전통을 즐기며, 다양한 문화예술 행사를 계속하고 있다. 성주간, 각 도시들의 축제, 투우, 빰쁠로나의 산 페르민 축제 등 옛 풍습들을 소중하게 보존하고 계승·발전시켜 세계적으로 엄청난 수의 관광객을 유치하고 있다.

오늘날 스페인 사람들은 자신들이 완전한 유럽인이라고 생각하며 또한 그렇게 여겨주기를 소망한다. 완전한 유럽인이 되고자 하는 이러한 열망은 대중문화, 영화, 텔레비전, 음악, 문학 등 다양한 면에서 나타난다.

스페인을 여행하는 방문객은 일 년 내내 풍부하고 다양하게 이루어지는 축제 행사들을 마음껏 즐길 수 있다. 스페인에서는 아무리 작은 도시나 마을이라 하더라도 수호신 성자에게 바치는 자신들만의 축제를 갖고 있지 않은 곳이 없다.

이렇게 스페인의 전통적인 축제들은 끝없이 나열할 수 있겠지만, 가장 유명한 것들만 언급해 보면 다음과 같다.

발렌시아(Valencia)에서는 3월 19일, 산 호세(San José)의 날에 파야스(Fallas)축제가 개최되며, 이어서 성주간(Semana Santa)이 도래한다. 스페인 전지역에서 그리스도의 죽음과 부활을 기념하는 많은 종교행렬들이 이루어진다. 가장 유명한 행렬은 아마도 세비야(Sevilla)의 종교행렬일 것이다. 세비야에서는 조금 뒤 '4월의 축제시장'(Feria de Abril)이 열리며, 여기서는 대중적 면과 안달루시아의 전형적인 면이 조화롭게 뒤섞여 있으며, 이 축제에서는 스페인의 전통적인 춤인 플라멩꼬를 가장 다양하게 음미할 수 있다. 7월이 되면 그 유명한 산 페르민 축제(Sanfermines)가 우리를 기다리고 있으며, 빰쁠로나(Pamplona)시 거리 풍경과 소 가두어 넣기, 투우, 포도주, 모임…… 등등이 머릿속에 떠오른다.

연말이 되고 그리스도의 탄신일인 크리스머스가 다가오면, 민요조 찬송가, 성탄전야 자정미사, (특별히, 까딸루냐지역의) 살아 있는 성탄 인형(아기예수와 동방박사 세 사람) 등이 등장한다. 성탄절 인형은 아기예수와 동방박사 세 사람 그리고 그들이 탔던 낙타들로 꾸며지며, 크리스머스부터 1월 6일까지 장식해 둔다. 그리고, 마침내 새해전야에는 행운을 가져다 줄 포도 12개와 함께 샴페인을 터트리며 새해를 맞이한다. 모든 스페인 사람들과 관광객들이 어우러져 푸짐하게 가져 온 포도를 옆 사람과 자정 시계소리에 맞추어 나눠 먹으며 새해를 맞이하게 된다.

자 그럼, 전통적으로 내려오는 문화예술 행사들에 관해 살펴보자. 성주간에는 지금도 스페인 전역에서 많은 행사가 이루어진다.

1. 성주간

성주간(Semana Santa)은 부활절 전의 일 주간을 일컬으며, 그리스도가 로마군에 잡혀 빌라도의 재판을 통해 십자가에서 처형을 받기까지 지상에서 겪은 고난을 추념하는 기간이다. 십자가를 지고 나아가는 행렬을 뒤따르며, 그리스도가 인간으로서 겪은 죽음을 앞둔 번민과 온갖 수모, 그리고 고통을 기억하며, 추도하는 행사를 갖는다.

스페인에 성주간을 이끄는 단체들은 역사적으로 다음과 같이 형성되었다. 상업, 판매 등 자영업으로 생활하던 자유로운 사람들이 단체들을 만들었으며, 이 단체들이 바로 신도단이었다. 그들은 상인이나 수공업자들로, 한 지역이나 거리 내에서 합심하여 자신들의 공동이익을 대변하였다. 자료 부족으로, 이러한 지역단체들과 종교단체들이 과거에도 서로 밀접한 관계를 유지했었는지는 알 수 없으나 그다지 밀접한 관계가 있었던 것은 아닌 것 같다. 그 이유는 종교단체는 사회적이나 경제적 목적보다는 종교적인 목적, 즉, 성부, 성모, 그리스도 그리고 그리스도의 고난을 추도하며 (하나님, 그리스도 그리고 성령을 하나로 보는) 삼위일체 자체를 옹호하기 때문이다. 그러나 신도단들과 종교단체들은 시간이 흐름에 따라, 신앙활동과 상호 이익 및 호혜의 실

▲▶ 성주간의 종교행렬

리로 서로 합쳐지게 되었다.

결론적으로, 성주간 행사는 16세기형 종교단체가 다양하게 발전하여 스페인 전역에 퍼졌다고 보나, 16세기까지는 직업과 연관된 종교단체가, 이후 근대부터는 헌신적인 종교단체에 의해 이루어지고 있다. 성체의 행렬은 안달루시아와 세비야 기원의 '영광의 종교행렬'과 여타 지역의 '피의 혹은 고난의 종교행렬'로 나뉘어지나, 최근에는 '피의 혹은 고난의 종교행렬'이 주종을 이루고 있다. 종교행렬이 지나가는 길은 시민들과 관광객들로 발디딜 틈 없이 혼잡하다. 뾰족한 모자 가면과 특이한 의복을 한 신도들이 인간의 죄를 대신한 그리스도상이나 성모마리아상을 메고 지나가고 뒤를 이어 발목에 쇠줄을 메고 힘겹게 걸어가는 신도들이 나타난다. 또한 악대들도 함께 지나가며 음악을 연주하여 뭇 사람들의 시선을 끈다. 이렇게 성주간 동안에는 스페인 전체가 온통 종교행렬과 거리를 가득 메운 시민 및 관광객들로 북적거린다.

2. 세비야의 축제시장

4월 말에 개최되는 세비야의 축제시장(Feria de Sevilla)은 축제와 장이 함께 시작된 1846년 8월 25일 이래 지금까지 지속되고 있으며, 1999년에는 4월 20일부터 25일 사이에 개최되었다. 이 축제의 내용은 시간이 흐름에 따라 많이 바뀌었으며, 변화는 바로 축제시장 자체의 성격에서 일어났다. 항구도시로서의 낮은 소득을 극복하기 위해 산업 및 상업적 목적으로 만들어진 후 곧 대중적이고 민속적인 축제로 탈바꿈하게 되었다.

초기 수 년 동안 축제는 안달루시아의 산업을 활성화시키고 보호하려는 목적을 지니고 개최되었다. 출품된 말이나 양 그리고 사나운 소 중에서, 가장 품종이 우수한 말, 털이 가장 부드러운 양, 가장 훌륭한 소, 가장 빠른 말에게 상을 주었다.

세비야의 축제시장은 축제시장이 시작되고 20년이 지난 뒤에야, 세비야 출신 시인인 아돌프 베께르(Gustavo Adolfo Béquer)가 마드리드에서 쓴 소설 속 표현처럼, "그 축제시장은 장식을 한 말들과 화려한 의상을 입은 아름다운 여성들이 있는, 색깔 있고 낭만적인 축제"로 탈바꿈되었다.

축제시장의 한 장면

1936~1939년 사이의 스페인 내전 후에, 이 축제시

장은 더욱 민속적으로 되어 지금까지 이어지고 있다. 축제는 로스 레메디오스(Los Remedios)지역에서 개최되며, 세비야의 남성들과 여성들은 민속의상을 입고 말을 타거나 마차를 탄 채 거리를 행진한다. 또 1998년 이후 천 개가 넘는 무대가 세워지고, 사람들은 먹고 마시며 플라멩꼬춤의 일종인 세비야나스(sevillanas)를 추기 위해 그곳으로 몰려든다. 축제지역은 무대와 거리가 어우러지는 지역과 푸짐한 음식과 튀김과자 및 서커스, 목마 등 다양한 볼거리가 몰려 있는 먹거리 지역으로 양분되어 있다.

축제지역에 도착하면 거대한 철골구조물과 목재로 만들어져 수만 개의 전구로 장식된 거대한 아치나 아치들로 이루어진 매년 상이한 축제 현관이 관광객들을 맞이한다. 그곳에서 오색찬란한 전구와 초롱으로 장식된 거리들이 이어진다. 천, 조화, 초롱, 전등 등으로 장식된 무대들에서는 춤을 추고, 테이블과 의자와 칸막이 바가 있어 토속음식인 따빠스(Tapas), 맛있는 포도주 그리고 시원한 맥주를 마실 수 있다. 각각의 무대는 가족이나 친구들, 기업들, 단체들이 운영하게 되며, 이 무대 저 무대로 돌아다니며 아는 이들을 방문하고 무대 주인이 또한 초대하면서 서로 왕래하게 된다. 무대에서는 춤추고, 노래하고, 휴식을 취하고, 먹고 심지어는 수면까지도 해결함으로써 축제기간 동안 그곳이 완전한 거주지로 바뀌곤 한다.

축제시장은 오전에 기수가 화려하게 장식된 말을 타고 축제지역을 누비며 퍼레이드를 함으로써 시작되고, 정오에는 사람들이 먹고 노래하고 춤추기 위해서 무대에 모여든다. 식사를 하고 잠시 휴식을 취한 후 사람들은 오후의 투우를 즐기기 위해 레알 마에스뜨란사(Real Maestranza) 투우장으로 향한다. 늦은 오후가 되면서 말들은 물러나고

도로는 다시 사람들로 가득 찬다. 해질 무렵 거리는 온통 오색찬란한 의상 물결로 넘치고 사람들은 무리 지어 손뼉을 치며 노래 부르고 마시고 논다. 먹거리 지역을 돌아다니며, 밤을 새워 노래하면서 춤을 추면서 또 따뜻한 쵸콜렛을 마시면서 놀다가 새벽녘이면 휴식을 취하러 집으로 돌아간다.

3. 플라멩꼬

스페인의 민속음악은 세계적으로 재미있고 다양한 민속음악 중의 하나로, 자손대대로 구전으로 지금까지 전승되어 오고 있다. 모든 스페인 지역에서 향토적인 노래와 춤이 진정한 대중예술로 자리잡고 있다.

예를 들어, 깐떼 혼도(cante jondo) 또는 플라멩꼬(flamenco)는 안달루시아지방의 대중음악 및 무용으로, 그것은 동양, 아랍 그리고 집시로부터 유래하였다. 플라멩꼬의 음은 너무나 특이한 불협화음으로 이루어져 있고 쉬운 멜로디가 전혀 없어, 적응되지 않은 사람을 당혹시키기까지 한다. 안달루시아의 지역에는 지역에 따라 다양한 유형의 플라멩꼬가 존재하고 있으며, 대표적인 것들로 그라나다(Granada)의 그라나디나스(granadinas), 말라가(Málaga)의 말라게냐스(malagueñas), 세비야(Sevilla)의 세비야나스(sevillanas) 등이 있다. 이 중 세비야나스는 세비야시의 4월의 시장축제에서 많은 사람들에게 볼거리를 제공하고 있다. 세비야나스는 처음에는 세분되어 있지 않았으나, 지금은 잘 구분된 4부분으로 구성되어 있으며 다양한 스탭으로 짝을 지어 춤을 춘다. 매년 4월이 오면 세비야나스에 대한 관심은 더욱

고조되고 새로운 춤의 형식이 나타나 지역에 따라 다양한 모습을 띠게 된다.

전반적으로, 플라멩꼬는 정렬적이며, 거의 항상 기타, 손뼉, 관객들의 고함소리 그리고 격려와 더불어 이루어진다. 플라멩꼬 춤과 노래는 안달루시아의 지역에 따라 60개 이상의 상이한 형태로 존재한다. 플라멩꼬의 어조는 인간의 삶과 마찬가지로 낙천적이거나 염세적이고 즐겁거나 슬프며, 어떤 점에서는 미국의 재즈와 매우 유사하다. 그토록 매혹적이고 요란스러운 이 안달루시아 음악은 페데리꼬 가르시아 로르까(Federico García Lorca)와 같은 위대한 스페인 시인들에게 영감을 주어 왔다.

플라멩꼬춤

4. 투우

스페인의 삶과 문화가 현대화되었음에도 불구하고, 아직도 마을 축제, 무용, (최근에 다시 부활된) 사르수엘라(zarzuela, 輕喜歌劇) 그리고 투우 등과 같은 전통과 풍속이 잘 보존되어 있다. 투우가 '국가적 축제'의 성격을 띠고 있음에도 최근 질 좋은 소의 부족으로 이에 대한 관심과 흥미가 줄어들고 있다고 우려하는 목소리도 들린다. 안달루시아와 까스띠야의 큰 목장에서 사나운 투우가 사육되고 있으나, 그 주인들

고야의 〈어떤 마을에서의 투우〉

은 사납고 혈통 좋은 소를 관중에게 제공하고 있지 않다고 심하게 비판받아 왔다. 더욱이 스페인 사람들이 예전과 같이 투우 구경을 가지 않는 이유는 입장료가 지나치게 비싸다는 점이다. 많은 스페인 사람들이 보기에 투우(corrida de toros)는 단지 관광객들에게나 관심이 있는 낡은 구경거리이다. 어떤 이들은 '국가적 구경거리'인 투우가 실제적인 문화생활과는 크게 관련이 없는 것으로 보고 있다.

그러나 스페인에는 아직도 많은 투우 애호가들이 있으며, 이들은 투우를 아름다운 구경거리, 예술, 오래된 문화의 표현으로 여긴다. 그들은 소의 고통이나 단순한 죽음에서 즐거움을 찾는 것이 아니다. 진정 평가되는 것은 투우사의 용기와 뛰어난 솜씨이다. 일반인이 엄두도 못 낼 긴박한 순간에 가장 아름다운 예술적인 움직임들을 엮어내는 투우사에게 찬사를 보내며, 관중들은 투우사와 혼연일체가 된다. 따라서 이들에게 투우는 계속 감동적인 것이며, 그들은 비싼 입장료와 소와 투우사의 자질 저하에도 불구하고, 일요일마다 투우장을 찾는다.

스페인의 투우는 매년 봄 부활절의 일요일부터 11월까지 매 일요일에 마드리드, 바르셀로나 등 도시에 있는 아레나(arena)라고 불리는 투우장에서 개최된다.

1) 투우의 기원과 발전

사람이 사나운 소를 상대로 싸우는 투우는 스페인에서 국기(國技)로 되어 있다. 우선 투우의 기원에 대해 알아 보기로 하자.

투우는 사나운 소가 존재하지 않았다면 불가능했을 것이다. 스페인에서뿐만 아니라 여러 지역에서 살고 있었던 태초의 들소가 투우용 소의 기원으로, 주로 스페인에서 살았던 종이 오늘날까지 잘 보전되어 왔다. 이 종은 태고의 시대에 다른 지역에서 살았으나, 다른 국가들에서는 원시 종(種)으로 간주되어 노내낭하게 되었다.

이미 성경에서, 사나운 투우용 소는 힘, 사나움 그리고 공격성의 상징으로 간주되어, 성스러운 종교의식의 희생물로 사용되었다는 내용을 찾아볼 수 있다. 마찬가지로, 이베리아인들이 행하였던 종교적인 희생의식에 대한 언급도 나타난다. 그런 의식에서 사람들은 사나운 소를 공공장소에서 희생시켰다.

또 다른 역사적 기원은 태초의 들소의 사냥에서라고 여길 수 있으며, 이 사냥에서는 물리적 힘 자체보다는 기교와 솜씨가 더 중요하였다. 아마도 이러한 고대의 전통 속에서 투우의 기원을 발견할 수 있을 것이다.

투우장의 기원은 로마의 원형경기장이라 여길 수 있으나, 훨씬 이전의 시기로 거슬러 올라가, 켈트이베리아인들의 사원이라는 주장도 있다. 이 사원들은 신에게 들소를 희생시키며 종교의식을 행하던 장소로, 마찬가지로 원형의 모양을 하고 있었다. 이러한 의식을 행한 특징적인 증거들을 지닌 사원들의 유적이 스페인 중북부의 소리아(Soria) 지방에 있다. 그러나 원형경기장을 선호하는 그리스·로마의 영향이 투우에서 구경거리의 성격을 강화하고, 종교의식으로서의 역할을 제거하는 데 큰 영향을 미쳤음을 부인할 수는 없을 것이다.

투우 행위가 이베리아반도에서 이루어지지 않은 유일한 시기가 이슬람 세력하의 기간으로, 회교도들은 투우를 혐오스러운 것으로 간주하였다. 그럼에도 불구하고, 중세의 스페인에서는 귀족의 스포츠로서, 말을 타고 창으로 사나운 소와 싸우는 행위가 존재하였으며, 좋은 기수로서의 기술과 자질을 자랑할 수 있었다.

오늘날과 같은 투우는 18세기에, 귀족이 말을 타고 하던 투우가 사라지고, 평민이 땅에 서서 투우를 하며 자신의 용기와 솜씨를 뽐내며 시작되었다. 17세기 말까지는 궁정(宮廷)의 오락거리로 귀족들 사이에서만 성행되었으며, 18세기 초 부르봉 왕조(王朝) 시대에 지금과 같은 일반 군중의 구경거리로 바뀌었다.

2) 투우술

초창기에는 일정한 절차나 규칙없이 투우가 이루어졌다. 투우에 일정한 절차를 만들고 투우사가 사용하는 붉은색 천인 물레따(muleta)를 만들어낸 첫 번째 투우사가 프란시스꼬 로메로(Francisco Romero)였다. 그는 투우사의 원조로, 안달루시아 출신이며, 지금도 투우사는 이 지역 출신이 많다.

투우는 오래 전부터 투우술(tauromaquia)의 엄격한 규칙에 의거하여 행해지고 있다. 투우규정은 한편으로 관중들에게 다른 한편으로 투우장 내의 투우사에게 영향을 미친다. 이 규정은 관중의 권리와 의무, 소의 기술적인 상태, 투우용 도구, 추첨, 상품 그리고 벌점 부여와 징계 등을 규정하고 있다.

17세기에 무질서한 투우에 최소한의 절차가 부여되기 시작하였으며, 1770년에 까스띠야자문위원회(Consejo de Castilla)가 그 당시 각 지방 행정관에 의해 이루어지던 투우에 투우통제관을 파견하고, 군인들의 도움으로 투우장을 관리하던 장교 대신에 투우선도자(alguacilillos)를 임명하여 제도화하였다. 통제관은 투우가 끝났을 때 투우 중 위반한 위규사항을 방송하고, 집행인의 도움을 받아 공포된 벌칙을 집행한다. 1836년 빠끼로(Francisco Montes Paquiro)는 투우의 전반적인 사항과 각각의 세부사항을 다루는 최초의 요약본을 내어 혁신적인 내용들을 제시하고 있는데, 그 기본적인 내용은 오늘날의 투우에까지 이어진다. 그러나, 투우술에 관한 진정한 규정은 1847년에 말라가(Málaga)의 통치자인 멜쵸르 오르도녜스(Melchor Ordóñez)에 의해 정해진 것으로, 특히 그는 한 경기당 소의 수를 여덟 마리로 고정시키고, 소의 나이는 5~8살이어야 하고, 또한 결함이 있는 소들은 투우할 수 없다는 규정을 마련하였다.

마드리드 투우장은 오르도녜스에 의해 도입된 규정을 1852년 공포하였고, 1868년 비야마그나(Villamagna) 후작이 그것을 개정하여 투우할 소의 숫자를 여섯 마리로 바꾸었다. 그때 이후 시행 규정들은 더욱 세밀하고 다양해졌다. 가장 중요하고 오래 지속된 규정들은 처음으로 전국적인 규정집으로 발전한 1930년 7월 12일의 것이며, 이후 1962년 3월 15일에 만들어진 규정집도 중요한 척도로 사용되고 있다.

투우를 하는 각국에서는 상이한 규정을 가지고 있다. 투우는 주로 스페인과 멕시코에서 이루어지고 있으며, 또한 페루, 베네수엘라, 콜롬비아, 에쿠아도르, 포르투갈 그리고 프랑스 남부에서도 볼 수 있다. 포르투갈과 프랑스 남부에서는 투우 소를 죽이지 않는다. 프랑스에서는 프랑스투우연맹이 매해 적용되는 규정을 공포한다. 포르투갈 또한 다른 국가와는 다른 규정을 가지고 있는데, 투우사의 안전을 이유로 쇠뿔에 가죽주머니를 씌우기도 하며, 투우사가 소를 한칼에 죽이는 마지막 장면은 실제가 아닌 연기로써 하도록 한다. 중남미 국가들에서는 나라마다 조금씩 다르지만 스페인의 규정과 거의 유사하다.

투우는 봄과 여름의 오후 5시 정각에 시작되며 가을·겨울에는 경기가 없는데, 이유는 뜨거운 태양이 필수불가결한 요소이기 때문이다. 매 경기마다 여섯 마리의 소와 세 명의 살우사(殺牛士, matador)가 등장한다. 각 투우사는 두 마리씩을 죽인다. 투우 내용이 훌륭할 것인지 그렇지 않을 것인지는 결코 미리 점칠 수 없다. 많은 부분이 투우사들의 용기, 기술과 기교, 그리고 심지어 소들의 사나움과 기품에 좌우되기 때문이다.

투우사(torero)에는 주역을 맡는 살우사가 있고, 그는 작살을 꽂는 '작살꽂이꾼'(banderillero)과 말을 타고 창으로 소의 등을 찌르는 '장창찌름꾼'(picador) 등 5명의 조수(peones)단의 도움을 받아 투우를 행한다. 사실 스페인에서 투우사라는 명칭은 살우사, 작살꽂이꾼 그리고 장창찌름꾼을 모두 지칭할 수 있으나, 사람들은 흔히 살우사만을 뜻하는 의미로 투우사라는 용어를 사용한다.

3) 투우의 진행

투우는 일종의 하례행사인 빠세이요(paseillo)로 시작되며, 이것은 투우에 직접 참여하는 모든 사람들이 관중 앞에서 사열을 하는 것이다. 말을 타고 가는 두 명의 투우선도자(alguacilillo)가 이 하례행사를 개시하며, 집행부에게 소를 보관한 외양간 열쇠를 요구하는 모습을 상징적으로 나타내기 위해 집행부를 향해 투우장을 가로질러 간다. 그 뒤를 세 명의 투우사가, 세 명의 '작살꽂이꾼'(banderillero)과 두 명의 '장창찌름꾼'(picador)으로 구성된 각자의 조별 멤버들을 대동한 채, 장내 퍼레이드를 한다. 하례행사가 끝날 무렵, 운송 담당 젊은이와 노새가 나타나는데, 이들은 소가 죽은 후 투우장에서 이를 치우는 역할을 담당하고 있다.

열쇠가 넘겨지고 하례가 종료되면, 조수가 투우장의 문을 연다. 그러면 소가 선도 조수의 유도로 입장한다. 소는 사납고 거칠어야 하며, 투우 개시 전 24시간 동안 깜깜한 장소에 가두어 둔다.

투우는 트럼펫 신호로 구분되는 떼르시오스(tercios)라고 불리는 세 부분의 진행단계로 나뉘어진다.

첫 단계에서 먼저 '분노유발꾼'(burladero)이 등장, 빨간색의 소형천인 까뽀떼(capote)를 이리저리 휘두르면서 소를 화나게 한다. 소는 암흑 속에 갇혀 지낸 뒤, 밝은 햇살 속에 나와, 관중들의 고함 속에, 붉은 까뽀떼에 의해 자극을 받아, 미쳐 날뛰듯 공격을 감행한다. 트럼펫이 울리면, '분노유발꾼'이 퇴장하고, 두 명의 '장창찌름꾼'이 투우장의 모래사장으로 나와, 각자 투우장의 양 끝에 위치하게 된다. 그러나, 단지 한 사람만이 역할을 하게 된다. 즉, 온통 보호막을 한 말을

장창찌름꾼이 소의 등을 찌르고 있는 모습   투우 장면

탄 '장창찌름꾼'이 교묘하게 말을 몰면서 창으로 소의 등을 찔러 붉은 피가 흐르게 한다.

두 번째 단계에서는 '작살단창의 행운'(suerte de banderillas)이 행해지는데 여기서는 '작살꽂이꾼'이 작살단창 3쌍을 투우의 등에 꽂는다. 이미 '분노유발꾼'과 '장창찌름꾼'에 의하여 극도로 흥분하여 자제력을 잃고 미쳐 날뛰는 투우 소를 향해 '작살꽂이꾼'(banderillero)이 돌진하면서, 한 번에 두 개씩 세 번, 여섯 개의 작살을 차례로 소의 등에 꽂는다. 짧은 작살이 꽂힐 때마다 소는 분노로 미쳐 날뛰며, 투우장은 흥분의 도가니로 바뀌게 된다.

마지막 단계에 투우의 주역 살우사(matador)가 중세기풍의 금·은 장식의 화려한 복장을 하고, 엄숙하고 찬란한 동작으로 특유의 투우 분위기를 만들어낸다. 살우사가 모자를 벗어 던져 모자의 위쪽이 하늘을 향하도록 땅에 제대로 떨어지게 함으로써 최고의 행운을 빈다. 살우사는 까뽀떼 대신에 붉은 보자기로 된 물레따(muleta)를 날렵한 장검에다 걸치고 등장하여 분노를 삭이지 못하고 있는 소를 물레따로 유인하며, 아슬아슬하게 몸을 피하는 연기를 약 20분간 계속한다. 화려한 복장의 살우사가 투우장 중앙에서 자신은 거의 움직이지 않으면서, 물레따로 소를 다루는 장면은 마치 아름다운 무용동작과 흡사할 정도로 예술적이다. 장내가 최고조의 흥분에 달할 무렵, 살우사는 정면에서 돌진해 오는 소의 앞발 위쪽 목 뒷부분을 향해 온몸을 던져 칼을 찌르고, 그 긴 날렵한 칼이 끝 부분까지 깊이 꼽혀, 소의 심장을 관통하면, 500킬로그램이 넘는 거대한 소는 갑자기 동작을 멈추게 된다. 죽어 가는 소는 앞에서 물레따를 살랑살랑 흔드는 살우사를 노려보다가 갑자기 땅이 꺼질 듯 추락해 간다. 이렇게 해서 투우는 끝난다.

만약 살우사가 단 한 차례의 훌륭한 찌르기(estocada)로 소를 죽이면, 관중들은 흥분의 도가니에 젖어, 투우사에게 찬사를 보낸다. 투우사에 대한 전리품은 다름 아닌 투우한 소의 귀이며, 훌륭한 두우사에게는 두 개의 귀를, 그리고 최고의 투우사에게는 꼬리까지 주게 된다. 관중들은 손수건을 흔들면서 투우행사 위원장에게 전리품 수여를 요구하고, 그는 마지막 순간에 관중들의 요구에 응한다. 특별히 훌륭한 투우를 한 투우사에게 부여되는 가장 큰 영광은 군중들의 어깨에 무등 태워진 채 투우장에서 나가는 것이다.

4) 투우축제의 종류

투우축제의 유형과 준수해야 할 조건들이 국가별로 각기 다르기 때문에 투우가 행해지는 모든 국가에서는 각기 특수한 규정들을 마련하고 있다. 오직 전문 투우사들만이 참여하고, 4~6년 된 410킬로그램 이상 각 급에 따라 분류된 소가 나오는 투우가 있는가 하면, 반면에, 3~4년 된, 무게에 따라 급이 분류된 송아지(novillo)가 나오며 장창찌름꾼(picador)은 등장하지 않는 송아지 투우(novillada)도 있다. 이 송아지 투우에는 2~3년 된 송아지가 창을 맞지 않은 상태에서 싸우며, 뿔을 부수거나 몽당하게 다듬는 경우 또는 날카로운 끝 부분을 자르는 경우가 있다.

창으로만 이루어지는 투우에서는 말을 타고, 큰 소 또는 송아지와 싸운다. 이 경우 큰 소의 경우 뿔을 손질할 수 있다.

베세르라다(becerrada)라는 송아지 투우에서는 전문 투우사 또는 아마츄어 투우사가 한 명의 투우 감독 아래 2년 미만의 숫송아지와 투우한다.

축제용 투우에서는 뿔을 부러뜨린 소를 소의 나이에 따라 투우와 송아지 투우로 구분하여 각기 설정된 조건에 따라 화려하지 않은 농사꾼 의복을 한 투우사에 의해 이루어지게 한다. 나아가, 각 지역의 풍속에 따라, 희극적인 투우가 있는가 하면 인기 있는 여타 구경거리 및 축제들과 함께 이루어지는 투우가 있다.

5) 투우 조직

① 투우통제위원회

투우통제관은 투우의 완벽한 진행을 위해 투우의 전 과정을 지휘하고 통제한다. 그의 역할은 투우사들의 입장 시작 전에 시작되어 투우가 끝난 뒤 훨씬 후에 끝난다. 관중과 투우사를 포함하여 투우와 관련된 모든 사항을 책임진다. 규정에 따라 이러한 통제기능을 지방에서는 시장이나 시의원 또는 경찰서장 등에게 위임할 수도 있다.

이러한 통제 기능을 수행하는 데 있어 통제관은 왼쪽에 앉아 있는 전문 도우미와 오른쪽에 앉아 있는 수의사의 보조를 받는다. 또한 행정관이 있어 그들의 결정사항을 전달하거나 요구하는 일을 돕는다.

모든 명령은 통제관이 투우사, 투우장 직원 그리고 관중에게 색깔에 따라 상이한 의미를 지니는 손수건을 꺼내 보임으로써 전달된다.

손수건의 표현행위

하얀 손수건	투우의 시작과 소의 등장, 단계의 변경, 그리고 필요 시 공지사항을 전달하기 위해 사용한다.
녹색 손수건	결함이 있는 소나 전의를 상실한 소를 우리로 되돌려 보내기 위해 사용한다.
빨간 손수건	작살꽂이꾼에게 검은 작살창으로 찌르도록 명령할 때 사용한다.
푸른 손수건	소가 그 사나움과 자질로 투우장에서 싸울 수 있다고 판단될 때 사용한다.
오렌지색 손수건	극히 뛰어난 사나움과 훌륭한 품종의 소에게 투우 면제를 하게 할 때 사용한다.

② **투우장 직원**

투우장의 직원은 조직적이고 질서정연하게 투우가 진행되는 동안 그들의 보조적 임무를 수행한다. 비록 그러한 임무 중 일부는 오늘날 쓸모가 없어졌지만, 이러한 보조적 임무는 투우와 밀접한 관련을 맺으며 그 발전에 큰 영향을 미쳤다.

- **투우단의 선도자들**

투우단의 선도자들은 하례행사인 빠세이요(paseillo)를 이끌고, 통제관에게서 외양간 열쇠를 건네 받아 소의 입장을 선도한다. 그들의 주된 임무는 통제관의 명령을 투우사들에게 전달하고, 진행단계 변경에 관한 투우사의 요청을 통제관에게 전하는 것이다. 이들은 마드리드의 투우장이나 다른 투우장들에서 아직도 펠리뻬 4세 때 풍속에 따라 코르덴옷, 망또, 천 목걸이, 높은 장화, 깃털로 장식한 창이 넓은 모자를 입는 채 등장한다.

- **외양간지기**

외양간지기는 소가 투우장으로 가도록 문을 열어 주는 일을 맡은 사람이다. 외양간 문을 통해 필요시 몰이 소들을 함께 내보내기도 한다. 항상 그런 건 아니지만 또한 작살창들을 말단 직원에게 건네 준다. 마드리드 투우장에서 외양간지기는 의무는 아니지만 밝은 색 옷을 입는다.

- **투우장 심부름꾼**

일류 또는 이류 투우장에서는 바지와 상의, 챙 없는 모자를 머리에 묶은 채, 가끔 막대기 하나만을 가지고 투우의 첫 단계 동안에 말을 잡고 부추기며 장창찌름꾼을 동행하는 위험한 임무를 수행한다.

- **어린노새꾼**

죽은 소를 투우장 밖으로 끌어내는 데 이용되는 어린 노새들을 모는 사람들로 그 수는 정해져 있지 않다. 어린 노새들은 마장(馬裝)을 한 채, 깃발, 테이프 그리고 방울로 장식되어 있다. 어린 노새꾼들은 바지와 하얀 상의, 붉은 벨트, 챙 없는 모자를 착용한 채 죽은 소와 함께 잠시 나타났다 사라진다.

- **정수리찌름꾼**

최후의 명이 다하여 사경을 헤메거나 두 무릎을 꿇은 소의 정수리를 찌르는 사람이다. 투우단의 작살꽂이꾼 중 한 사람이 이 역할을 하는 경우가 점점 많아지고 있다.

- **모래관리꾼**

이들은 투우장의 모래판에서 소의 피나 배설물의 흔적을 말끔히 없애 모래를 청결하게 유지하는 임무를 수행한다. 이들도 바지, 상의, 벨트, 쟈켓을 착용한다.

5. 산 페르민 축제

산 페르민 축제(Sanfermines)는 나바라주의 주도(州都)이며 성채로 둘러싸여 있는 빰쁠로나(Pamplona)시에서 7월 6일~14일 사이에 개최된다. 산 페르민 축제 때에는 대규모의 투우행사가 벌어진다. 산 페르민(San Fermín)은 주교로 3세기에 순교한 분이며 전설에 따르면 그는 빰쁠로나시 출신으로 이 도시의 수호신이다.

산 페르민을 기념하는 빰쁠로나의 축제는 공식적인 면과 대중적인 면, 종교적인 면과 세속적인 면, 토속적인 면과 생소한 면, 낡은 면과

말년에 투우를 즐기는 헤밍웨이

새로운 면, 질서와 혼돈이 결합된 축제이다. 이러한 모든 것들이 7월 6일 정오에서부터 14일 자정까지의 일주일간에 일어난다. 산 페르민 축제는 언제나 특별한 축제이다. 빰쁠로나가 알려지지 않은 조그마한도시였을 때, 이미 세계적인 작가인 미국의 헤밍웨이(Hemingway)는 이 축제의 진면목을 제대로 평가하여, 그 내용을 1926년에 발간한 〈태양은 다시 떠오른다〉(The Sun Also Rises)에 수록하고 있다. 이 소설은 주머니 속의 성경이 되어, 이 매력 있는 도시에서의 짧은 체재기간 동안 많은 경험을 해보고자 하는 수많은 관광객들의 필독서가 되었다.

산 페르민 축제는 방문객에게 매우 개방적이고 우호적인 축제로, 어떠한 상식 밖의 행위도 타인에게 해가 되지 않으면 모두 곧 잘 수용되고 허용된다. 산 페르민 축제에서는 아무도 이방인이 아니며, 모든 사람은 평등하다. 또 이 축제는 빰쁠로나시 시민 전체, 나아가 소란스러운 파티, 춤, 예배종소리들, 술잔치가 뒤범벅이 되어 있으며, 항상 짧게 느껴지는 204시간 동안 도시에 머무르는 모든 사람들이 주인공이 되는 축제 분위기 속에서 이루어진다. 산 페르민 축제가 종교적 기원의 축제라는 사실은 간과될 수 없으며, 이러한 특징은 7일 오전의 종교행렬에 남아 있다. 그러나 종교적 숭배는 토템적인 소 숭배 및 포도주 숭배와 완벽히 결합되어 있다.

이러한 여러 가지 성격을 혼합하고 있는 산 페르민 축제는 근본적으로는 빰쁠로나 사람들에 의해 주도되어지나, 외지인들도 즉시 자신의 고향에 있는 것처럼 편안하게 느끼게 되며, 단순한 구경꾼으로 머물지 않고 함께 그곳 시민들과 9일 동안 기쁨을 나누게 된다.

7월 6일 낮 12시 정각에 빰쁠로나는 이미 축제의 열기에 휩싸이기 시작하고, 시의원이 폭죽에 불을 당긴다. 화약이 불붙기 시작하고, 몇 초 후 엄청난 폭음이 울린다. 수천 명의 사람들이 '산 페르민 만세'를 외치며 공식적인 축제가 시작된다.

산 페르민 축제는 단지 몇 가지의 행사만 공식 일정에 따라 이루어지고 대부분의 축제 행사는 거리를 통해서 자유롭게 행해진다. 소규모 음악대나, 피리연주가와 드럼(북)연주가 듀엣이 길 모퉁이를 지날 때마다, 젊은 남녀들이 자연스럽게 모여들어, 춤을 추면서 이들을 따르게 된다.

축제기간 동안에는 더 이상 배고픔이 존재하지 않으며, 인종적인 편견들도 사라진다. 각자는 원하는 곳에서 식사하고, 호텔에서든 하숙집에서든 차 안에서든 공원에서든 인도에서든 가능한 곳이면 어디서건 잠을 잔다.

나바라 주민들에게 가장 중요한 행사는 노래나 춤이 아니라 소들 앞뒤에서 달리며 소를 몰아가는 소몰이(Encierro) 행사이다. 비록 그 행사에서 넘어져 다치고 심지어 목숨

산 페르민 축제 중 〈소몰이 행사〉

제15장 현대 스페인의 문화예술 Ⅱ 343

을 잃는 경우도 있지만 소 앞에서 달리지 않는 젊은이는 용기 있는 자로 여겨지지 않는다. 참고로, 외국인이나 관광객이 이 행사에 참가하는 경우, 사고를 당하는 경우가 비교적 많은 편인데, 이유는 소의 특성을 몰라서이다. 소는 여러 마리가 달리게 되면, 직진을 하므로 앞에서 달리다가 소가 다가오면 지그재그로 옆으로 피하면 안전하게 도망갈 수 있다. 또 달리던 소들 중 한 마리가 뒤에 남게 되는 경우 이 소는 극도로 긴장하게 되어 가장 위험한 소가 된다는 점을 알아야 한다.

6. 파야스 축제

파야스 축제(Las Fallas)는 오렌지와 빠에야(paella)로 유명한 스페인 동부 지중해 연안의 항구도시 발렌시아에서 개최된다. 이 도시는 시 전체가 힘을 기울여 일 년 내내 이 축제를 준비한다. 축제 중 불을 붙일 건조물인 파야는 발렌시아시 시청 앞을 위시하여 도시 내 거의 모든 교차로에 설치되고, 그 규모는 4~5층 빌딩 높이에 해당하며 그해 세계적으로나 스페인에서 사람들의 관심을 끈 인물들의 모습을 하게 된다. 그리고 그 큰 건조물 속으로 사람들이 걸어다니며 계단을 통해 위 아래 층을 이동하면서 엄청난 수의 다양한 장난감 조각품인 니놋(ninot)을 감상하게 된다. 파야스 축제 기간 동안에 미국이나 일본 등지에서는 발렌시아로 관광객을 직송하는 항공편이 생기기도 하며, 전 세계와 스페인의 타지역으로부터 온 관광객들과 시민들로 발렌시아는 그야말로 인산인해(人山人海)를 이룬다. 축제기간 중 호텔이나 여관의 방 구하기는 말 그대로 하늘의 별따기이며, 저녁 시간 시내 거리는 사람이 너무 많아 방향을 잡지 못하고 인파에 밀려 다녀야 할 정도이다. 자 그럼, 파야스 축제의 내용을 살펴보자.

파야(falla)라는 단어는 라틴어 파쿨라(facula, 횃불)에 기원을 둔 발렌시아지역의 모사라베어* 어휘에서 유래하였다. 파야스 축제의 기원은 13 혹은 14세기에 어린이들의 장난인 화톳불로 시작되었다.

파야스가 축제화된 과정은, 발렌시아의 목수들이 겨울이 끝날 무렵, 대패 밥과 쓸모 없는 목재 조각, 여타 작업장에서 불필요한 것들을 모아, 1497년 이래 종교단이 숭배해 온 수호신 산 호세(San José)의 날 전야에, 화톳불로 그것들을 소각하여 말끔히 치웠던 사실에서 찾을 수 있다. 18세기에 들어, 파야스는 까르멘 지역을 벗어나 확산되었고, 유산층이 개입하여 화가와 예술가를 고용하게 되었다. 비용을 충당하기 위한 자금 수급조직이 형성되고, 파야스 축제는 세금, 허가, 비판, 상으로 통제되기 시작하였다.

파야스 축제는 3월 첫째 주 일요일에 시작되며, 공식석인 개시는 발렌시아 시장이 세라노총탑(Torres de Serranos)에서 파야스 축제의 여왕을 대동한 채 축제에 초대한다는 선언으로 이루어진다. 3월 첫째 토요일 니놋전시회와 니놋행렬이 이루어지고, 이어서 며칠간 희극적이고 풍자적인 가장행렬과 재미있는 가장퍼레이드가 행해진다. 발렌시아지역의 여러 마을에서 민속단체 및 마차들이 참가하여 '왕국의 기마행렬(Cabalgata del Reino)'이라는 퍼레이드도 하게 된다.

거리에 파야스들의 설치는 3월 15일 자정에 끝나며, 어린이용 파야스들은 오후 8시에 끝난다. 매일 오후 2시에 줄꽃불들, 폭죽들, 휴대

---

* 아랍인 치하의 스페인사람들이 사용하던 언어.

용 폭죽, 여타 수많은 폭죽들이 굉음과 함께 시청광장을 뒤덮는다. 또한 자정에 강 고수부지에서 불꽃놀이가 이루어진다. 3월 16, 17, 18, 19일의 4일간 파야스들이 전시되어 구경할 수 있으며, 그동안 쉴새없이 전통 민속의상을 입은 파야꾼들이 음악밴드에 맞추어 거리를 행진한다. 아침 일찍부터 거리는 꽃불과 폭죽으로 가득하다.

이 기간 동안 투우와 무용 및 여타 축제행사들이 벌어진다. 따뜻한 쵸콜렛과 튀김과자를 먹으며 하루의 축제를 끝내는 것이 관례이다. '소외된 자들의 성모에게 화환 증정' 행사는 매우 중요시되며, 광장에 성모상을 중심으로 엄청난 수의 꽃송이로 광장 전체를 장식한다.

축제의 절정은 3월 19일 자정에 파야스들을 불태우는 것으로 이루어진다. 도시 전체가 불바다를 이루고, 사람들은 감동에 겨워 소리 지르며, 그 수많은 파야스들과 니놋들이 불꽃 속에서 사라지는 것을 바라보며 안타까워한다. 이러한 아쉬움을 안고, 도시를 가득 메운 사람

파야스축제

들이 인파에 밀리고 또 밀리면서 가장 크면서 웅장한 시청 앞 광장의 파야가 축제의 종말을 알리면서 한 시간 뒤인 새벽 1시에 별도로 불태워지는 장면을 보기 위해 시청 앞 광장으로 향한다. 그림에서 보듯 시청 앞의 거대한 파야가 마지막으로 일순간 화염 속에 휩싸이면 도시는 온통 감동에 젖은 탄성과 고함으로 정신을 잃을 지경이 된다. 소녀들과 감상적인 사람들은 너무나 아쉬워 눈물을 흘리며, 진정한 불의 축제인 파야스 축제는 그 막을 내린다.

7. 하이 알라이

하이 알라이(Jai Alai)는 바스크지방의 전형적인 스포츠로, 세계적으로 여러 국가에서 직업적으로 행해진다.

하이 알라이는 약 16세기 경 교회 벽에다 볼을 던지는 단순한 게임에서 시작되었다. 스페인 중—북부 지방의 피레네 산맥과 프랑스 남부 사이인 바스크지방에 기원을 두고 있다. 이 지역은 세계에서 가장 빠른 스포츠의 탄생 지역이며, 동시에 세계적으로 가장 훌륭한 선수를 배출해낸 지역이기도 하다. 최초의 실내 프론톤 (fronton) 경기장은 1798년 스페인의 마르께나 (Marquena)에 건립되었으며, 후에 뉴우포트 하이 알라이(Newport Jai Alai)의 최초의 훈련학교로 또한 사용되었다.

하이 알라이는 바스크어로 '즐거운 축제'

하이 알라이

(Merry Festival)를 의미하며, 미국에서는 1904년 세인트 루이스의 세계박람회에서 처음으로 소개되었다. 미국에서 첫 프론톤 경기장은 1926년 플로리다의 마이애미에 건설되었으며, 이후 1934년 하이 알라이에 대한 내기(베팅)가 합법화되었다. 플로리다, 코네티커트와 로드 아일랜드는 이 바스크기원 스포츠의 제2의 고향이 되었다.

하이 알라이가 나타난 지 400년이 지났건만 거의 변한 게 없다. 그 게임은 빠른 페이스와 스릴 넘치는 토너먼트로 알려져 있다. 볼은 매우 빠르며, 기네스북에 따르면, 호세 라몬 아레이띠오(José Ramón Areitio)가 1979년 8월 3일 로드 아일랜드의 뉴우포트 하이 알라이(Newport Jai Alai)에서 시속 180마일 이상의 속도로 가장 빠른 볼을 던졌다고 기록하고 있다.

하이 알라이는 특별한 장비를 요하는 특이한 스포츠이다. 볼을 받고 던지기 위해 긴 그리고 곡선으로 된 바구니를 사용하며, 그것은 선수 개개인을 위해 특별히 손으로 짜서 만든 것이다. 작은 가지로 된 바구니는 피레네산맥에서만 발견되는 갈대로 만들어지며, 그 테두리 틀은 증기로 구부린 밤나무로 만들어진다.

공은 모든 스포츠용품 중에서 가장 딱딱하며, 대략 야구공의 3/4사이즈이고 골프공보다 더 딱딱하다. 공의 중심부는 순수한 고무로 되어 있고, 나일론으로 층을 만들고, 염소가죽을 이중으로 씌워 손으로 꿰매어 만든다. 공은 코트에서 약 20분밖에 견디지 못하고, 경기 중에 벽을 때리는 고속의 속도 때문에 금방 껍질이 벗겨진다.

하이 알라이는 특별한 코트에서 이루어지며, 코트는 화강암으로 이루어진 3개의 벽으로 되어 있는데, 그 이유는 화강암만이 공의 충격을 이겨낼 수 있는 유일한 재료이기 때문이다. 비록 표준화된 코트 사이

즈는 없지만, 대부분은 길이 172피트(축구장의 반 정도)와 넓이 40피트로 되어 있다. 코트의 3면이 벽으로 되어 있고, 나머지 한 면은 관중들이 안전하게 경기를 관람할 수 있도록 철사 망으로 이루어져 있다.

하이 알라이의 규칙은 테니스의 규칙과 유사하다. 경기는 코트 내 특정 지역에서 서비스를 하며 시작된다. 리시버는 공중 볼이나 원바운드된 볼을 바구니에 잡음과 동시에 연속적으로 벽에다 쳐야 한다. 선수는 볼을 정지시키거나 잡고 있지 못한다. 선수는 공이 빠지거나 아웃될 때까지 계속 쳐야 한다. 이러한 규칙을 담당하는 3명의 심판이 있다.

시합은 여덟 게임으로 이루어지고, 매 게임은 번갈아 이루어진다. 점수를 딴 선수가 코트 위에 서고, 잃은 선수는 라인 끝으로 간다. 이러한 라운드 로빈 방식은 일곱 번째 게임까지 계속된다. 하이 알라이는 단식과 복식으로 이루어져 있으며, 경기 방식과는 무관하게 동일한 규칙이 적용된다.

하이 알라이는 정복하기 매우 어려운 스포츠이다. 이 운동을 하기 위해서는 늦어도 8~10세 사이에 시작해야 하고, 하이 알라이의 프로 선수가 되기 위해서는 수 년간 혹독한 훈련을 해야 한다.

8. 현재의 대중문화

1) 영화

스페인 사람들은 프랑꼬시대나 현재나 영화 보기를 좋아한다. 프랑꼬(Franco)가 독재를 하던 36년간 정치적으로 위험한 영화나 에로틱한 장면들은 정부의 검열을 통해 잘리거나 수정되었다. 당시 영화관에서는 본 영화를 상영하기 전에 짤막한 광고영화, 즉 프랑꼬 장군을 칭송하고 프랑꼬치하 스페인의 사회적, 기술적, 경제적 심지어는 도덕적인 성공을 칭송하는 영화를 상영하였으며, 이것은 기록뉴스영화(nodo 또는 no. do.)*라고 불려졌다.

반면에 이제는, 예전에 비난을 받거나 금지되었던 스페인의 거장감독 루이스 부뉴엘(Luis Buñuel)의 걸작품인 〈비리디아나〉(Viridiana), 〈잊혀진 사람들〉(Los olvidados), 〈뜨리스따나〉(Tristana) 등 많은 영화 작품들이 자유로이 상영되고 있다. 최근에는 역동적이고 비평적인 그리고 혁신적인 영화가 나타난다. 까를로스 사우라(Carlos Saura), 삘라르미로(Pilar Miró), 빅또르 에리세(Víctor Erice), 루이스 보라우(Luis Borau), 뻬드로 알모도바르(Pedro Almodóvar) 등의 스페인 감독들이 두각을 나타냈으며, 이들의 작품은 스페인 국내와 국외 모두에 잘 알려져 있다. 그 중 뻬드로 알모도바르는 전세계적으로 엄청난 성공을 거두었다.

프랑꼬시대 이후의 가장 중요한 영화 중의 하나는 의심할 바 없이 삘라르 미로의 〈꿴 까의 범죄〉(El crimen de Cuenca)이다. 1979년에 촬영되었으나, 1981년까지는 스페인에서 볼 수 없었다. 이 영화는 1912년에 일어난 범죄의 재판과정을 다루고 있으나, 동시대의 삶에 대한, 특히 경찰의 부정적 행태에 대한 내용이 나타난다. 꿴 까(Cuenca)지방 한 마을의 목동을 살해했다고 두 부랑아를 고소하게 된 경찰은, 그 두 피의자들에게서 어떤 방법으로든 자백을 받아내려고, 수단방법을

---

* noticiario documental, (기록뉴스)의 약자.

가리지 않고 그들을 고문한다. 그 두 부랑아는 고문에 못 이겨 죄를 인정하고 부당하게 15년형에 처해 진다. 그러나 6년 후에 그 목동이 아직도 살아 있다는 사실이 밝혀짐으로써, 경찰에 의한 인권유린 행위가 드러나게 된다.

뻴라르 미로는 영화를 배급하는 데 어려움을 겪게 된다. 군인이나 경찰을 비판하는 경향이 있던 예술가들은 작품활동에 제약을 받고 있었던 것이다. 가혹하고 엄격한 검열을 하거나 또는 뻴라르 미로를 정부내 군 인맥을 모독했다고 고소했으며, 군법에 따르면 이것은 범죄로 인정되고 있었다. 그러나 1981년 2월 23일 쿠데타가 좌절되고 민주주의가 정착되자, 〈꿴 까의 범죄〉(El crimen de Cuenca)는 상영이 허락되었고, 스페인 대중 사이에서 커다란 반향을 일으켰다.

그러나, 1978년 새 헌법이 표현의 자유에 관한 모든 민주적 권리를 허용하기 전에도, 비판적이고 진지한 영화들이 촬영되고 배급되었다. 예를 들어, 루이스 보라우의 〈은밀한 인간들〉(Los furtivos)은 프랑꼬가 죽던 1975년에 촬영되었다. 처음에는 금지되었으나, 여러 번 간청을 한 뒤에 상영이 허용되었다. 시골의 한 별장에서 주말을 보내는 군인을 다루고 있는 영화로 프랑꼬군의 폭력성이 사냥장면에 반영되어 있는데, 이런 영화기법은 이미 가장 잘 알려진 스페인 감독 까를로스 사우라의 〈사냥〉(La caza)에서 이미 사용되었었다.

사우라는 〈까마귀를 길러라〉(Cría cuervos)라는 유명한 영화를 만들었다. 이 영화는 아버지의 죽음을 목격한 한 소녀가 겪는 문제들을 다루고 있다. 영화 속에서 일어나는 모든 것은 아나 또렌트(Ana Torrent)가 역을 맡은 소녀에 의해 잘 표현되어 있다. 소녀는 자신의 주위에 일어나고 있는 것을 이해하지 못한 채 불가사의하고 마법적인 세계에서 헤어나지 못하고 있다.

빅또르 에리세의 영화인 〈벌떼의 심리〉(El espíritu de la colmena)와 〈남쪽〉(El sur)도 또한 알려진 작품이다. 〈벌떼의 심리〉에서는 매우 예민한 내용들을 이용해서 유아기의 심리를 포착하려 시도하고 있다. 예를 들어, 까스띠야(Castilla)의 한 마을의 소녀가 보는 영화 속에 또 하나의 공포영화 프랑켄스타인(Frankenstein)이 나타난다. 공포영화가 그녀에게 야기하는 두려움은 그 소녀가 마을 가까이 있는 폐가(廢家)에서 부상한 군인 한 명을 발견할 때 그 영화의 구상과 암시적으로 연결되어 있다. 영화 속의 그 무엇도 논리적으로 설명되지 않는다. 즉 에리세는 유아기의 모호한 세계를 보여주고 있는 것이다. 어느 정도 이것과 유사한 〈남쪽〉은 정부(情婦)를 둔 아버지의 수상쩍은 과거를 이해하지 못하는 한 소녀를 다루고 있다. 에리세는 소녀가 아버지와 함께 살고 있는 차갑고 황량한 북부의 풍경과 아버지가 애정 교류 경험을 떠올리며 그리워하는 따뜻한 남쪽의 관능적인 면을 영화제작 기법을 통해 대비시키고 있다.

다른 중요한 스페인 감독들로는 루이스 베르랑가(Luis Berlanga), 환 안또니오 바르뎀(Juan Antonio Bardem) 그리고 〈결백한 성자들〉(Los santos inocentes)을 만든 마리오 까무스(Mario Camus)가 있다. 또한 다양한 지역주의 문제들에 관해 영화를 제작한 감독들도 있다. 〈불타버린 도시〉(La ciutat cremada)를 만든 까딸루냐인 안또니 리바스(Antoni Ribas)와 〈세고비아에서의 도주〉(La fuga de Segovia)를 제작한 바스크인 이마놀 우리베(Imanol Uribe)가 있으며, 이 작품에서는 ETA의 멤버 30명이 세고비아의 감옥에서 탈주했던 실제 사실을 다루고 있다.

아마도 모든 감독 중 가장 널리 알려진 감독은 뻬드로 알모도바르

(Pedro Almodóvar)일 것이다. 알모도바르는 비인습적인 것, 젊고 소외된 사람들의 세계, 마약, 동성애, 여장남성현상에 매혹되었다.

난잡하며 퇴폐적인 그리고 파렴치한 이런 소세계(小世界)는 알모도바르의 영화에서는 결코 어두운 소재로 다루어지지 않는다. 알모도바르 작품에서는 유

〈날 묶어〉
(안또니오 반데라스와 빅또리아 아브릴)

머, 경박, 고통을 동반한 즐거움이 보인다. 〈욕정의 미로〉(Laberinto de pasiones), 〈살인자〉(Matador), 〈욕망의 법칙〉(Ley del deseo), 〈이런 혜택을 받을 만큼 내가 무엇을 해왔나?〉(¿Qué he hecho yo para merecer esto?), 〈신경쇠약 직전의 여인들〉(Mujeres al borde de un ataque de nervios)과 〈날 묶어〉(Átame)는 감독의 주제와 관심사들을 잘 보여주는 영화 제목들이다. 예를 들어, 〈신경쇠약 직선의 여인들〉에서, 작품 구성은 복잡하고, 통속적(멜로드라마적)이다. 매우 재미있는 사랑싸움들이 일어나고, 그 속에서 여성들 사이의 우정이 남녀간의 사랑보다도 더 중요하게 나타난다. 〈살인자〉(Matador)와 〈욕망의 법칙〉(Ley del deseo)과 같은 영화들에 나타나는 (동성간이든 이성간이든) 노골적인 성애 장면들은 전통적이고 부르죠아적인 도덕을 위배하는 수준이다. 그럼에도 이 영화들은 겉으로 보이는 경박성에도 불구하고 그 파격성으로 말미암아 반향을 불러 일으키는 영화들임에는 틀림없다.

비록 알모도바르가 가장 위선적인 관객들과 파리, 베를린 그리고 뉴욕의 초현대적인 관객들을 연결시킬 수 있었음에도 불구하고, 그 자신은 아주 스페인적인 사람이고 그의 주제들도 스페인적이라는 사실

은 확실하다. 인터뷰 중 그는 자신의 고향지역인 알바세떼(Albacete)에 대한 확실한 애정을 표현하고 있다. 그의 영화 속에서는 항상 많은 문제와 불법행위, 퇴폐행위를 지닌 사회인 대도시 마드리드가 느껴진다. 알모도바르는 소위 변화하는 마드리드, 젊은이들의 마드리드에서 자신은 펑키족들 그리고 위선에 대항하여 살고 있는 사람들을 대변하고 있다고 얘기한다.

2) 음악

스페인의 젊은이들은 현대의 대중음악을 매우 좋아한다. 영국이나 미국에서와 마찬가지로 스페인에서도 젊은이들은 열정적인 대중음악을 통해 새로운 세대의 용기나 불안을 표현하고 있다. 미국과 유럽, 특별히 영국의 록(rock)은 스페인 라디오에서 자주 들을 수 있다. 스페인에는 〈G 남자들〉(Los Hombres G), 〈꼴찌〉(El último de la Fila) 등 많은 록그룹들이 존재한다. 때론 플라멩꼬 음악까지도 미국이나 유럽 가수들의 음악에 의해 영향을 받는다. 일부 음악 그룹들은 스페인 밖에서 큰 성공을 거두었다. 전자기타를 사용하는 그룹 〈까만 발〉(Pata Negra)은 〈집시록〉(Rock Gitano)이라고 불리는 음악장르에서 집시풍 리듬과 영미음악의 친숙한 리듬을 혼합하고 있다.

또한 많은 대중음악가들이 전자악기로 스페인의 사회문제들을 노래한다. 호안 마누엘 세르랏(Joan Manuel Serrat)과 마리아 델 마르 보넷(María del Mar Bonet)과 같은, 정치적으로 문제가 있는 지역 출신 가수들이 있으며, 이들은 자신들의 지역언어로 노래하고 까딸루냐의 민속음악을 현대음악에 적용시킨다. 이러한 가수들의 노래가사 중 일부는 정치색을 띠고 있다. 그러나 지역주의적인 음악만이 정치색을 띠는 것은 아니다. 유명한 여배우겸 가수인 아나 벨렌(Ana Belén)은 자신의 남편인 갈리시아인 빅또르 마누엘(Víctor Manuel)과 함께 많은 저항가요들을 작곡하였다. 예들 들어, 반 북대서양조약기구 캠페인 기간 동안에 그들은 스페인이 북대서양조약기구에 가입하는 것을 반대하는 데모에 참가하여 평화주의적인 노래를 불렀다.

아나 벨렌

3) 텔레비전

수 년 전 텔레비전과 텔레비선을 동세해 온 국영빙송사(RTVE)*에 대한 많은 토론과 논쟁이 있었다. 텔레비전 전달매체들이 그때까지 정부의 통제하에 있었으며, 이런 통제는 프랑꼬 사후 바로 시정되지 못했던 여러 모습 중 하나였다. 펠리뻬 곤살레스(Felipe González) 정부는 국영방송사(RTVE)를 폐지하지 않은 채 몇몇 텔레비전 방송사들을 사유화시킴으로써 그 문제를 해결하고자 시도하였다. 세르(SER)와 같은 라디오 방송만을 전담하던 방송사들도 텔레비전 채널을 가지게 되었다. 가장 대표적이고 민주적인 일간지인 〈엘 빠이스〉(El País)지도 또한 하나의 채널을 가지게 되었다.

---

* Radio Televisión Española : 스페인 라디오 텔레비전.

스페인의 텔레비전은 소수언어로 이루어진 많은 프로그램을 방영하고 있다. 각각의 자치주들은 자체의 채널을 지니고 있으며, 그 지역의 언어로 지방뉴스를 알려 준다. 다른 언어가 사용되는 지역들에 거주하는 스페인 사람들은 자치주의 채널, 국영채널 혹은 사립방송사 채널 중 하나를 선택할 수 있다. 프로그램의 수준은 다양하나 대부분의 프로그램이 미국 등 외국으로부터 오고 있다. 미국 방송의 멜로드라마들이 스페인어 또는 소수언어로 더빙되어 방영되고 그것들은 매우 인기가 높다. 이러한 통속드라마들이 방영되는 시간대에는 대부분의 사람들이 TV에 매달려 모든 지역의 가게에서 손님의 발길이 줄어들 정도이다. 스페인에 처음 도착한 미국인은 미국 텔레비전 드라마의 주인공 이름을 스페인어로 얘기하거나 나아가 바스크어로 얘기하는 것을 듣고 신기하게 여긴다. 또한 스페인의 텔레비전에서는 많은 외국영화들도 볼 수 있다. 때때로, 단 한 감독의 영화작품들, 혹은 한 배우나 여배우가 주연한 일련의 영화작품들을 집중적으로 보여주는 영화시리즈 기획프로그램도 있다.

4) 동아리 모임

스페인 국민들 사이에 뿌리깊이 자리잡은 채 변하지 않는 풍속이 친구, 동료 또는 단순히 가족 사이의 대화를 위한 모임인 동아리 모임(la tertulia)이다. 동아리 모임은 스트레스를 해소하거나 얘기하기 위해 모이는 사람들의 일상 모임이다. 바나 동아리회원들 중 한 사람의 집에서 모일 수 있다. 스포츠, 영화, 문학, 경제, 대학, 투우, 음악, 자녀 등 어떠한 주제에 대해서도 대화한다. 가장 격렬히 자주 얘기되어지는 주제가 정치문제이며, 바르셀로나(Barcelona)의 여성해방동아리 모임 등이 특히 유명하다. 정치적 또는 문화적으로 중요한 인사들이 참여하는 동아리 모임도 존재한다. 우나무노(Unamuno)와 98세대(Generación del 98)의 다른 멤버들도 많은 동아리 모임에 참여하였으며, 거기서 자신의 생각을 표출하곤 하였다. 그들은 자신들의 저서에서 동아리 모임에서 얘기한 생각과 그곳에서 개인적으로 체험한 경험까지도 기술하고 있다. 동아리 모임들을 위한 유명한 장소로는 마드리드의 '히혼 바'(Bar Gijón)가 있으며, 지금도 존속되어 많은 관광객들의 관심을 끌고 있다.

히혼 바

동아리 모임은 스페인 사람들이 우정을 나누고 자유로이 의사교환을 하는 곳으로 친구 사이의 대화, 의사 교환 및 담론을 중요시하는 많은 스페인 사람들에게 절대적으로 중요한 존재의미를 가진다. 외국에서 여행하거나 살고 있는 스페인 사람들은 동아리 모임에 참여하지 못하여 가끔 허전함을 느낀다고 한다. 아마도 동아리 모임은 거의 가족에 버금 갈 만큼 중요한 모임으로 여겨질 수 있을 것이다.

5) 스포츠와 복권의 나라

스페인의 현재 사회는 완전히 서구 선진사회로 진입해 있으며, 유럽연합의 일원으로 활발하고 적극적인 활동을 하고 있다. 1992년 바르셀로나시는 올림픽을 개최하였으며, 올림픽위원장을 장기간 역임하고 있는 사마란치도 또한 바르셀로나 출신이다. 안또니오 사마란치(Juan Antonio Samaranch, 1902~)는 스포츠맨이며, 사업가이고 동시에 정치가로 여러 회사와 은행에서 경험을 쌓았으며, 구(舊)소련과 몽골 대사를 역임하고 스페인올림픽위원회 회장도 역임하였다. 1980년 이후 국제올림픽위원회 회장을 지내고 있다.

스페인 사람은 축구를 열광적으로 사랑하고 농구나 테니스, 골프, 스키, 수영 등 모든 스포츠를 너무나 즐기고 있다. 예외적으로, 야구는 다른 유럽과 마찬가지로 제대로 보급되어 있지 않다. 1989년과 1994년 프랑스 롤랑 가로스 테니스 대회 및 1994년 미국 오픈 테니스 대회(USOpen)를 우승한 아란차 산체스 비까리오(Arancha Sánchez Vicario) 등 세계적인 테니스 선수들이 있으며, 떠오르는 기대주 세르히오 가르시아(Sergio García) 등 유명 골프선수들도 있다.

유럽컵과 대륙간컵 등 국제대회 우승을 자주 하여 세계적으로 널리 알려져 있는 레알 마드리드(Real Madrid), 풋볼 클룹 바르셀로나(Fútbol Club Barcelona) 등 명문 프로축구단들이 연일 명승부를 만들어내고, 이러한 게임을 보기 위해 사람들은 축구장으로 몰려간다. 이들 축구게임의 승부를 예측하는 축구복권(quiniela)은 하루하루 스페인 사람들의 생활을 자극하는 활력소가 되고 있다.

마찬가지로 수많은 복권들이 연중 스페인을 들뜨게 하고 있다. 모든 길모퉁이마다 어떤 가게 보다 붐비고 있는 곳인 복권가게가 있다. 스페인의 복권은 그 천문학적인 액수로 말미암아 우리를 놀라게 하며, 사람들은 일상의 무료함에서 벗어날 수 있고, 또한 사행심이라고 비난할 수도 있겠지만, 어느 날 하루 아침에 꿈 같은 생활을 누리게 해

세르히오 가르시아

레알 마드리드팀의 축구게임 장면

줄 수 있다는 생각에 복권과 축구복권에 열중하고 있다. 복권은 쁘리미띠바(Prmimitiva), 보노로또(Bonoloto) 등 연중 쉬지 않고 진행되는 것이 있는가 하면, 연중 2번 7월과 크리스머스시즌인 12월 말에 이루어지는 세계에서 규모가 가장 큰 고르도(Gordo)가 있다. 고르도는 당첨자에게 세금을 부과하지 않으며, 1997년에는 그 상금이 자그마치 우리 돈으로 1조 6천 8백억 원이 넘어 세계 최대의 복권이 되었다. 고르도는 한 장에 우리 돈으로 30만 원을 호가하고 있으며, 그 큰 액수로 말미암아 각 번호는 10등분되어 있어 10분의 1씩 구입할 수도 있고, 전체를 구입할 수도 있다. 이런 고르도의 특성상, 대부분의 경우 그 복권 당첨자는 여러 명이 되고, 함께 부자가 된 동네나 구역은 온통 축제를 벌이게 되는 것이다. 한마디로 낙천적인 스페인 사람들이 더욱 신나고 즐겁게 생활할 수 있도록 부추겨 주는 것이 이러한 복권 문화라고 볼 수 있다.

9. 스페인 사람들의 의식주

스페인 사람들은 이미 얘기했듯이 낙천적인 하루하루의 삶을 즐기는 사람들이며, 또한 옷가지 하나, 음식 하나, 혹은 주택의 처마 밑에 걸린 화분 하나에서도 아름다움을 추구하는 국민이다.

스페인 사람들은 돌로 된 옛 건물을 잘 보존하여 그 속에 현대적인 편의시설을 갖춘 건물에서 살고 있다. 그러한 고색창연한 주거형태는 대도시나 중소도시 할 것 없이 잘 보전되어 있고, 그라나다, 꼬르도바, 세비야 등 안달루시아의 주요 도시들은 흰 회백색의 아랍식 주거형태를 또한 잘 보전하고 있다. 이러한 특징적인 가옥들은 도시를 더욱 아름답게 만들고 많은 관광객들의 발길을 사로잡고 있다.

그러나 최근에는 수영장, 스포츠시설 등을 갖춘 초현대식 아파트들이 대도시 주변의 신도시에 많이 들어서고 있다. 이런 아파트를 삐소(piso)라고 부르며, 복도식으로 된 작은 아파트는 아빠르따멘또(apartamento)라 한다.

의복은 축제 때에는 매우 강렬한 색깔의 전통의상을 입으나, 평소에는 세련되고 편리한 복장을 하며 공식장소나 모임이 아닌 경우에는 직장과 같은 곳에서도 넥타이를 하는 정장을 피하고 있다. 질긴 가죽으로 된 편한 자켓, 핸드백 등을 선호하고 있으나, 동시에 아름다워야 한다.

스페인의 요리는 매우 다양하여, 세계적으로 널리 알려져 있다. 가장 전형적인 스페인 요리는 각 지역 별로 특징이 있다. 북부 해안 지방에는 생선과 해산물로 만든 훌륭한 요리가 있고, 남부 안달루시아 지방에는 여름철에 차게 먹는 음식인 가스파초가 있다. 특히 지중해 연

그라나다시의 주거지역 모습

안의 쌀 생산지인 발렌시아 지방의 음식인 빠에이야는 쌀과 해산물, 그리고 닭고기를 함께 섞어 만는 요리도 많은 사람들이 즐겨 믹는 요리이다.

식사는 집에서 먹는 것보다는 외식을 선호하며, 아침은 우유나 커피, 코코아 등을 마시는 것으로 간단하게 끝내나 점심은 가장 푸짐하고 맛있게 오후 1시 반이나 2시부터 한 시간 이상 담소하며 먹는다. 저녁은 저녁 9시 전후에 시작하여 여유 있게 마찬가지로 푸짐하게 먹는다. 음식은 어페리티브*, 수우프, 셀러드, 육류나 어류로 된 식사, 후식 등으로 이루어져 있으며, 대부분 육식에 야채를 곁들인 요리로 이루어져 있다. 이러한 식당 메뉴를 살펴보면 보면 다음과 같다.

---

* 음식 먹기 전에 드는 식용 증진용 음료나 음식.

어페리티브	쭈구미 철판구이(Pulpitos a la plancha) 매운 즙이 있는 구운 감자(Patatas arrugadas con mojo picón) 시금치피자(Pizza de espinacas)
수우프	냉수프(Gazpacho) 마늘수프(Sopa de ajo) 물고기수프(Sopa de pescado)
계란과 쌀 요리	스페인식 계란부침(Tortilla española) 계란순대야채볶음(Huevos al plato) 애호박계란튀김(Huevos revueltos con calabacín) 빠에이야(해물―닭 볶음밥, Paella) 오렌지쥬스밥(Arroz a la naranja)
야채요리와 셀러드	토마토후추요리(Guiso de tomate y pimiento) 마늘기름야채볶음(Escalibada con alioli) 시금치오렌지셀러드(Ensalada de espinacas y naranja) 엉컹퀴아스파라고스셀러드(Ensalada de alcachofa y espárragos) 순대건포도당근무침(Zanahoria con chorizo y pasas)
고기 요리	닭콩탕(Potaje de pollo y garbanzos) 사이다치킨요리(Pollo a la sidra) 연한 생채 새끼양구이(Estofado de cordero a las finas hierbas)

고기 요리	아몬드소스송아지구이(Ternera con salsa de almendras) 헤레스소스단자(Albóndigas con salsa de jerez) 회향돼지(등심)요리(Cerdo al hinojo) 소불고기(Asado de buey)
생선 요리	어패류과배기음식(Espirales con marisco) 토마토소스정어리구이(Sardinas con salsa de tomate) 시고매운소스고기튀김 (Pescado frito con salsa picante de vinagre)
후식	호도와꿀로채운무화과(Higos rellenos con nueces y miel) 오렌지프란묵(Flan de naranja) 아몬드리몬카스텔라(Bizcocho de almendras y limón) 모카케이크(Tarta de moca)

위의 음식 종류 외에도 각 음식점에서는 매우 다양한 음식이 제공되며 취향에 맞는 것을 고르면 된다. 고급음식점에서는 어페리티브까지 제공되나 일반 음식점에서는 아래와 같이 제공되는 메뉴 음식들 중에서 고르게 된다.

오늘의 메뉴

첫 번째 메뉴

냉수우프(Gazpacho)
마늘수우프(Sopa de ajo)
마요네스 묻힌 에스파라거스
(Espárragos con mayonesa)

두 번째 메뉴

스페인계란부침(Tortilla española)
빠에이야(해물—닭 볶음밥, Paella)
소불고기(Asado de buey)

후식

오렌지프란묵(Flan de naranja)
모카케이크(Tarta de moca)

이상과 같이 스페인 음식을 간략하게 소개하였으나, 보다 자세한 내용과 모양은 저자의 홈페이지를 참고하기 바란다.
(http://www.to-study.com)

참고문헌

Bozal, Valeriano (1991), *Historia del Arte en España I*, Ediciones Istmo, S. A., Madrid.
Díaz-Plaja, G. (1972), *España, un modo de ser*, Teide, S. A., Barcelona.
Díez Rodríguez Miguel,etc.,(1977), *Laslenguasde España*, Servicio de Publicaciones del Ministerio de Educación, Madrid.
Fontana, J. (1984), *España bajo el franquismo*, Crítica, Barcelona.
Kinder, Herman & Hilgemann, Werner(1990), *Atlas His- tórico Mundial I*, Ediciones ISTMO, Madrid.
Kinder, Herman & Hilgemann, Werner(1990), *Atlas His-tórico Mundial II*, Ediciones ISTMO, Madrid.
Luca de Tena, Consuelo & Mena, Manuela, *Guía del Prado*, Silex, España.
Quesada Marco, Sebastián(1993), *Curso de Civilización Española*, Sociedad General Española de Librería, S. A., Madrid.
Ramos Gascón (1991), *España hoy*, Cátedra, Madrid.
Serrano, Victoria (1977), *El Pequeño Espasa Ilustrado*, Espasa Calpe, S. A., Madrid.
Ugarte, Francisco(1992), *España y su civilización*, Mc-Graw-Hill, Inc., Madrid.

찾아보기

(ㄱ)

가르실라소 델 라 베가 152
가우디 284, 295
가장퍼레이드 345
가장행렬 345
갈(GAL) 304
갈도스 229
갈레키아 71
갈리시아 41, 46, 53
갈리시아어 47, 53
갈리시아인 63
갈리시아지역 53
개인주의 55
갤리선 144
게라 317
게르니까 291
게르만 민족 20
게르만인 76
경제자유주의 205
계몽전제주의 204
고도이 206
고딕양식 23, 25, 26, 110
고르도 359
고야 208, 234
고예스까스 246
곤살레스 307, 308, 317
골빼소 310
공고라 30, 164

공동체수리법 85
공포주의문학 278
공화국헌법 255
공화주의자 259
관개시설 85
관광붐 304
구아다라마 74
구아달끼빌강 40
구아달루뻬 214
국영방송사 355
군부 쿠데타 310
궁녀들 195
그라나다 85
그라나다시 96
그라나다왕국 118
그라나도스 245
그라나디나스 328
그리스도교 72
그리스문화 17
그리스시대 17
그리스인 63, 64
근지 스페인 71
기록뉴스영화 350
기마행렬 345
기적극 22
까나리아스군도 42
까딸루냐 41, 43
까딸루냐어 38, 43, 49, 122
까딸루냐지역 43, 49, 314

까라스꼬 177
까르리온 103
까를로스국왕 202
까를로스 추종자 215
까브랄 131
까뽀떼 335, 336
까사헤마스 286
까살스 299
까스떼욘 44
까스띠야 40, 41
까스띠야어 49
까스띠야왕국 118
까스띠야자문위원회 333
까스띠야 자문회의 146
까스띠야지방 45
깐따브리아 41, 46
깐떼 혼도 328
깔데론 30
깔리스또 107
깜뽀 아모르 320
께베도 166
꼬르도바 82, 98
꼬르테스 118, 134
꼬바동가 95
꾸스꼬 138
꾸아우떼목 137
끼하노 171

(ㄴ)

나바라 41
나바라왕국 52
나폴레옹 206, 237
남성우월주의 320
낭만주의 33, 220
낭만주의문학 33
낭만주의미술 33
낭만주의회화 33
내란 257
내전 275
네브리하 121
노동자총연맹 252, 257
농노 72
누만시아 69
니냐 127
니놋선시회 345
니놋행렬 345

(ㄷ)

단테 22
달리 294
대중당 304
대중문화 349
대중연맹 303
대중행동당 256
대토지사유제 72
도덕극 23

도메니코 198
독립전쟁 208
돈 환 163
동끼호떼 170
동끼호떼주의 178
동로마 19
동아리 모임 356
두에로강(Duero) 41
둘시네아 171
디아스 쁠라하 56
디에고 벨라스께스 135
따라고나 74
따르떼소스족 59, 60
따빠스 327
따호 41
떼르시오스 335
떼오띠우아깐 134
똘떼까 134
똘레도 41, 190
띠랑트 로 블랑 106
띠르소 데 몰리나 163

(ㄹ)

라사로 154
라사리요 데 또르메스 154
라이문도 99
라틴어 70
라틴어문학 21
레나셍사 226

레빤또 143, 144
레오나르도 다 빈치 28
레오폴도 203
레온왕국 41
로드리고 78, 81, 298
로르까 272
로마 18
로마네스크건축 24
로마네스크양식 23, 109
로마문화 18
로마제국 18
로마화 69
로만세로 108
로망스가요 99
로망스시가 108
로메로 332
로뻬 데 루에다 158
로뻬 데 베가 159
로시난떼 171
로코코 31
로코코미술 31
로코코양식 31
루까노르백작 103
루시타니아 71
루이사 240
루이스, 환 104
르네상스 26, 151
르네상스미술 28
르네상스양식 181
르네상스예술 28
르네상스운동 21

리마 139
리베라 253
리에고 209
리오하 41
링컨여단 259

(ㅁ)

마누엘, 환 103
마니에리스모 28, 29
마드리드 358
마라갈 226
마르가리따 왕녀 192
마르띠네스 184, 234
마리나 135
마리또르네스 174
마리아 데 사야스 179
마야 134
마에스뜨란사 327
마이나께(Mainake) 65
마추삑추 138
막간희극 29
말라게냐스 328
말린체 135
메디나 84
메디나 시도니아 145
메리다 74, 75
멜리베아 107
멜리야 42
모더니즘 35

모래관리꾼 341
모렐로스 213
모리스꼬 125
모범소설 178
모사라베 87
모사라베어 101
모사라베인 87
목떼수마 135
무데하르 112
무르시아 42, 44
무와사하 99
무장단체 52
무적함대 144
무하마드 80
무훈시 21
물레따 332, 336
뮬라디 86
미겔 이달고 213
미군기지 316
미로 294
미서전쟁 262
미오 시드 21, 95, 101
미켈란젤로 28
민속음악 328
민주중도연맹 303, 309, 316
민주화과정 306

(ㅂ)

바라따리아 176

바로크 30, 155
바로크문학 30
바로크양식 30, 183
바르샤바조약기구 317
바르셀로나 43, 65, 358
바르셀로나백작국 96
바르셀로나백작령왕국 49
바르셀로나 올림픽 318
바블레 46
바산 232
바스크민족 51
바스크어 51
바스크인 51
바스크지방 41, 46, 311
바스크지역 46, 51
바스크지역당 314
바예유 235
반달족 76
반북대서양조약기구 318
발레라 228
발레아레스군도 42, 50
발렌시아 41, 103
발렌시아어 44
발렌시아왕국 44
발보아 131, 139
배교자 86
백월의 기사 177
베께르 223
베르베르인 86
베르베르족 84
베세르라다 338

베어울프 21
베티카 71
벨라스께스 135, 190
보노로또 359
보압딜 96
복권 357
복권 문화 359
볼레나 144
부뉴엘 350
부왕 127, 210
부왕령 137
북대서양조약기구 304, 315
분노 유발꾼 335
분리독립투쟁 311
브라크 290
브레다의 항복 193
브르봉가 202
비띠사 78
비리아또 69
비야마그나 333
비얀시꼬 87, 101
비우엘라 299
비잔틴양식 27
비잔틴인 78
빠끼로 333
빠세이요 335, 340
빠에이야 361
빠체꼬 191
빨로마 전야제 243
빰쁠로나 46, 341
뻬드렐 244

뻬드로 깔데론 데 라 바르까 161
뻬드로 알모도바르 352
뻬뻬따 헤메네스 228
뻬뻬따 헤메네스 245
뻴라요 95
뽀흐트 보오 39
쁘라떼레스꼬양식 181
쁘리미띠바 359
삐까소 284
삐사로 139
삐소 360
삔따 127

(ㅅ)

사군또 68
사르수엘라 242, 297
사마란치 358
사실주의 34, 227
사이네떼스 158
사회관찰소설 35
산 마르띤 212
산 마르띤 탑 112
산따 꾸루스 후작 145
산따 떼레사 데 헤수스 156
산딴데르 59
산딴데르지역 46
산띠아고 53, 98
산체스 비까리오 358
산쵸 빤사 173

산후르호 255
살우사 334, 336
삼각뿔모자 229
상원 308
새해전야 323
생태계보호운동 319
샹플뢰 35
서고트왕국 72, 76, 79, 81
서고트인 77
서로마제국 19
선사시대 59, 60
성가 296
성상 184
성찬신비극 29
성탄전야 323
세계일주 140
세고비아 88, 298
세고비아시 74
세네카 73
세라노총탑 345
세르반테스 143, 167
세비야나스 327, 328
세비야의 난봉꾼 164
세비야의 축제시장 326
세속극 22
세속음악 23
세우따 42
세파라드 123
세파르디 123
셀레스띠나 106
셈쁘로니오 그라꼬 69

소극 22
소네트 151
소뗄로 303, 309, 316
소로야 283
소리야 223
소티 23
속어문학 21
송아지 338
송아지 투우 338
수난극 22
수로 74
수르바란 196
수아레스 303, 307
수에비아인 78
수에비아족 76
수우프 361
술래잡기 238
술로아가 283
술주정뱅이들 192
술탄 90
스뻬놀라 194
스콜라 철학 23
스타인 293
스페인 세레나데 246
스페인공산당 303, 307
스페인사회노동당 304, 308
스페인어 문법 97
스페인왕위계승전쟁 120
스페인제국 131, 139
시도니아 백작 145
시리아인 86

시몬 볼리바르 213
시민혁명 21
시에라 네바다 40
식인귀 312
신고전주의 32
신대륙발견 239
신도단 324
신분제의회 103, 205
신비극 158
신비주의문학 155
신성도시동맹 118
신성로마 132
신세계 125

(ㅇ)

아드리아누스 73
아따우알빠 139
아라곤 41
아라곤왕국 96, 118
아라비아타일 89
아랍어 102
아레나 331
아루렐리우스 73
아메리카독립 331
아메리코 베스푸치오 130
아빌라 113
아빠르따멘또 360
아소린 268
아스나르 304

아스떼까왕국 135
아스떼까제국 133
아스뚜리아스 41, 46
아스뚜리아스의 혁명 256
아킬라 78
악자소설 153
안달루시아 38, 42
안또니오 데 네브리하 96
알 안달루스국 83
알깐따라 113
알따미라 59, 60
알라 80
알라노 76
알람브라 84, 88
알람브라궁전 88
알렉산드로스대왕 18
알리깐떼 44
알만소르 85, 95
알메리아 60
알모라비데족 98
알모아드족 98
알바 235
알바 백작 142
알베니스 244
알베르띠 28, 275
압데라만 83
압드엘크림 250
압바씨데스 83
어린 노새꾼 340
어페리티브 361
에따(ETA) 52

에미르 82
에브로 40, 71
에스꼬리알 142
에스뜨레마두라 41, 74
에스뻬르뻰또 268
에스쁘론세다 222
에우스까디(Euskadi) 51
에트루리아 19
엔뜨레메세스 158
엘 빠이스 355
엘 에스꼬리알 181
엘그레꼬 186
엘리자베스 여왕 120, 145
엘비라 103
엘체 61
연서 104
영화 349
오르가스 백작 188
오뿌스 데이 305
오스트리아 왕가 203
올리바레스 191
올리비에 288
옴미아드 왕조 81
왕립빈민구제수도원 198
왕위계승전쟁 202, 203
왕위계승전쟁 50
외양간지기 340
우나무노 263, 264
우상파괴운동 27
워싱턴 90, 204
원지 스페인 71

찾아보기 373

원형경기장 74, 331
원형극장 74
유까딴 반도 134
유랑극단 22
유랑시인 108
유럽경제연합 316, 319
유태인 123
음유시인 21
이뚜르비데 213
이룬 39
이리바르네 306, 307
이바녜스 233
이베리아 61, 245
이베리아반도 38
이베리아인 60, 61
이사벨 96, 214
이사벨 프레이레 152
이슬람세력 80
이슬람제국 82
이주특허장 95
인간주의 55
인도항로 129
일라리온 243
입체주의 289
잉카제국 134, 137

(ㅈ)

자치권 313
자치지역 47

작살꽂이꾼 335, 336
작살단창 336
장미빛 시기 287
장원제 95
장창찌름꾼 335, 336
재정복전쟁 21, 82, 94, 97
전국노동연맹 252, 257
전체주의 국가 259
절대주의 118
정보관광부 305
정수리 찌름꾼 341
제헬 87, 99
조르디 뿌졸(Jordi Pujol) 314
종교교단 210
종교극 22
종교음악 23
종교재판 123
종교재판소 124
종교행렬 323, 325
좌익연합 319
중세 20
중세 문학 21
중세시대문화 20
중세연극 22
중세전기 20
중세철학 23
지방자치단체 313
집중연합당 314
찌르기 337

(ㅊ)

차셀 276
챠스끼 138
천일야화 84
철기문화 59
청동기문화 59, 60
청색 시기 286
초서 22
추리게레스꼬 31, 183
축구복권 358
축제 341

(ㅋ)

카르타고인 65
카톨릭 국왕부처 96, 118
칼리프 83
켈트이베리아족 59, 62
켈트인 62
켈트족 59
코끼리군단 67
코란 87
콜롬부스 119, 125
쿠르베 34
크리스머스 323
클라비코오드 299

(ㅌ)

타라코넨시스 71
타이프 85
탈이넘 36
탈장르 36
테러단체 311
테오도시우스 73
투우 329
투우사 332
투우선도자 333, 335
투우술 332
투우장 심부름꾼 340
투우축제 337
투우통제관 338
투우통제위원회 338
트라하누스 73

(ㅍ)

파베르 228
파야 296, 345
파야스축제 344, 345
팔꼰 320
팔랑헤(Falange) 258
페니키아인 60, 63
페미니스트 320
페미니스트당 320
페이후 219
포르투갈어 47

찾아보기 375

포스트모더니즘 36
포에니전쟁 66
푸에로 후스고(fuero juzgo) 52
푸웬떼오베후나 160
프라가 303
프랑꼬 258
프랑꼬 추종자 259, 307
프랑드르 186
프랑스투우연맹 334
프랑스 혁명 33
프러시아 56
프레스똔 174
프론똔 347
플라멩꼬 328
플라멩꼬 춤 329
플로리다블랑카 204, 238
플로린다 81
피레네산맥 39

헤네랄리페 90
헤네로 치꼬 158
헤레스 44
헤밍웨이 267, 342
헬레니즘문화 17
헬레니즘시대 18
호베이야노스 219
호세 리베라 197
황금세기 29
회교사원 87
후데리아 124
후데오에스빠뇰 125
후식 361
훌리안 82, 243
히랄다 112
히혼 바 357
힉솀 85

(ㅎ)

하례행사 335
하르차 101
하엔 183
하원 308
하이 알라이 347
한니발 67, 68
할하껨 84
합스부르크가 119
헤네랄리탙 50